ROLEX

롤렉스 철학

롤렉스 철학

발행일 2025년 3월 10일 초판 1쇄 발행
지은이 마라 카펠레티
옮긴이 김지현
발행인 강학경
발행처 시그마북스
마케팅 정제용
에디터 양수진, 최연정, 최윤정
디자인 정민애, 강경희, 김문배

등록번호 제10-965호
주소 서울특별시 영등포구 양평로 22길 21 선유도코오롱디지털타워 A402호
전자우편 sigmabooks@spress.co.kr
홈페이지 http://www.sigmabooks.co.kr
전화 (02) 2062-5288~9
팩시밀리 (02) 323-4197
ISBN 979-11-6862-324-8 (03630)

파본은 구매하신 서점에서 교환해드립니다.

시그마북스는 (주) 시그마프레스의 단행본 브랜드입니다.

시계를 넘어 시대의 아이콘으로

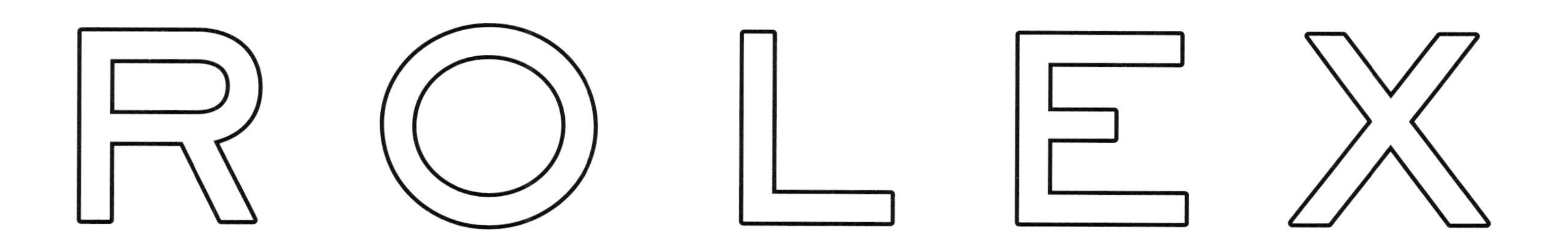

롤렉스 철학

마라 카펠레티 지음 **김지현** 옮김

시그마북스
Sigma Books

차 례

오피니언

Editorial Project
BALTHAZAR PAGANI

Editorial Coordination
GIORGIO FERRERO

Graphic Layout
MARIA CUCCHI

브랜드 들여다보기

....

"럭셔리는 꿈을 꾸게 만든다. 럭셔리라는 개념은 마치 멋스럽고 신비로운 베일처럼 제품을 감싼다.
이 신비로운 아우라가 없다면 제품은 그저 진열대 위 그림자 속에 머물러
이해할 수 없고 변덕스러운 일시적 욕망으로 비춰질 것이다.
아니면 부유한 사람들끼리만 공유하는 사회적 신분 코드로 여겨질지도 모른다."

- 티에리 파코, 『럭셔리에 대한 찬사: 또는 쓸모없는 것의 유용성에 관하여(Eloge du luxe: De l'utilité de l'inutile)』 중에서

먼저 롤렉스와 관련된 일화를 하나 살펴보는 것이 어떨까. 1970년대에 롤렉스를 이끈 앙드레 하이니거에게 어느 날 한 친구가 물었다. "시계 사업은 어때?" 하이니거가 대답했다. "모르겠는데." 친구가 놀라는 표정을 짓자 그가 덧붙여 말했다. "롤렉스는 시계 사업에 속하는 게 아니라서. 우린 명품 사업이거든."

롤렉스를 이야기하면서 '럭셔리' 혹은 '명품'을 빼놓을 수는 없다. 여기서 럭셔리라는 용어는 돈과 연결된 소비 형태일 뿐 아니라, 성공적인 삶을 지향하는 생활 방식을 의식적으로 선택해야만 누릴 수 있는 고급스러움이라는 개념으로도 이해해야 한다. 기업의 성공은 구체적인 수치로 측정할 수 있지만 기업이 오랫동안 쌓아온, 말로 표현할 수 없는 무형의 요소들도 무시할 수 없다.

제네바에 본사를 둔 시계 제조업체 롤렉스는 수많은 기록을 보유한 기업이다. 분석가들의 자료에 따르면 롤렉스는 여러 해 동안 시계 산업에서 가장 높은 매출액을 기록해왔다. 유럽을 비롯해 전 세계에서 최상위 수준의 경제적 가치를 지니는 기업 목록에 빠지지 않고 등장한다. 스위스를 대표하는 기업이자 세계적으로 인기를 누리는 브랜드이며, 강력한 구매욕을 불러일으키는 럭셔리 라벨이다. 사업 규모가 거대하게 성장했을 뿐 아니라, 최근에는 온라인과 소셜 미디어에서 가장 높은 미디어 영향력 가치(MIV)를 달성했다. 또 세계에서 가장 많이 모방되는 시계 브랜드이기도 하다. 왕관을 로고로 사용하는 롤렉스는 정체성을 가장 훌륭하고 명확하게 확립한 브랜드로 인정받고 있으며, 제품과 메시지 모두에서 진정성을 보여

주고 있다. 보스턴의 컨설팅 업체 렙트랙이 매년 전 세계를 대상으로 명성 높은 브랜드 100개를 선정해 발표하는 순위에서도 롤렉스는 여러 해 동안 브랜드 평판 1위를 차지한 바 있다.

롤렉스의 성공 스토리는 시간이 지나도 빛바래지 않을 교과서적 사례로 꼽힌다. 그런데 롤렉스는 이 모든 것을 어떻게 이루어냈을까? 그리고 이러한 인기는 무엇 덕분일까? '시간을 소유하고 싶다'는 욕구가 수백만 개의 시계 판매로 이어질 만큼 강력할 수 있을까? 그것도 그저 그런 시계가 아니라 지위를 만들어내는 시계를 구매할 정도로? 분석가들은 브랜드란 무형의 속성과 가치의 집합을 나타내며 이름, 포장, 가격, 역사, 평판, 광고 등을 통해 정의할 수 있다고 말한다. 롤렉스가 속한 명품 업계에서 브랜드는 곧 회사의 상품과 서비스의 이름과도 같으며, 브랜드를 구성하는 요소들은 모두 서로를 보완해준다. 제품은 제품 자체를 특징짓는 물리적 특성을 지니는 반면, 이미지와 연상, 개념과 아이디어로 정의되는 브랜드는 감각의 영역에 속하며, 이는 사람들의 욕망을 불러일으키는 능력을 발휘한다.

특히 롤렉스는 첨단 기술 연구소, 수작업 생산, 고객 서비스를 앞세워 고도의 전문성을 인정받고 있다. 하지만 롤렉스의 브랜드 가치는 이보다 한 발 더 나아가 사람들에게 긍정적인 감정의 유대감을 불러일으키며, 롤렉스는 이러한 유대감을 능숙하게 구축하고 유지할 줄 안다. 수년에 걸쳐 수행한 마케팅 전략, 고객들의 추천과 홍보대사들의 활동, 그리고 그동안 다듬어온 모든 커뮤니케이션을 통해 롤렉스는 시계 제조 분야뿐만 아니라 더 일반적인 맥락에서도 뛰어난 럭셔리 아이템으로 인식되고 있다.

롤렉스는 생산량이 제한되어 있어 시계를 소량으로 판매할 수밖에 없음에도, 대중 시장을 겨냥해 커뮤니케이션을 실행한다. 이는 럭셔리 브랜드에서는 보기 드문, 아니 어쩌면 유일하게 롤렉스에서만 볼 수 있는 모습이다. 박탈 전략으로 소장 욕구를 자극하고, 고객 충성도를 높이고, 가치를 공유하고, 커뮤니케이션에 힘을 쏟는 등, 롤렉스의 브랜딩에는 여러 가지 흥미로운 특징이 드러난다. 이 책에서는 심리학 전문가, 사회학 컨설턴트, 커뮤니케이션 전문가 등의 분석을 통해 이러한 특징을 자세히 알아보고자 한다. 각 전문가가 롤렉스 브랜드의 복합적인 세계를 구성하는 요소 중 하나를 짚어 흥미롭고 깊이 있는 통찰을 제공해준다. 또 세계적으로 권위 있는 경매 회사의 국제 전문가들이 들려주는 롤렉스 수집 현상에 관한 견해나 기록적인 판매액을 달성한 경험은 그들의 생각을 들여다볼 소중한 기회다. 이러한 일련의 논의는 롤렉스의 기업 철학을 탐구하는 연구이자 그 자체로도 철학적인 연구라 할 수 있다. 물질적 원칙들을 분석하는 동시에 쉽게 규정할 수 없는 현실의 '원칙'을 관찰하고 더 잘 이해하려는 연구이기 때문이다.

롤렉스의 왕관 엠블럼은 귀중하고 위엄 있는 것, 모범이 되는 것, 만족을 주는 것을 상징한다. 왕관은 이상화된 대상이자 사람들의 동경과 욕망을 불러일으키는 것으로 인식되기에, 롤렉스에서 이 신화적 요소는 아주 강력한 상징으로 활용된다. 그리고 신화에는 본질적으로 비밀스럽고 불분명한 면이 있기에, 무언가를 정의하기보다는 떠올리게 하고, 정보를 전달하기보다는 메시지를 준다. 그래서 특정 모델을 언급하는 것이 아니라 매우 상징적인 방식으로 유혹의 손짓을 하는 것이다. 결국, 롤렉스는 꿈을 창조하고 키워나가는 것에 관한 이야기다. 롤렉스의 창립자이자 걸출하고 현명한 인물이었던 한스 빌스도르프의 꿈은 확실히 실현되었고, 그 꿈은 시간을 초월해 지금까지 이어지고 있다.

ROLEX
PERPETUAL

롤렉스
브랜드의 역사

롤렉스:
시대를 초월하는 현대성

오늘 이후의 더 먼 곳을, 관습과 사회와 경제와 논리가 가로막는 한계 저 너머를 바라볼 줄 아는 사람들이 있다. 이들은 현상을 관찰해 새로운 개념을 생각해낼 줄 알며, 그 아이디어를 실현 가능하고 완벽한 계획으로 발전시킬 줄도 안다. 자신을 둘러싼 상황을 객관적으로 파악하고 미래의 모습을 그려볼 줄 아는 사람들이다. 단지 개념일 뿐인 비전을 제시하는 것이 아니라, 과거에서 진화하는 비전을 제시한다. 이들이 만드는 제품이 끊임없이 그리고 필연적으로 어제를 뛰어넘는 이유다.

이런 사람들이 무한성과 현대성의 시대를 살아가는 것은 타고난 운명일지 모른다. 이들이 창조하는 물건은 특정한 미학 규범을 따르면서도 끊임없이 새로움을 입는 진보와 그 발걸음을 같이할 것이다.

롤렉스 창립자 한스 빌스도르프의 이야기는 전형적인 19세기 서사를 담고 있다. 그의 출신과 관련해 명확히 알려진 바는 별로 없다. 빌스도르프는 1881년 독일 쿨름바흐에서 태어났는데, 공식 자료에 따르면 빌스도르프에게는 형과 여동생이 있었고 이들은 어린 시절 부모를 여의고 고아가 되었다고 한다. 19세기 후반에는 많은 어린이가 이와 비슷한 운명을 겪었다. 여성 패션을 완전히 뒤바꾸며 명성을 얻은 가브리엘 보뇌르 샤넬, 일명 코코 샤넬도 마찬가지였다. 그녀는 어린 시절에 수녀원에서 생활해야 했다. 하지만 고아라는 사실이 한스나 가브리엘의 운명을 제약한 것 같지는 않다. 아마도 삶의 어려움을 극복하겠다는 굳은 의지를 지닌 덕분에, 한스와 가브리엘 모두 자신들을 성공으로 이끌 도구를 찾아냈는지도 모른다.

젊은 시절의 한스 빌스도르프.

한스 빌스도르프(앞줄 오른쪽)는 아버지 앞에,
한스의 형과 여동생은 앉아 있는
어머니 양옆에 서 있다.

분명히 알려진 사실도 있다. 숙부가 한스와 그의 형제들을 맡아 돌보면서 한스가 학업 교육을 탄탄히 받도록 신경 써주었고, 덕분에 한스가 제대로 된 일자리를 얻을 수 있는 역량을 길렀다는 점이다. 기숙학교에 다닐 때 빌스도르프는 수학과 언어 과목을 특히 좋아했는데, 이는 훗날 해외 업체와 비즈니스 계약을 맺을 때 도움이 되었다. 빌스도르프는 진주 수출업체의 수습생으로 사회에 첫발을 내디뎠다. 당시 회사의 영업 조직이 전 세계에 걸쳐 있었기에, 그는 학교에서 배운 언어들을 업무에 활용할 수 있었다. 어학 실력은 이후로도 그의 경력에서 귀중한 자산이 되었다.

1900년, 19살이던 미래의 롤렉스 창립자는 학교 친구를 통해 시계 제조의 중심지인 스위스 라쇼드퐁으로 건너갔다. 첫 직장은 시계 수출업체 쿠노 코르텐이었는데, 빌스도르프는 영어를 사용하는 고객들과 서신을 주고받는 업무를 담당했다. 이곳에서 일하면서 그는 시계의 무브먼트(시계를 작동시키는 핵심 내부 장치-옮긴이)와 그 메커니즘에 관심을 갖게 되었다.

시계의 정밀성과 정확성에 매료된 빌스도르프는 시계 산업이 기회를 주리라는 강한 신념을 품고 런던으로 이주했다. 1905년 사업가이자 투자자인 알프레드 제임스 데이비스와 손을 잡고, 런던의 보석 지구인 해턴 가든의 83번지에 '빌스도르프 & 데이비스'라는 회사를 설립했다. 데이비스는 1908년 빌스도르프의 여동생인 안나와 결혼하면서 그의 매제가 되었다. 하지만 데이비스가 회사 경영에 적극적으로 참여한 적은 없는 것으로 보인다.

한스 빌스도르프가 롤렉스 메종에서 시계를 감상하고 있다.

빌스도르프 & 데이비스 회사 이름이 새겨진 금속 명판.

기업가로서의 첫걸음

창업 초기, 빌스도르프 & 데이비스는 다양한 가격대의 시계 제품을 두루 수입했다. 성공을 거둔 초기 품목 중 하나는 가죽 케이스에 담긴 여행용 시계였다. 당시 사람들은 대부분 회중시계를 사용했지만, 빌스도르프는 손목시계가 곧 회중시계의 자리를 차지할 것임을 직감했다. 롤렉스 창립 이야기를 담아 1945년 발간한 소책자 시리즈 『롤렉스 바데 메쿰』에서 빌스도르프는 손목시계가 성공하겠냐는 의구심이 만연하던 그때를 이렇게 회상했다.

"전 세계에 있는 시계 제작자들이 손목시계의 미래에 회의적인 반응을 보였다. 신기한 물건이긴 하지만 분명 실패로 끝날 거라고들 했다. 그들은 특히 다음과 같은 이유를 들어 반박했다. […] 이런 유형의 시계에는 당연히 작고 섬세한 메커니즘이 필요한데, 그런 메커니즘은 손과 팔의 활발한 움직임을 견딜 수 없을 거라고 했다. (그리고) 아무리 잘 만들어도 먼지와 습기 때문에 메커니즘이 빨리 손상될 거라고 보았다. (게다가) 그렇게 작은 무브먼트로는 시계의 정확성과 규칙적인 작동을 결코 달성하지 못할 거라고 여겼다."

빌스도르프는 그래도 손목시계가 미래의 길이라 확신했다고 적었다. 그는 회중시계보다 손목시계가 지닌 시장성이 훨씬 높다고 믿었다. 손목시계가 손상에 더 취약하다는 점(그래서 교체해주어야 한다는 점)도 부분적인 이유였다. 또 대대로 물려받아 사용하는 회중시계와 달리 손목시계는 착용하는 사람이 취향에 맞게 고르는 패션 아이템이므로, 고객이 다양한 옷에 맞춰 여러 가지 모델을 선택하리라 생각했다. 그래서 손목시계야말로 자신의 회사에서 생산해야 할 유형이라는 결정을 내렸다. 이제 남은 문제는 적합한 기술 파트너를 찾는 일이었다.

라쇼드퐁에 머물 때 빌스도르프는 스위스 베른주의 비엔에 자리한 시계 제조업체 에글러(Aegler)를 알게 되었다. 에글러는 소형 무브먼트를 전문으로 제조하면서 정밀도로 높은 명성을 얻고 있었다. 또 생산 방식을 기계화한 덕에 부품과 예비 부품을 저렴한 가격에 충분한 수량으로 공급할 수 있는 업체이기도 했다.

빌스도르프는 에글러가 이상적인 파트너가 될 수 있음을 직감했다. 1905년 빌스도르프는 비엔으로 가서 에글러 소유주인 헤르만 에글러를 만났고, 당시로서는 사상 최대 규모로 손목시계 공급 물량을 확보했다. 『롤렉스 바데 메쿰』에서 빌스도르프가 언급한 바에 따르면 에글러와의 계약에 따라 생산된 첫 번째 시계는 실버 케이스와 가죽 스트랩을 장착한 남성용 및 여성용 모델이었다. 그리고 이 제품이 시장에 나오자마자 성공을 거두면서 제품군을 확대하기로 했고, 이에 따라 골드 케이스 라인을 출시하게 되었다.

당시 빌스도르프 & 데이비스는 시계 제조사가 아니었다. 스위스 제조업체들에서 시계를 구입하고 중개 판매 네트워크를 통해 영국 시장에 판매하는 회사였다. 덕분에 대영제국과 역사적으로 연관된 아시아를 비롯해 다른 국제 시장에도 진출할 수 있었다. 처음에는 홀마크(hallmark. 귀금속, 특히 금이나 은에서 순도 기준을 충족함을 보증하는 인증 각인-옮긴이)가 필요 없었지만 1907년 영국법이 개정되면서 새로운 규정이 생겼다. 이제 영국 땅으로 들어오는 모든 골드·실버 시계 케이스는 판매되기 전에 순도 감정을 담당하는 골드스미스 컴퍼니 어세이 오피스(Goldsmiths' Company Assay Office)의 인증을 받아야 한다는 새로운 규정이 생겼다. 이러한 법 개정에 맞춰 빌스도르프 & 데이비스는 판매하는 시계에 사용할 'W & D' 상표도 등록했다. W & D와 같은 책임 표시 마크를 영국에서는 '스폰서 마크'라고 부르는데, W & D는 제품 제조 회사가 아니라 제품 홍보 회사를 식별하는 역할을 했다.

식별용 마크가 필요하다는 사실은 갓 출발한 젊은 회사를 효과적으로 표현할 이름을 찾는 데에도 자극제가 되었을 것이다. 빌스도르프는 단순히 이름 없는 수입업체로 활동하는 것보다 자체 브랜드를 구축하는 것이 더 이익이 되리라는 점을 깨닫고 회사 이름을 고민하기 시작했다. 그리고 얼마 지나지 않아, 세계에서 가장 유명한 브랜드가 될 운명을 지닌 이름이 탄생하게 된다.

롤렉스 창립 이야기를 담아 1945년 발간한 소책자 시리즈 『롤렉스 바데 메쿰』.

브랜드 탄생의 비밀

빌스도르프의 현대적 사고방식은 브랜드 이름을 선택하는 데서도 드러났다. 유서 깊은 고급 시계 브랜드의 이름들을 살펴보면, 창업자 이름을 브랜드명으로 사용하거나 회사를 설립한 기업가 두 명의 이름을 합쳐 만든 경우가 많다. 하지만 빌스도르프는 발음하기 까다로운 독일식 성을 가졌기에, 자신의 이름을 활용하는 아이디어는 전혀 고려하지 않았다.

1907년 11월, 빌스도르프는 공해상을 항해하는 대형

1908년: 합승 마차를 탄 한스 빌스도르프.

호화 여객선의 이름들인 '루시타니아'와 '마우레타니아', 그리고 '이스턴 워치'를 브랜드명으로 등록했다. 그러나 이 세 가지 이름 중 어느 것도 사용하지는 않았다. 『롤렉스 바데 메쿰』에서 빌스도르프는 기억하기 쉽고 가능한 한 많은 언어로 발음할 수 있는 이름, 하지만 특별한 의미는 없는 이름을 짓고 싶었다고 밝혔다. 디자인 면에서도 신경 써야 할 부분이 있었다. 시계 다이얼 및 무브먼트와 미학적으로 조화를 이루려면 짧으면서도 시각적으로 일관된 크기로 보이는 글자들로 구성해야 했다.

빌스도르프는 회고록에 "갖가지 방법으로 알파벳 글자들을 조합해보았다"라고 적었다. "수백 개의 이름이 나왔지만 어느 것도 마음에 쏙 들지 않았다."

논리적인 이야기는 여기까지다. 빌스도르프가 전한 바에 따르면, 그는 어느 날 아침 런던 시내에서 합승 마차를 타고 가던 중에 문득 '롤렉스'라는 단어가 머릿속에 떠올랐다고 한다. 거의 불가능에 가까운 이야기처럼 들린다. 하지만 뭔가 창의적인 작업을 해본 사람이라면, 생각이 때로는 이런 식으로 굴러간다는 것을 잘 안다. 오랜 시간 집중하고 논리를 자꾸 다듬어나가던 중에 갑자기 아이디어가 떠오르는 것은 결코 드문 일이 아니니까 말이다. 이는 실제로 의식과 무의식이 힘을 합쳐 만들어낸 아이디어인 경우가 많으며, 종종 훌륭한 결과로 이어지기도 한다. 1908년 빌스도르프 & 데이비스가 라쇼드퐁에서 상표로 등록한 롤렉스는 그중에서도 특별한 경우였다. 어떤 학자들은 롤렉스라는 이름이 탁월한 시계라는 뜻의 불어 문구 'hoROLogie d'EXcellence'에서 유래한 것으로 추측한다. 그럴 가능성도 있지만, 설사 그렇다고 해도 큰 의미는 없다. 그보다 더 중요한 것은 브랜드를 주목받게 만드는 전략이었다.

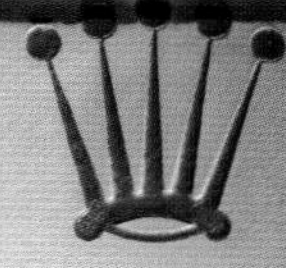

ROLEX

MONTRES ROLEX S.A. GENÈVE

QUELLE EST L'ORIGINE
DU MOT ROLEX ?

Je soussigné, H. Wilsdorf, certifie par la présente que j'ai moi-même inventé de toutes pièces le mot ROLEX, pour l'utiliser comme marque de fabrique pour nos montres. Ceci se passait à Londres au début de 1908. Cette marque fut enregistrée pour la première fois le 2 juillet 1908 dans la Feuille Officielle Suisse du Commerce, selon reproduction ci-dessous.

Genève, le 26 Octobre 1946.

Hans Wilsdorf

Eintragungen. — Enregistrements.

Nº 24001. — 2 juillet 1908, 8 h.
Wilsdorf & Davis, fabricants,
Chaux-de-Fonds (Suisse).

Montres, parties de montres et étuis.

ROLEX

1908년: 롤렉스 상표가 등록되었다.

그렇게 롤렉스는 빌스도르프 & 데이비스사의 상표가 되었다. 빌스도르프는 에글러사가 공급하는 모든 시계에 이 새로운 로고를 사용해달라고 에글러에게 요청했다. 에글러는 자신의 이름을 계속 사용하고 싶었기 때문에 마음이 썩 내키지 않았지만, 결국 이 요청을 받아들였다. 어차피 빌스도르프 & 데이비스에 시계를 공급하는 업체가 에글러 하나만이 아니라는 점도 요청을 수락할 수밖에 없는 이유 중 하나였다. 그렇게 빌스도르프는 다른 모든 제품과 차별화되는 브랜드를 만들고자 했다. 비록 당시에는 시계 제품들이 거의 동일한 무브먼트를 사용했겠지만 말이다.

다시 스위스로

빌스도르프 & 데이비스의 시계 사업에 있어서 런던은 해외 시장을 위한 수출 기지이자 영국 내 유통을 위한 거점이었다. 1914년, 회사는 60명이 넘는 직원이 근무하는 대규모 사무실을 운영할 정도로 성장했다. '롤렉스 워치 컴퍼니 리미티드'는 1915년 11월 런던에서 비공개 유한 회사로 설립되었다.

1915년 9월, 유럽을 위기에 빠뜨린 세계대전과 그로 인한 경제적 제약 때문에 영국 정부는 수입 사치품에 33% 이상의 세금을 부과했고, 여기에는 시계도 포함되었다. 영국에 들어오는 모든 시계에 높은 세율이 적용되었는데, 단지 해외에 판매하기 전에 검사를 위해 영국에 잠시 들여온 것이더라도 마찬가지였다. 1916년 12월에는 골드 시계 및 시계 케이스를 비롯해 모든 금·은 제품의 수입이 금지되었다. 단, 실버 시계 및 시계 케이스는 이 규정에 포함되지 않았다.

관세와 골드 케이스 수입 금지에 직면하자 빌스도르프의 기업가 정신이 다시 한번 빛을 발했다. 그는 다양한 방식으로 대응했다. 먼저 라쇼드퐁에 있던 스위스 지사를 비엔으로 확장 이전해, 영국 이외의 국가로 수출되는 모든 시계가 런던을 거치지 않고 스위스에서 직접 판매되도록 했다. 또 영국에 있는 골드 케이스 제조업체들과 협력하기 시작했다. 따라서 골드 케이스를 영국으로 수입할 필요 없이 무브먼트만 스위스에서 들여온 다음, 영국 내에서 만든 골드 케이스에 무브먼트를 장착할 수 있었다. 1919년 빌스도르프는 롤렉스 본사를 런던에서 제네바로 옮기기로 했다. 그래도 영국은 여전히 롤렉스가 목표로 삼는 시장이었다.

롤렉스 브랜드의 성장

그러나 롤렉스의 이름이 시계 다이얼에 등장하기까지는 시간이 제법 걸렸다. 특히 영국에서는 시계 다이얼에 소매업체의 브랜드를 표시하는 것이 전통이었기 때문에 롤렉스의 브랜드 인지도를 높이기가 어려웠다. 무브먼트와 케이스에 롤렉스 브랜드가 표시되어 있기는 했지만, 고객이 굳이 시계 내부를 들여다보는 경우는 거의 없기 때문에 롤렉스 브랜드를 알아볼 기회도 없었다. 빌스도르프가 사업을 시작한 초기에 롤렉스라는 이름이 생소하고 잘 알려지지 않았던 반면에, 시계를 판매하는 상점들은 대부분 오랜 역사를 품고 있었다. 따라서 사람들이 잘 알려지지 않은 '롤렉스'보다 '아스프리' 소매점 또는 '해러즈' 백화점 이름이 새겨진 시계를 더 믿고 구매하는 것은 당연한 일이었다.

그러나 빌스도르프는 롤렉스 시계의 수요를 늘릴 수만

있다면 주문을 더 많이 받고 시계 가격에 대한 통제권도 더 많이 쥘 수 있음을 알고 있었다. 그러면 고객들이 상점에 들어와 롤렉스 브랜드 시계를 찾거나 더 나아가 고집하게 되리라는 생각이었다.

고객들이 롤렉스라는 브랜드에 더 친숙해지도록, 빌스도르프는 시계 뒷면에 라벨을 붙이는 방법을 택했다. 하지만 이것으로는 충분치 않았다. 1921년 그는 시계 다이얼에 롤렉스 이름을 새겨 배송하기 시작했다. 당시에는 시계를 작은 상자에 담아 배송했는데, 한 상자에는 시계 6개가 들어 있었다. 처음에는 롤렉스 이름이 새겨진 시계가 상자당 한 개뿐이었다가 이후 두 개가 되었고, 그 숫자는 점점 늘어났다. 1925년 롤렉스는 왕관 상징을 상표로 등록했다.

빌스도르프가 『롤렉스 바데 메쿰』에서 다음과 같이 밝힌 것처럼, 그는 시계 다이얼에 '롤렉스'를 새길 수 있도록 영국 내 판매업자들을 설득하는 데 상당히 애를 먹었다.

"롤렉스 상표가 지닌 장점에도 불구하고, 영국에서 이 아이디어가 받아들여지기까지 약 20년 동안 힘들게 노력해야 했다. 처음에는 시계 6개당 1개꼴로 상표를 새길 수 있었는데, 그다음엔 6개당 2개, 그다음엔 3개가 되었다. 하지만 그런 반쪽짜리 승리로는 만족할 수 없었고, 우리는 원하는 결과를 얻기까지 몇 년이 더 걸릴 것임을 알고 있었다.

1925년, 기다림에 지친 나는 '롤렉스' 상표를 본격적으로 알리기 위해 광고 캠페인을 집중적으로 진행하기로 결심했다. 이를 위해 연간 1만 2,000파운드를 지출해야 했

롤렉스 이름이 새겨진 초기 시계들. 다이얼과 케이스 내부 모두에 새겨져 있다.

위: 오이스터 모델의 케이스 구조, 1926년.

오른쪽: 오이스터 모델.
세계 최초의 방수 손목시계인 오이스터는
현대 손목시계 발전에 선구적 역할을 했다.

고, 1년이 아니라 몇 년 동안 계속했다. 그렇게 얻은 결과 중 하나는 판매업자들이 처음에는 시계 6개 중 4개, 이후에는 6개 중 5개에 '롤렉스'라는 이름을 새기는 데 동의했다는 것이다.

마침내 1927년, 방수 기능을 갖춘 '롤렉스-오이스터'를 출시했다. 우리는 앞으로 다이얼 위, 케이스 내부, 그리고 무브먼트에 우리의 이름을 새기지 않은 시계는 출시하지 않겠다고 분명히 선언할 수 있는 위치에 올라서게 되었다."

빌스도르프는 이제 브랜드 옹호를 위한 커뮤니케이션 전략을 실행하기 시작했다. 1927년 11월 24일 『데일리 메일』 신문 1면에 '롤렉스가 소개하는 […] 시계 제작의 위대한 승리—어떤 자연 환경에서도 견딜 수 있는 놀라운 시계'라는 내용의 전면 광고가 실리면서 이 전략은 절정에 달했다. 이러한 브랜딩과 광고 캠페인을 통해 빌스도르프는 상황을 완전히 뒤집었다. 그는 더 이상 판매점에 자신의 시계를 팔아달라고 요청할 필요가 없었다. 고객들이 먼저 롤렉스 브랜드 시계를 요청했고, 판매점 측에서 시계를 구하기 위해 그를 찾아오게 된 것이다. 이것이 지금까지도 성공적으로 이어지고 있는 롤렉스 브랜드 전략의 시작이었다.

빌스도르프는 롤렉스라는 이름을 고급 제품에만 적용하고, 가격이 좀 더 낮은 제품을 위해서는 유니콘, 마르코니, 롤코, 튜더 등의 다른 브랜드를 만들었다. 하지만 시간이 흐르면서 그는 이러한 브랜드들의 인지도를 높이는 것이 좋은 생각이 아님을 깨달았다. 롤렉스 브랜드의 매출을 갉아먹는 결과가 되었기 때문이다. 사람들이 이러한 저가 브랜드들을 더 많이 알게 되면서, 롤렉스 시계 소유가 명성과 지위를 상징하게 하려는 고가의 마케팅 효과

ROLEX OYSTER

가 희석된 것이다. 이후 그는 회사 이름에서 다른 브랜드들을 점차 분리하기 시작했다.

무모한 아이디어가 성공으로

빌스도르프는 『롤렉스 바데 메쿰』에 이렇게 적었다. "그다음으로 떠오른 아이디어는 한 유명 보석 회사가 1906년경에 발명해 출시한 신축성 있는 팔찌를 우리 시계에 적용해보는 것이었다. 이 역시 영국 고객들의 호평을 받았다. 그때부터 우리의 자그마한 골드 시계는 대영제국 전역에서 점점 더 인기를 끌기 시작했다."

그가 말한 보석 회사는 신축성 있는 팔찌를 개발해 특허를 내고 '브리태닉' 브레이슬릿이라는 이름을 붙인 에드윈 해롭(Edwin Harrop)이었다.

빌스도르프는 이러한 유형의 팔찌가 손목시계를 대중화하는 데 도움이 될 것임을 완벽히 이해하고 있었다. "[…] 무모해 보이는 아이디어에서 새로운 유행과 큰 상업적 성공이 탄생했다. 우리는 곧 수만 개의 주문을 받았다. 사정을 모르는 사람들에게는 우리가 아주 대담한 젊은이들로 보였을 것이다." 롤렉스 시계가 초기에 성공할 수 있었던 데는 부분적으로 브리태닉 브레이슬릿이 한몫했다. 이 팔찌는 적어도 1964년까지 생산되었다.

팔찌는 주로 여성용 손목시계를 위한 디자인에 활용되었다. 해롭은 제1차 세계대전 중에 '아미(Army)'라는 브랜드를 붙여서 브리태닉과 비슷한 브레이슬릿을 출시하려고 했다. 습한 곳이나 진흙탕에서는 가죽 스트랩보다 금속 브레이슬릿을 사용한 시계가 더 유리하다는 점을 강조한 것이었다. 그러나 대중은 팔찌 형태를 여성용 제품으로만 여겼기 때문에 해롭의 시도는 별다른 호응을 얻지 못했다.

제1차 세계대전 이전에는 남성용 손목시계가 거의 팔리지 않았다. 많은 남성이 손목시계를 기본적으로 팔찌와 비슷한 물건으로 여겼고, 따라서 여성용이라고 생각했기 때문이다. 군인들은 손목시계로 시간을 확인하는 것이 편리하다고 생각했기에 예외였지만, 그렇다고 해서 롤렉스가 군용 시계를 생산했다거나 빌스도르프가 이 틈새시장에 관심을 가졌다는 증거는 없다.

그럼에도 손목시계가 성공을 거두리라 확신한 빌스도

위: 롤렉스에 에드윈 해롭의 브리태닉 팔찌 모델을 결합한 새로운 여성용 손목시계를 선보인 신문 광고.

오른쪽: 1914년 롤렉스 손목시계는 큐 천문대로부터 A등급 크로노미터 인증을 받았다. 사진의 시계는 당시 인증 받은 시계와 유사한 모델이다.

ROLEX

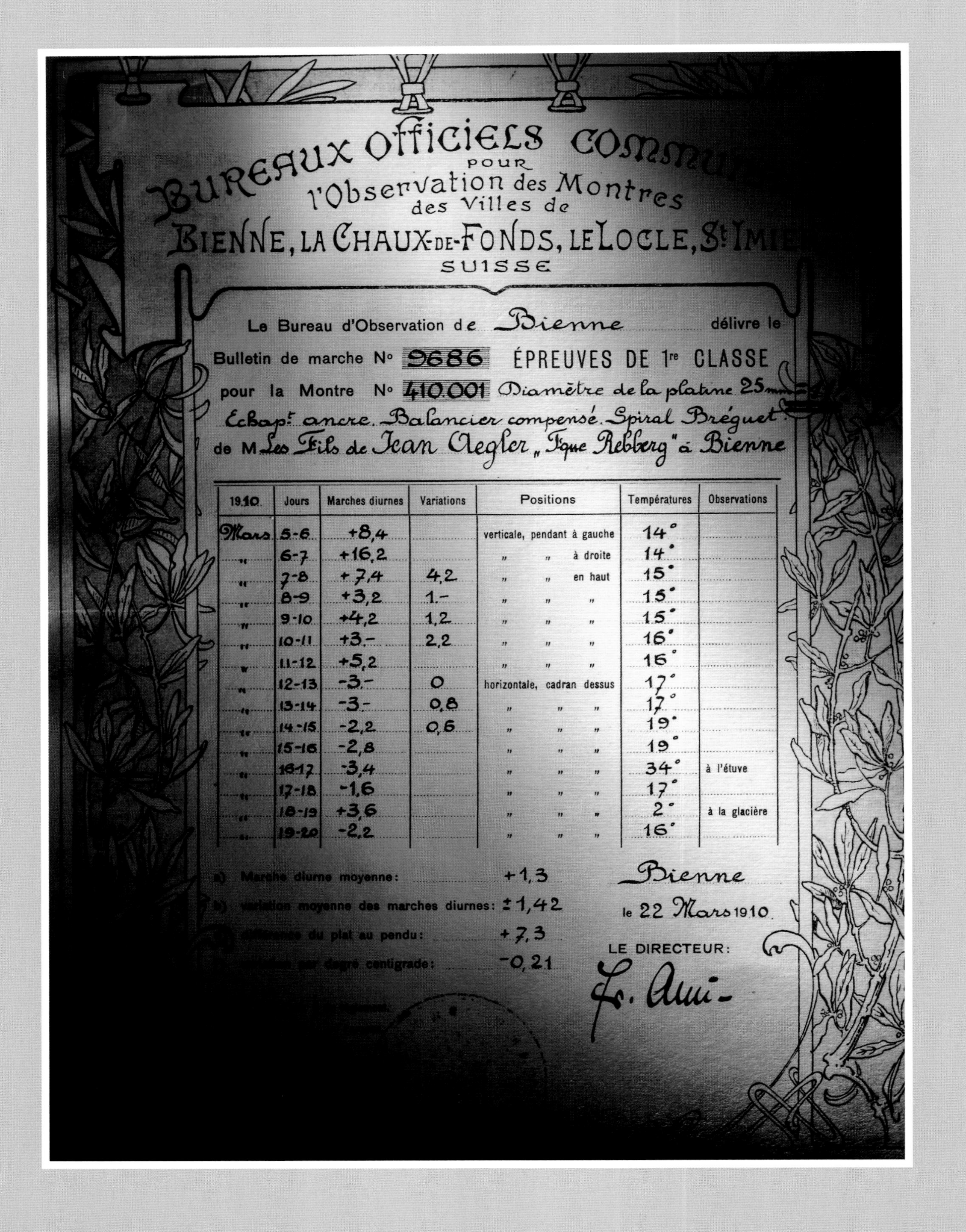

BUREAUX OFFICIELS COMMUNS

POUR

l'Observation des Montres des Villes de

BIENNE, LA CHAUX-DE-FONDS, LE LOCLE, St IMIER

SUISSE

Le Bureau d'Observation de Bienne délivre le

Bulletin de marche No 9686 ÉPREUVES DE 1re CLASSE

pour la Montre No 410.001 Diamètre de la platine 25mm

Echapt ancre. Balancier compensé. Spiral Bréguet.

de M. Les Fils de Jean Aegler „Fque Rebberg" à Bienne

1910	Jours	Marches diurnes	Variations	Positions	Températures	Observations
Mars	5-6	+8,4		verticale, pendant à gauche	14°	
"	6-7	+16,2		" " à droite	14°	
"	7-8	+7,4	4,2	" " en haut	15°	
"	8-9	+3,2	1.-	" " "	15°	
"	9-10	+4,2	1,2	" " "	15°	
"	10-11	+3.-	2,2	" " "	16°	
"	11-12	+5,2		" " "	16°	
"	12-13	-3.-	0	horizontale, cadran dessus	17°	
"	13-14	-3.-	0,8	" " "	17°	
"	14-15	-2,2	0,6	" " "	19°	
"	15-16	-2,8		" " "	19°	
"	16-17	-3,4		" " "	34°	à l'étuve
"	17-18	-1,6		" " "	17°	
"	18-19	+3,6		" " "	2°	à la glacière
"	19-20	-2,2		" " "	16°	

a) Marche diurne moyenne: +1,3

b) variation moyenne des marches diurnes: ±1,42

différence du plat au pendu: +7,3

variation par degré centigrade: -0,21

Bienne le 22 Mars 1910.

LE DIRECTEUR:

L. Aui-

르프는 더 복잡한 기술을 적용한 모델을 개발하고 마케팅하는 데 집중했다. 사업 초기부터 그가 기술자들에게 중점을 두도록 당부한 요소들은 오늘날에도 롤렉스가 지닌 특징으로 꼽힌다. 바로 견고함, 정확성, 품질이다.

정밀성을 향한 탐구

빌스도르프는 독립적인 시험 기관들로부터 손목시계의 정밀성에 대한 인증서를 획득하고자 끈질기게 노력했다. 이 기관들은 19세기에 해군 크로노미터의 성능을 실험 및 인증하기 위해 설립되었고, 이후에는 항해용 시계뿐만 아니라 다른 유형의 시계들에 대해서도 기능 검증을 실시하기 시작했다.

완벽주의자였던 빌스도르프는 롤렉스 시계를 제작하는 에글러사의 전문가들을 끊임없이 독려해 크로노미터의 정밀도를 높이는 데 힘을 쏟았다. 드디어 1910년, 스위스 비엔의 시계 기능 검사국에서 롤렉스 손목시계에 크로노미터 인증을 발급해주었다. 손목시계가 크로노미터 인증을 획득한 것은 세계에서 처음이었다.

1914년 7월 15일, 11리뉴(직경 25mm)짜리 작은 롤렉스 손목시계가 영국의 권위 있는 기관인 큐 천문대로부터 정밀성에 대한 A등급 인증서를 받았다. 이것이 손목시계가 처음으로 A등급 큐 인증을 획득한 사례였다. 빌스도르프는 이날이 회사 발전에 있어 매우 중요한 날이었고 앞으로도 결코 잊지 못할 날이라고 말했다. 그 후 빌스도르프는 모든 롤렉스 칼리버(시계에서 무브먼트를 지칭하는 용어로, 브랜드마다 자체 규칙에 따라 'Cal.'에 고유 번호나 단어를 붙여 무브먼트 모델명으로 사용한다 - 옮긴이)를 크로노미터 테스트에 제출할 것을 에글러사에 요청했다고 한다. 이제 손목시계가 정확한 시간을 유지하는 능력에는 더 이상 의심의 여지가 없었다.

The National Physical Laboratory.
RATING DEPARTMENT.

I hereby Certify

That a CLASS A KEW CERTIFICATE has been issued to The Rolex Watch Co London & Bienne:- for the Keyless crystal 11 line bracelet Watch No. 492282, which was submitted to a Trial at this Institution extending over 45 days from June 1 to July 15 1914, and the results of its performance were such as to entitle it to this Certificate, in accordance with the Regulations for the issue of Watch-rate Certificates approved by The National Physical Laboratory Committee of the Royal Society.

R. T. Glazebrook
DIRECTOR.

왼쪽: 1910년, 비엔에 있는 시계 기능 검사국으로부터 스위스 크로노미터 정밀성 인증을 받은 최초의 손목시계가 바로 롤렉스다.

위: 1914년, 4년 후, 큐 천문대는 롤렉스 손목시계에 정밀성 A등급 인증을 수여했다. 그 전까지는 항해용 크로노미터만이 큐 천문대의 정밀성 인증을 받을 수 있었다.

1941년, 스위스 시계 기능 검사국이 10월 3일 자로 보낸 편지 한 통이 비엔에 자리한 롤렉스 워치 컴퍼니에 도착했다. 해당 날짜에 9.75인치 크로노미터 브레이슬릿(no. 96717)이 정확도 검사를 통과했음을 알리는 내용이었다. 1927년 6월 이후 2만 번째 롤렉스 시계가 마침내 인증을 받은 것이다.

야심 찬 목표

큐 천문대로부터 A등급 정밀성 인증을 받은 후, 빌스도르프는 손목시계가 지닌 다른 복잡한 특성들을 파악하고 해결하는 데 박차를 가했다. 주머니에 넣고 다니는 회중시계와 달리, 손목시계는 충격과 습기와 먼지에 취약할 수밖에 없었다.

빌스도르프는 이렇게 적었다. "사업 초창기부터 나는 우리 기술자들에게 이렇게 말하곤 했다. '먼지, 땀, 물, 열, 그리고 추위로 인한 무브먼트 손상을 영구적으로 방지할 수 있도록 완전히 밀폐된 시계 케이스를 만들어야 한다. 그래야만 롤렉스 시계의 완벽한 정확성을 보장할 수 있다'라고 말이다."

방수 시계를 만드는 일에 처음 도전한 사람은 빌스도르프가 아니었지만, 시장에 방수 시계를 출시해 상업적으로 크게 성공한 사람은 그가 처음이었다.

1921년 1월, 베른 근처 렝나우 출신의 시계 케이스 제작자 장 핑어(Jean Finger)는 '보호 케이스가 있는 수동 태엽 시계'에 대한 특허를 취득했다. 장점은 단순함이었다. 시계를 큰 보호 케이스에 넣은 다음 스크루-다운 방식(주로 방수 성능을 강화하기 위해 나사처럼 돌려서 잠그는 방식-옮긴이)으로 베젤(시계 앞면의 테두리 부분-옮긴이)을 고정하면, 시계를 외부 환경으로부터 밀폐해 보호할 수 있기 때문이었다. 하지만 원하는 방수 효과를 얻을 수 있는 대신, 매일 외부 케이스를 풀어 베젤을 분리한 다음 시계 태엽을 감아야 한다는 심각한 단점이 있었다.

롤렉스 워치 컴퍼니는 1922년 3월 31일에 '서브마린' 상표를 등록했는데, 이는 빌스도르프가 핑어의 특허권을 사들인 직후로 추정된다. 하지만 이 특허권 인수는 사용하기 쉽고 완벽한 방수 기능을 갖춘 시계를 만들기 위한 연구의 첫 번째 단계일 뿐이었다. 이를 위해 빌스도르프는 다른 디자이너들의 프로젝트에서 영감을 얻어 실용성과 안정성을 개선했다. 1903년 스위스의 시계 케이스 제작자 프랑수아 보르젤이 세 부분을 스크루-다운 방식으로 고정하는 케이스를 설계했지만, 케이스가 방수 기능을 갖추려면 방수성을 보장해줄 크라운(시계 오른쪽 측면에 돌출된 작은 버튼. 태엽을 감거나 시간을 조정하는 등의 기능을 하며, '용두'라고도 한다-옮긴이)이 필요했다. 빌스도르프는 라쇼드퐁의 시계 제작 전문가 폴 페레고와 조르주 페레가 1925년에 스크루-다운 크라운, 즉 나사식 용두를 개발하며 수행한 연구를 참고했다. 빌스도르프는 페레고와 페레의 발명품에 대한 권리를 인수한 후, 방수 기능을 보장하는 외부 씰(시계 내부로 물이나 먼지 등이 들어가지 않도록 막는 밀폐 장치로, 고무나 실리콘 소재로 만든다. 동그란 고무 링인 오링(O-ring)도 그중 하나이다-옮긴이)이 있는 스크루-다운 크라운을 설계해 특허를 취득했다. 1926년 롤렉스는 스크루-다운 크라운과 방수 케이스를 갖춘 새로운

1927년: 롤렉스의 첫 번째 홍보 모델이 된 메르세데스 글릿즈와 그녀가 영국 해협을 헤엄쳐 건넌 소식이 『데일리 메일』의 1면에 실렸다.

ily Mail

FOR KING AND COUNTRY.

THURSDAY, NOVEMBER 24, 1927.

Rolex ... ces for the first ...
the greatest ... ph in Watch-ma...

ROLEX OYSTER

The Wonder Watch that Defies the Elements.

MOISTURE PROOF
WATER PROOF
HEAT PROOF
VIBRATION PROOF
COLD PROOF
DUST PROOF

BEING hermetically sealed the Rolex 'Oyster' is ... against changes of climate, dust, water, damp, ... moisture, cold, sand or grease; ... be worn in the sea or bath without injury, ... or tropical conditions affect the wonderful ... beautifully poised movement. The introduction of the Rolex 'Oyster' model marks an unique development in the forward stride of the chronometric science, and perfect timekeeping under all conditions is at last a possibility.

Copyright by Pacific and Atlantic Photos, Ltd.

Miss Mercedes Gleitze carried an 'Oyster' throughout her recent Channel Swim. More than ten hours of submersion under the most trying conditions failed to harm its perfect timekeeping. No moisture had penetrated and not the slightest corrosion or condensation was revealed in the subsequent examination of the Watch.

A HANDSOMELY printed, fully informative Brochure illustrating the entire range of OYSTER Models available, together with the name of nearest jeweller stocking ROLEX Watches, sent post free to any reader who makes application by post-card or letter, giving name and address to our London Office:

THE ROLEX WATCH CO. Ltd.
40/44,
Holborn Viaduct,
London, E.C.4.

Send for this coloured Brochure it's FREE!

ROLEX OYSTER PRICES

The Silver: £5.15.0
9-ct. Gold: £10.10.0
18-ct. Gold: £15.15.0

Fitted with good quality strong leather straps for Men, or Moire Silk bands for Women. If fitted with the fashionable new "FRAYPRUF" (regd.) Woven Flexible Wire Milanese Gold-Filled Bands (White or Yellow) 20/- extra to above.

For MEN or WOMEN.

THE ROLEX WATCH CO. LTD. ... LAND

... ANNOUNCEMENT OF THE WATERPROOF WATCH ... LONDON FRONT PAGE ... 1927

시계를 선보였다. 이 시계의 이름은 바로 '오이스터'였다. "마치 굴처럼 물속에 무한히 머무를 수 있으면서도 시계 부품에 손상을 주지 않는다"라는 빌스도르프의 말에서 따온 것이다.

이듬해, 빌스도르프는 오이스터 모델의 우수한 품질을 알리기 위해 당시로서는 새롭고도 독창적인 접근 방식을 택했다. 빌스도르프는 비서 일을 하는 브라이턴 출신의 젊은 여성 메르세데스 글릿즈가 영국 해협을 헤엄쳐서 횡단할 준비를 하고 있으며, 만약 성공할 경우 영국 여성으로는 최초로 이러한 위업을 달성하게 된다는 사실을 알게 되었다. 빌스도르프는 그녀에게 해협을 건널 때 오이스터 시계를 착용해 시계의 완벽한 방수 기능을 입증해달라고 요청했다.

글릿즈가 얼음처럼 차가운 물속을 견디며 힘겨운 횡단

1927년: 롤렉스 오이스터는 젊은 영국인 여성 메르세데스 글릿즈가 영국 해협을 횡단할 때 그 여정을 함께했다. 글릿즈가 10시간 넘게 헤엄치는 동안 시계는 내내 완벽한 상태를 유지했다. 이후 글릿즈는 프로 수영 선수로 활동했다.

여정에 성공하자, 영국 신문 『타임스』의 한 기자는 '글릿즈 양이 차고 있던 작은 골드 시계는 […] 해협을 건너는 내내 정확한 시간을 가리키고 있었다'고 보도했다. 한 달 뒤인 1927년 11월 24일, 빌스도르프는 『데일리 메일』 1면에 광고를 실으며 롤렉스 오이스터 시계를 영국에 출시했고, 오이스터는 명성을 쌓아가기 시작했다. 빌스도르프는 여성 운동선수를 활용해 제품을 홍보하는 파격적인 선택을 한 것이다.

이 이벤트 이후로 유명 인사가 제품을 추천하고 홍보하는 개념이 탄생했다. 또 이 이벤트는 롤렉스와 특별한 개성을 지닌 인물들 간에 길고도 유익한 파트너십을 시작하는 계기가 되었다. 그들은 롤렉스 시계의 우수성을 끊임없이 입증해주었고, "(오이스터는) 바다에서든 욕실에서든 손상 없이 착용할 수 있으며, 북극이나 열대 환경도 완

오이스터 케이스는 1926년 특허를 획득했다. 베젤, 케이스 백(뒷면 케이스-옮긴이), 크라운을 미들 케이스에 나사처럼 돌려 잠금으로써 완벽한 밀폐 구조를 이루어, 시계 내부를 외부 요소로부터 손상되지 않도록 보호한다.

벽하게 균형 잡힌 무브먼트의 놀라운 정밀성에 아무런 영향을 주지 않습니다"라는 1927년 광고 문구에도 신뢰를 더해주었다.

빌스도르프는 시계 제작자는 아니었지만 마케팅의 귀재임은 분명했고, 롤렉스라는 이름을 알리고자 투자를 아끼지 않았다. 그 덕분에 1908년 이전에는 존재하지 않았던 롤렉스 브랜드는 1920년대에 유명 브랜드로 자리매김할 수 있었다.

퍼페추얼 워치

방수 문제가 해결되자, 빌스도르프는 이제 와인딩(winding, 태엽을 감아 시계에 동력을 제공하는 것-옮긴이) 문제에 직면했다. 기존 시계에서는 매일 크라운을 풀어 태엽을 감아야 했는데, 여기에는 두 가지 문제가 있었다. 첫 번째는 태엽을 감고 나서 크라운을 야무지게 잠그지 않으면 시계가 완전히 밀폐되지 않는다는 점이었다. 그리고 두 번째는 시간이 흐를수록 씰이 낡아 시계의 방수 기능이 떨어질 수 있다는 점이었다. 롤렉스는 1931년 '퍼페추얼' 셀프-와인딩 무브먼트를 도입하면서 이러한 문제를 해결했다.

셀프-와인딩 시계라는 개념은 18세기 후반에 처음 도입되었다. 1775년 말 또는 1776년 초에 스위스 시계 제작자 아브라함-루이 페를레가 셀프-와인딩 시계를 처음 설계했다. 이 와인딩 메커니즘은 만보계와 동일한 원리로 작동했는데, 시계를 착용한 사람이 걸으면 시계 내부의 추가 왕복 운동을 하면서 그 에너지를 기어 세트에 전달함으로써 메인스프링, 즉 태엽을 감는 방식이었다. 파리의 시계 제작자 아브라함-루이 브레게는 이 메커니즘을 개선해 만든 자신의 시계를 '페르페튀엘'이라 불렀다. '퍼페추얼', 즉 영원히 계속된다는 뜻을 지닌 프랑스어다.

최초의 셀프-와인딩 손목시계는 맨섬에서 시계 제작자로 일하던 존 하우드가 1923년에 발명했다. 하우드는 이 시스템에 반원형 추를 사용했다. 시계를 착용한 사람이 손목이나 팔을 움직이면 반원형 추가 무브먼트의 중앙에 연결된 축을 중심으로 300° 회전하고, 이 에너지가 여러 개의 기어로 전달되어 메인스프링을 감아주었다. 이렇게 메인스프링이 한 번 완전히 감기면 시계는 12시간 동안 작동할 수 있었다. 하우드의 시계에는 전통적인 크라운이 없었기 때문에, 다이얼 주위의 베젤을 회전시켜 시곗바늘을 조정했다.

하우드가 만든 시계는 1928년 판매되기 시작했다. 하지만 시장에서 별로 성공하지 못했고, 3만 점 정도만 생산되었다. 하우드 회사는 대공황 시기인 1931년에 문을 닫았다. 특허는 그대로 남아 있었지만 소유자가 없었기 때문에, 다른 회사들도 셀프-와인딩 무브먼트를 자유롭게 개발할 수 있었다.

헤르만 에글러의 조카이자 후계자로서 당시 롤렉스의 비엔 공장에서 연구 개발 책임자로 일하던 에밀 보러는 하우드 디자인을 셀프-와인딩 메커니즘의 기초로 활용했다. 1931년 롤렉스가 발표하고 특허를 얻은 퍼페추얼 로터는 초승달 모양의 추로, 착용자가 손목을 살짝만 움직여도 지구 중력에 의해 양방향으로 흔들리도록 설계되었다. 이러한 자동 와인딩 원리 덕분에 이제는 매일 크라운을 풀어 손으로 직접 태엽을 감을 필요가 없게 되었고, 크라운은 주로 시간을 설정하는 데 사용되었다. 또 시계의 정밀성 덕분에 시간을 자주 조정할 필요가 없어, 크라운을 풀어 방수 기능을 위협하게 되는 일도 줄었다. 한마

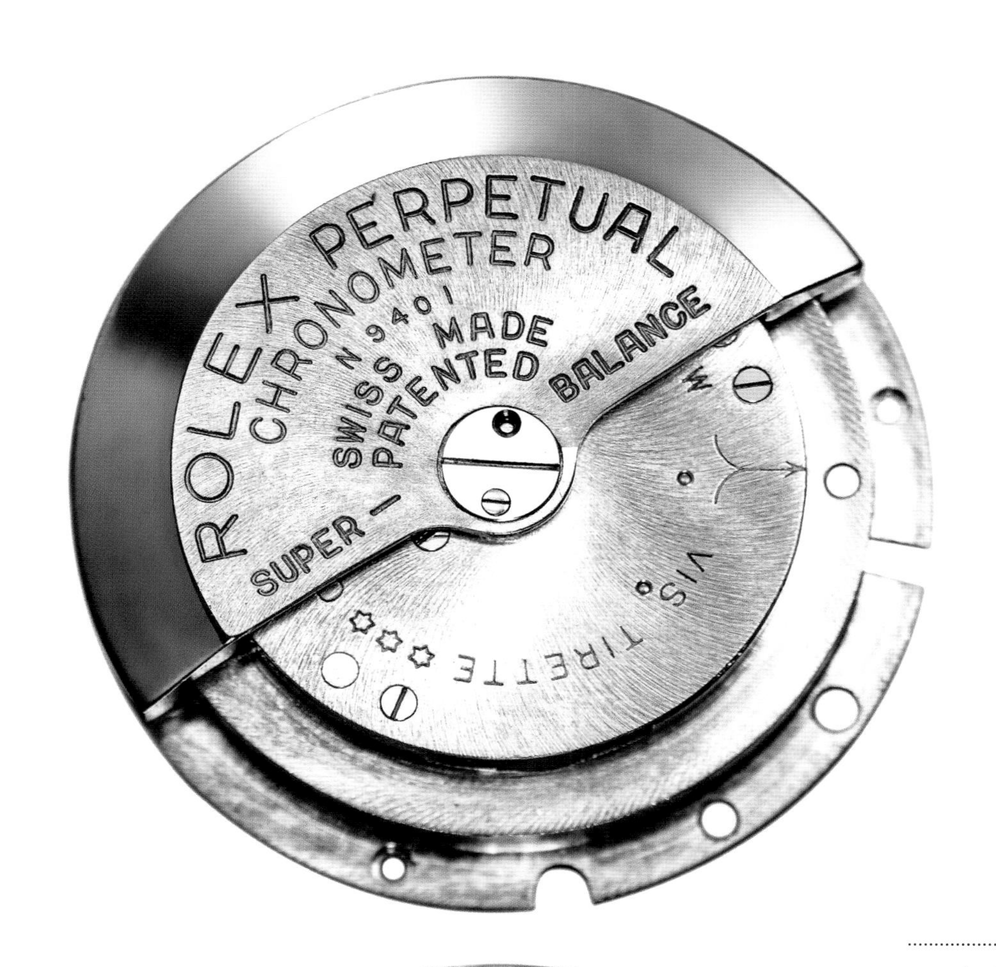

1931년: 퍼페추얼 무브먼트.

디로, 롤렉스 오이스터 퍼페추얼은 정밀성뿐만 아니라 내구성도 뛰어났다.

기록을 경신한 시계들

메르세데스 글릿즈의 영국 해협 횡단을 활용한 광고가 성공을 거둔 후, 빌스도르프는 유명 스포츠 선수들을 통해 오이스터 홍보에 나섰다. 1930년 6월 18일자 『펀치』에 실린 광고는 유명한 카레이서 말콤 캠벨이 롤렉스 오이스터를 착용하고 레이싱을 치른 후에 보내온 편지를 그대로 재현했다.

"안녕하세요. 저는 얼마 전부터 롤렉스 시계를 착용하고 있습니다. 다소 격렬한 활동에도 롤렉스는 완벽하게 시간을 유지하고 있답니다. 지난 금요일과 토요일에 열린 'J.C.C. 더블 12시간 레이스'에 저는 롤렉스를 착용하고 참가했습니다. 경주가 펼쳐지는 그 긴 시간 동안 진동을 견뎌야 했는데도 시계의 정확성에 아무런 문제가 없더군요. 거친 환경도 잘 견뎌내는 최고급 시계를 제작하신 것을 축하드립니다. 마음을 담아, M. 캠벨."

1935년 캠벨이 미국 보너빌 소금 평원에서 레이싱 카를 타고 시속 약 480km를 돌파해 세계 지상 속도 기록을 경신했을 때, 그의 손목에는 롤렉스 오이스터가 있었다.

영국의 비행사들과 모터 스피드 레이싱 챔피언들이 오이스터를 선택했다.

오이스터 모델을 위한 광고 두 편. 첫 번째는 1933년과 1936년에 에베레스트 원정을 이끈 산악인 휴 러틀리지의 업적을 기리는 광고다. 두 번째 광고는 1933년 에베레스트 상공을 최초로 비행한 영국 육군 중령 스튜어트 블래커의 편지를 담고 있다. 블래커는 탐험을 마친 후 롤렉스에 의미심장한 메시지를 전했다. "지금까지 그 어떤 시계도 실제 조건에서 이처럼 극한의 상황을 견딘 적은 없을 것입니다."

THE HOUSTON — MT. EVEREST FLIGHT.
GROSVENOR HOUSE,
PARK LANE, W.1.
June 12, 1933.

The Managing Director,
Messrs. Rolex Watch Company, Ltd.,
40, Holborn Viaduct.
E.C.1.

Dear Sir,

I have much pleasure in informing you that the Rolex watches supplied to this expedition were extremely satisfactory in every way. The conditions under which they were used involved a passage,in the matter of a few minutes from a sun temperature of something like 180°F down to a cold of -41°C, which is equivalent to over 70° of frost. I can hardly imagine that any watches have ever been subjected before to such extremes under practical conditions

In spite of all this the watches continued to work with the utmost accuracy. I was unable to detect a difference of even as much as a minute at any time in the case of my own. In addition to the extremes of heat and cold, your watches had to contend with very permeating dust, great humidity, and the proximity of powerful electric currents. Not the slightest fault could be found with them.

Yours faithfully,

1933년 에베레스트 상공을 처음 비행한 승무원들도 당시 롤렉스 시계를 착용하고 있었으며, 이를 통해 롤렉스는 비행 중에도 그 가치를 입증했다. 오랜 시간 동안 롤렉스는 위대한 업적, 기록, 스포츠 이벤트와 함께해왔다.

Everest Leader's Tribute to Rolex
ON MAY 29TH, 1953, the British Everest Expedition, led by Brigadier Sir John Hunt, finally reached the summit of Mount Everest. Rolex Oyster Perpetual watches were supplied to the expedition. Sir John pays this tribute to Rolex.
"The Rolex Oyster Perpetual watches, with which members of the British team were equipped, again proved their dependability on Everest. We were delighted that they kept such accurate time. This ensured that synchronisation of time between the members of the team was maintained throughout.
"And the Oyster case lived up to its reputation, gained on many previous expeditions, for protecting the movement. Our Rolex Oysters were completely waterproof, unharmed by immersion in snow, and withstood the extreme change of temperature from the warm humidity of the foothills to the great cold at the high camps.
"Last, but not least, the Perpetual self-winding mechanism relieved the team from the trouble of winding their watches. At heights of over twenty-five thousand feet this is really necessary, because the mind slows up and such details as winding watches can be forgotten. There was no need either to slip off warm gloves to attend to this detail.
"As I have emphasized before, this expedition was built on the experience and achievement of others. Rolex Oyster watches have accompanied many previous pioneering expeditions. They performed splendidly, and we have indeed come to look upon Rolex Oysters as an important part of high climbing equipment."

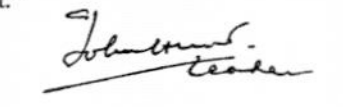

15th June, 1953
Khatmandu

THE ROLEX EXPLORER—a new watch built specially for scientists and explorers to withstand every conceivable hazard. The famous Oyster waterproof case has been strengthened to stand up to tremendous pressures. The Explorer functions perfectly to a depth of 300 feet under water and at a height of 12 miles. It is wound automatically by the unique Rolex Perpetual self-winding "rotor" which, by keeping an even tension on the mainspring, ensures the utmost accuracy. The Explorer is anti-magnetic. It has highly luminous dial-figures on a jet-black dial. It costs £49.19.6d., including the steel bracelet.
ROLEX
A landmark in the history of Time measurement
THE ROLEX WATCH COMPANY LIMITED (H. WILSDORF, GOVERNING DIRECTOR)
1 GREEN STREET, MAYFAIR, LONDON, W.1
4215-2 K&C Rolex Birmingham Mail 21 June 11 x 6
Manchester Guardian 28 June
Edinburgh Scotsman 14 June
Belfast Telegraph 14 June
Final Proof B3166

전문가를 위한 시계에서 모두의 아이콘으로

이후 수십 년 동안 롤렉스는 시계 제작의 이정표가 될 만한 타임피스들을 잇달아 내놓았다. 1950년대에는 경제 성장, 산업 발달, 과학 발전에 힘입어 롤렉스 공방에서 독창적인 디자인의 시계 시리즈를 개발했다. 이때 탄생한 시계들은 새로운 세계, 즉 다양한 라이프스타일과 프로페셔널 워치의 요구를 충족하며 훗날 시계의 고전으로 자리 잡게 되었다. 다양한 기관 및 산업 부문과의 협업은 변화하는 사회의 요구에 부응하고 현대 생활과 조화를 이루는 롤렉스의 능력을 더욱 돋보이게 만들어주었다.

1945년에 롤렉스는 빌스도르프 & 데이비스의 창립 40주년을 기념하여 '오이스터 퍼페추얼 데이트저스트'를 출시했다. 이 시계는 다이얼에 날짜 표시창이 있는 최초의 방수 자동 크로노미터 손목시계였다.

1953년에는 훗날 엄청난 성공을 거둘 두 가지 모델이 출시되었다. 1953년 5월 29일, 뉴질랜드의 산악인이자 탐험가인 에드먼드 힐러리와 네팔의 셰르파 텐징 노르가이가 세계 최고봉인 에베레스트 등정에 성공했다. 이때, 두 사람은 각자 롤렉스 오이스터 퍼페추얼을 착용하고 있었다. 이는 당시 등정을 위해 특별히 제작된 시제품으로, 가죽 스트랩이 장착되어 있었다(나중에 일반 버전의 오이스터 퍼페추얼에는 스틸 브레이슬릿이 사용되었다). 롤렉스의 입장에서 에베레스트 등반은 극한의 조건(높은 고도에서의 온도와 기압 변화)에서 시계를 테스트할 수 있는 절호의 기회이

1953년 에드먼드 힐러리와 텐징 노르가이의 에베레스트 등정은 전 세계를 놀라게 했고, 롤렉스는 원정대에 오이스터 퍼페추얼 시계를 제공하며 이 여정에 동참했다.

1953년 에베레스트를 최초로 정복한 뉴질랜드인 에드먼드 힐러리와 네팔계 인도인 셰르파 텐징 노르가이의 모습이 담긴 빈티지 사진. 둘은 롤렉스를 착용하고 에베레스트에 올랐다.

자 중요한 홍보 행사였다. 같은 해 롤렉스는 '익스플로러' 상표를 등록하고 이 모델을 대중에게 판매하기 시작했다.

롤렉스 서브마리너도 1953년에 출시되었다. 서브마리너는 스포츠 다이빙 애호가들을 겨냥한 롤렉스 최초의 다이빙 워치로, 수심 100m까지 방수 기능을 제공했다.

1955년은 롤렉스가 GMT-마스터를 선보인 해였다. GMT-마스터에는 기본 시곗바늘인 시침, 분침, 초침 외에 네 번째 바늘이 추가되어 다른 시간대를 함께 표시할 수 있었다. 24시간에 한 바퀴를 도는 이 추가 시곗바늘은 최초로 대륙 간 직항 노선을 운항한 팬 아메리칸 월드 항공(팬암)과 롤렉스의 협업으로 탄생했다.

1956년 바젤 박람회에서 선보인 롤렉스 데이-데이트 시계는 디자인과 기술 모두에서 중요한 혁신을 보여주었다. 3시 방향과 12시 방향에 있는 두 개의 작은 표시창에 날짜와 요일(약어가 아닌 전체 단어)을 표시한 최초의 시계이자, 롤렉스 최초로 '최상급 크로노미터' 공식 인증을 받아 뛰어난 정밀성을 자랑하는 모델이기도 했다. 롤렉스 밀가우스도 1956년에 출시되었는데, 이 이름은 프랑스어로 '1,000'을 뜻하는 '밀'과 자속 밀도를 측정하는 단위인 '가우스'를 결합해 지었다. 강력한 자기장이 있는 곳에서도 완벽하게 기능하도록 설계되었기 때문이다.

롤렉스는 이 시기에 에어-킹 모델도 개발하여 1957년부터 판매하기 시작했다. 이 모델의 디자인은 제2차 세계대전 동안 제작된 모델들을 참고했다. 직경이 33mm를 넘지 않는 기존 케이스들보다 크게 만들어 34mm 케이스를 사용했으며, 다이얼의 그래픽 디자인은 가독성이 매우 뛰어났다. 에어-킹은 특정 전문 분야의 요구를 충족하기 위해 만든 프로페셔널 워치이지만 전문적인 사용자는 물론 일반 소비자들 사이에서도 큰 인기를 끌었다.

1950년대 말이 되자 빌스도르프는 자신이 열의를 다해 설립하여 성공으로 이끈 회사의 미래를 고민하기 시작했다. 하지만 미래를 향한 첫 발걸음은 이미 내디딘 상태였다. 아내 플로렌스 크로티(제네바, 1882~1944)가 세상을 떠난 지 1년 후인 1945년에 한스 빌스도르프 재단을 설립한 것이다. 롤렉스는 지금도 이 재단에 속해 있다. 빌스도르프는 1960년에 79세의 나이로 생을 마감했다.

우리는 빌스도르프에게서 미래를 내다보는 비상한 재능과 '굳은 의지'를 발견할 수 있다. 그는 흔히 '매력적인

롤렉스 에어-킹 모델.

오른쪽: 1950년대 롤렉스 광고 책자. 『타임』지 표지에서 영감을 받아 제작했다.

WATCH of the YEAR

TIME

THE WEEKLY NEWSMAGAZINE

THE ROLEX GMT-MASTER

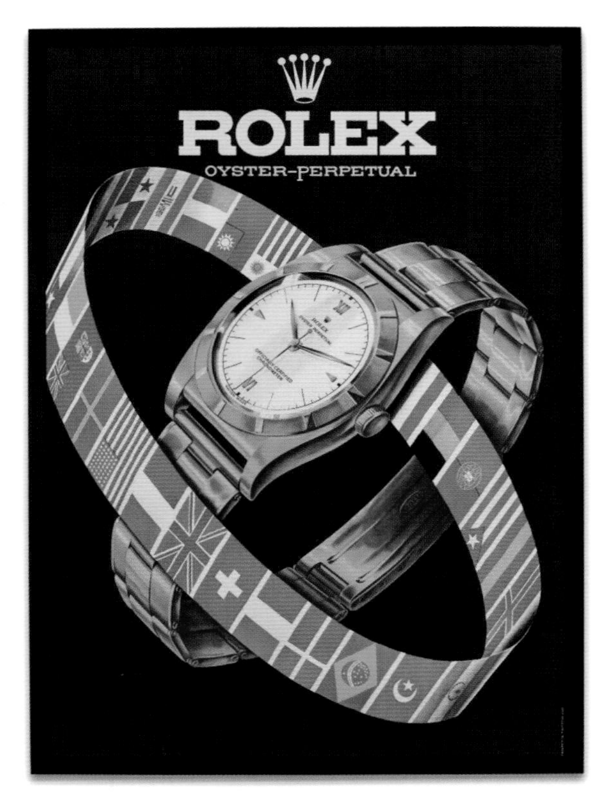

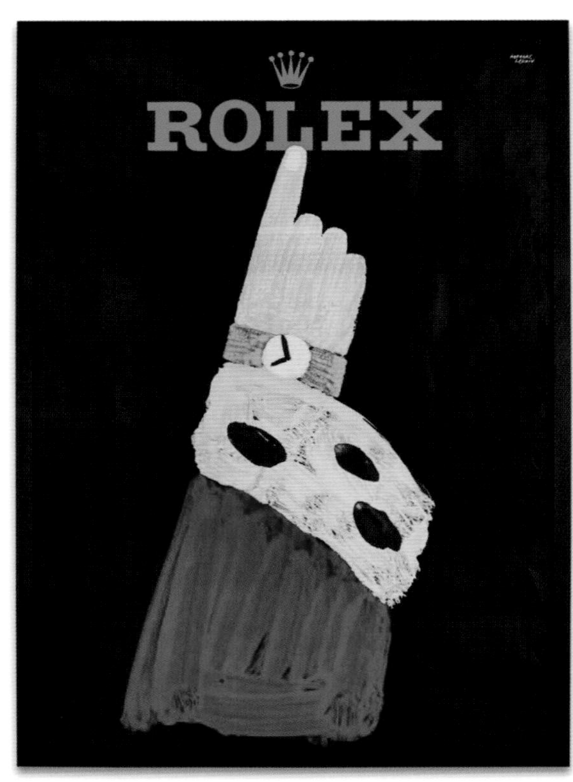

롤렉스를 홍보하는 빈티지 포스터들.

여성용 아이템'으로만 여겨지던 손목시계를 제작하는 데 끝없이 열정을 쏟았다.

현명한 리더십

후계자가 없던 빌스도르프는 롤렉스를 이어갈 적임자를 동료 중에서 찾았다. 그가 선택한 인물인 앙드레 하이니거는 1963년 롤렉스 회장으로 취임해 1998년 퇴임했다. 하이니거가 롤렉스에서 경력을 쌓기 시작한 때는 1948년이었다. 스위스에서 경영학을 전공하고 영국에서 전문 지식을 쌓은 하이니거는 프랑스어, 독일어, 스페인어, 포르투갈어, 이탈리아어, 영어 등 다양한 언어에 능통했다. 처음에는 라쇼드퐁에 있는 한 시계 회사에 들어가 6년 동안 근무하며 제조 및 경영 관리 업무를 담당했다. 몇 년 후 하이니거는 빌스도르프를 만나게 되었고, 롤렉스의 남미 시장을 개척할 기회를 얻었다. 하이니거는 1948년부터 1955년까지 부에노스아이레스에 머물렀고, 이후 롤렉스의 제네바 본사에서 임원직을 맡았다.

빌스도르프는 이 젊은 관리자에게 깊은 인상을 받아 1960년 사망하기 직전에 그를 롤렉스의 후계자로 지목한 것으로 전해진다. 하지만 하이니거는 1964년에야 롤렉스의 최고 경영자로 임명되었는데, 아마도 뛰어난 리더의 뒤를 이으려면 준비할 시간이 필요했던 것으로 보인다. 다른 관리자들이 하이니거의 임명을 반대했다는 소문도 있다. 임명이 늦어진 이유가 무엇이었든 간에, 하이니거는 취임 후 30년이 넘는 시간 동안 한결같이 현명하고 능숙한 경영 능력을 보여주었다.

1963년 앙드레 하이니거의 모습.

대담한 프로젝트

상업 분야에서 풍부한 경험을 쌓은 하이니거는 우수한 제품을 지속적으로 생산하는 데 힘을 쏟는 동시에 사업을 운영하는 관리 부문을 강화함으로써 롤렉스의 이미지를 탄탄히 다졌다. 그는 제네바 인근에 혁신적인 본사 건물을 짓는 책임을 맡았다. 건물 설계는 아르데코에서 영감을 받고 바우하우스 양식에서 영향을 받은 디자인 어휘를 따랐으며, 롤렉스 메종의 시계 스타일을 반영했다.

위: 딥씨 스페셜 시계가 잠수정 트리에스테호에 부착된 채 마리아나 해구에 잠수하여 그 내구성을 증명했음을 기념하는 광고.

하이니거의 지휘 아래 롤렉스는 대담한 업적을 달성하는 탐험가들 및 과학자들과 협력하면서 성공적인 실험을 이어나갔다.

1960년 롤렉스는 깊은 바다의 강한 수압을 견딜 수 있는 딥씨 스페셜 시계를 설계했다. 그리고 이 시계를 트리에스테라는 이름을 가진 심해용 잠수정의 외부에 부착하여 괌 앞바다 마리아나 해구의 수심 10,916m까지 내려가게 했다. ㎠당 1톤이 넘는 압력을 견디기 위해 매우 견고한 특수 스틸 케이스를 개발하고, 여기에 몇 ㎝ 두께의 볼록한 크리스털(시계 다이얼을 보호하는 투명한 커버. 아크릴, 유리, 합성 사파이어 등으로 제작한다 - 옮긴이)을 장착한 시계였다. 수면으로 돌아온 탐험 책임자 자크 피카르는 시계가 '완벽하게 작동했다'고 확인해주었다.

1967년에는 롤렉스와 프랑스 해양 엔지니어링 전문 회사 코멕스의 협업으로 씨-드웰러가 탄생했다. 코멕스의 다이버들은 처음에 수심 200m까지 방수가 가능한 서브마리너 모델을 사용했다. 하지만 다이버들이 잠수 후에 고압실에 머무를 때 그곳에서 사용되는 헬륨이 시계 내부로 스며드는 것이 문제였다. 감압 과정에서 시계 유리가 깨질 정도로 높은 압력을 발생시킬 위험이 있었기 때문이다. 이를 해결하기 위해 헬륨 배출 밸브를 장착한 시계가 씨-드웰러였다. 크로노그래프의 정밀성을 추구하는 과정에서 탄생한 또 다른 모델은 1963년에 출시되었는데, 훗날 진정한 아이콘이 되는 코스모그래프 데이토나다. 전문 레이싱 드라이버에게 필요한 '시간 측정 기능'을 갖춘 시계로, 다이얼에서 시간, 분, 초 단위로 경과 시간을 표시

오른쪽: 롤렉스와 코멕스의 협업 및 씨-드웰러가 수심 520m에 도달했음을 기념하는 광고.

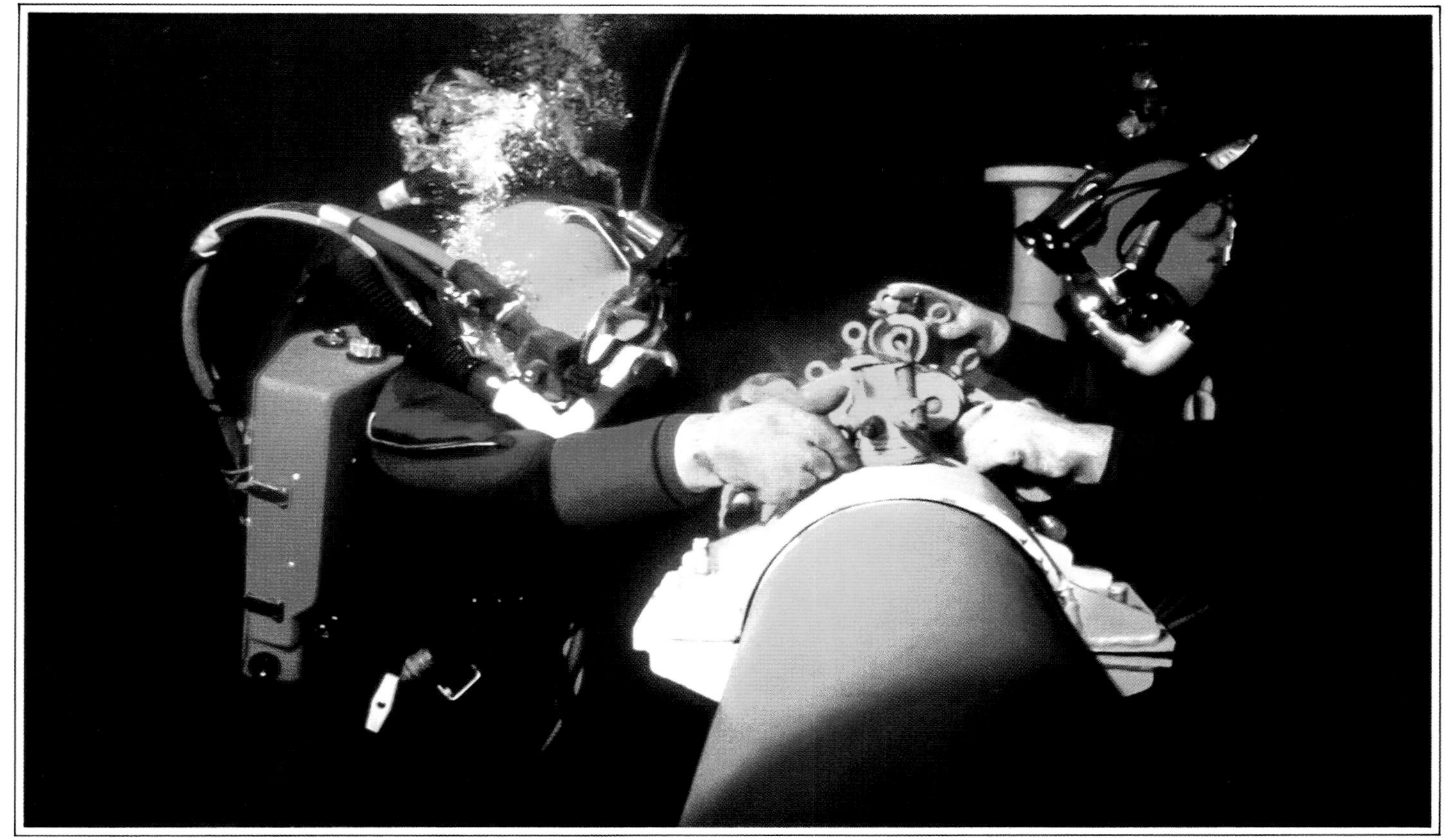

DIVERS CONNECTING A PIPELINE AT A DEPTH OF 520 METRES.

At a record 520 metres deep, the Sea-Dweller is still in its element.

The Comex divers have once more forced forward the frontiers of the impossible. Diving off Marseilles, a six-man team spent eight days performing complex underwater tasks at the unprecedented depth of 520 metres.

An astonishing breathing mixture, hydraliox, made it possible for them to live and operate at such inhuman depths. Hydraliox is a combination of hydrogen, helium and oxygen. It gives divers complete freedom of movement with minds unimpaired by pressure effects.

The Comex operation, known as Hydra VIII, is a world record, comparable in its own way to man's first moon landing. It has created huge possibilities for research.

Tomorrow, thanks to the divers' determination and skill, men will descend even deeper, to repair oil rigs and explore the ocean floor.

Beneath the pressure of over 500 metres of water, there is a ceaseless need for precision. At such astonishing depths divers must depend on something rather more than a mere watch. They need a veritable measuring instrument: the Rolex Sea-Dweller.

Like the Comex divers themselves, the Sea-Dweller is strong, precise and reliable. Guaranteed water-proof to 1,200 metres, it withstands the enormous pressures as well as decompression upon surfacing. This is ensured by a patented Rolex invention.

Men still have another 680 metres to descend before they rival the Rolex Sea-Dweller. But then, divers – even the most skilled – are always in an alien element. The Sea-Dweller is not.

ROLEX
of Geneva

THE ROLEX SEA-DWELLER DATE CHRONOMETER IN STAINLESS STEEL.

하고 측정할 수 있다. 출시 초기에는 그리 성공적인 모델이 아니었고 1980년대 초에 이르러서야 재평가되며 수많은 이들에게 '욕망의 대상'이 되었다.

1960년대에 한 롤렉스 광고에는 다음과 같은 문구가 실렸다. "오늘날의 롤렉스 시계는 정밀성, 정확성, 견고함에서 정점에 이르렀습니다. 내일의 시계가 어떤 모습일지는 예측하기 어렵습니다. 티타늄 케이스가 될지, 합성 다이아몬드 케이스가 될지. 원자 에너지로 작동할지 태양열 에너지로 작동할지. 하지만 한 가지는 확실합니다. 내일의 가장 뛰어난 시계는 롤렉스가 만들 것입니다."

롤렉스 경영진은 1970년대 초 시장을 휩쓸 '쿼츠 위기'가 다가오고 있음을 미처 예견하지 못했다.

능숙한 위기 대응

1969년에 일본 회사인 세이코가 아스트론 모델을 시장에 선보였다. 아스트론은 최초의 쿼츠 시계(수정 진동자를 이용해 배터리로 구동하는 전자식 시계 – 옮긴이)로, '언젠가는 모든 시계가 쿼츠 시계일 것'이라는 광고 슬로건을 내걸었다. 일본의 컴퓨터 제조업체인 카시오는 1974년에 쿼츠 시계를 생산하기 시작했고, 카시오는 곧 최고의 브랜드가 되어 시계 시장에 혁명을 일으켰다.

롤렉스를 비롯한 스위스의 유명 시계 제조업체들은 이 새로운 기술에 대응하고자 전자시계센터(CEH)라는 연구 컨소시엄을 결성했다. 이 연구소는 쿼츠 기술 개발에 착수하여 1970년에 베타 21 무브먼트를 내놓았다. 여러 제조업체들이 1970년대에 이 무브먼트를 사용했으나, 항상 아날로그 다이얼과 함께였다. 롤렉스는 레퍼런스 5100 모델에 이 무브먼트를 장착했다. 그러나 롤렉스는 곧 독자적인 길을 가기로 결정하고, 1977년 '롤렉스 데이트저스트 오이스터쿼츠 레퍼런스 17000'을 대중에게 선보였다. 이 시계는 롤렉스 연구소에서 제작한 롤렉스 전용 쿼츠 무브먼트인 칼리버 5035로 작동했다.

롤렉스의 전자기계식 무브먼트인 칼리버 5035와 5055는 CEH 컨소시엄에서 개발한 무브먼트와는 완전히 다른 방식으로 설계되었으며, 다양하고도 매우 중요한 기술 혁신을 담고 있었다.

시계의 정밀성을 높이기 위해 롤렉스는 진동 주파수를 32,768헤르츠까지 높였는데, 이는 베타 21의 약 4배에 달했다. 특수 센서가 주변 온도를 감지해 전자 제어 모듈에 정보를 전달하고, 이 모듈은 이에 따라 쿼츠 크리스털(수정 진동자. 쿼츠 시계에서 시간을 측정하는 핵심 부품으로, 전압을 가하면 진동하는 수정의 특성을 이용한다 – 옮긴이)의 진동 속도를 보정했다. 또 수동 조정 시스템으로 주파수 변화를 미세하게 조정할 수 있어서, 시간이 지나면서 발생하는 쿼츠 크리스털의 자연적인 노화를 보완할 수도 있었다.

쿼츠 크리스털은 1978년 즈음에 한층 정교하게 개선되어, 권위 있는 크로노미터 인증 요건을 충족할 수 있었다. 1978년 5월 8일에 산악인 라인홀트 메스너가 산소마스크 없이 에베레스트를 정복했을 때, 그는 손목에 오이스터쿼츠 시계를 차고 있었다.

이 쿼츠 시계는 한정 수량으로 생산되었고, 롤렉스의 주력 모델이 되지는 못했다.

새로운 위상

쿼츠 시계 분야에 진출하려는 시도와 별개로, 하이니거는 롤렉스와 그 제품들의 위상을 높이는 전략을 실행했

라인홀트 메스너는 산소마스크를 쓰지 않고 에베레스트를 등반할 계획을 세웠다. 1978년, 그는 손목에 오이스터쿼츠를 차고 에베레스트 무산소 등정에 성공했다.

다. '믿을 만한 시계'를 만드는 회사에서 명품을 만드는 회사로 탈바꿈하기 위해서였다.

하이니거는 롤렉스의 메시지를 전달하는 일도 중요히 여겼다. 1970년대에는 롤렉스를 정치적 권력('세상의 운명을 이끄는 사람들은 롤렉스를 착용합니다')이나 리더십('내일 당신이 콩코드 비행기를 조종한다면 당신은 롤렉스를 착용할 것입니다')과 연결한 광고들이 등장했다. "시계 사업은 어때?"라는 질문에 하이니거가 했던 유명한 대답도 이 시기에 나왔다. "잘 모르겠는데. 롤렉스는 시계 사업에 속하는 게 아니라서. 우린 명품 사업이거든."

1970년대에 이르러서는 익스플로러 Ⅱ(1971)와 씨-드웰러 4000(1978) 등의 모델들이 출시되어 롤렉스의 성공에 도움을 주었다. 1980년대에는 활기찬 경제와 화려한 미학의 유행에 걸맞게 다양한 레퍼런스(reference. 'ref.'로 흔히 표기한다. 특정 모델을 식별하기 위해 부여하는 고유 번호로, 모델의 소재, 무브먼트, 디자인 등의 정보를 숫자로 치환하여 여기에 포함한다 - 옮긴이)에서 주얼리 에디션을 선보이고 한정 수량으로 생산했다.

하이니거는 사생활을 중시하고 공개적인 자리에는 모습을 잘 드러내지 않는 사람이었다. 하지만 테니스 챔피언 비에른 보리와 존 매켄로 같은 스타 혹은 유명 인사와 함께 사진을 찍는 모습이나 이탈리아 사르데냐섬의 포르토 체르보에서 열리는 맥시 요트 롤렉스 컵에 참석하는 모습은 드물지 않게 포착되었다.

1976년에 하이니거는 '롤렉스 어워즈'를 제정했다. 롤렉스 창업자의 자선 정신을 받들고 오이스터의 50주년을 기념하기 위해서였다. 롤렉스 어워즈는 '전 세계의 뛰어난 개인, 즉 재정 지원을 전혀 또는 거의 받지 못하면서도 인류의 지식과 복지를 발전시키는 독창적이고 혁신적인 프로젝트로 중대한 도전에 맞서는 선구자'를 지원하는 프로그램이다.

If you were flying the Concorde tomorrow
you'd wear a Rolex
When the Concorde takes off on its experimental flights through the sound barrier, the watch on board will be Rolex.
Its tough Oyster* case is carved out of a block of 18kt. gold or Swedish stainless steel. Inside these solid walls is a self-winding, officially certified 30-jewel Swiss chronometer. And outside, its face tells the date and the time in two time zones at once.
It took three years to build the first Concorde. And it takes over a year to build every Rolex Oyster Perpetual because most of the work is done by hand. Concorde pilot Brian Trubshaw feels it was time well-spent.
The Rolex this man wears is the GMT-Master Chronometer. In 18kt. gold with matching Jubilee bracelet, $1,100. In steel, $245.
*Individually tested and guaranteed to a depth of 165 feet when case, crown and crystal are intact.
Official Timepiece, Pan American World Airways. Pan American will be the first U.S. airline to fly the Concorde in scheduled service.
ROLEX
AMERICAN ROLEX WATCH CORPORATION, 580 FIFTH AVENUE, NEW YORK, N. Y. 10036.
Also available in Canada. Write for free color catalog.

위: 1960년대에 최초의 초음속 여객기인 콩코드가 최종 비행 테스트를 마쳤을 때, 롤렉스는 비행 테스트에 참여한 영국과 프랑스 파일럿이 모두 GMT-마스터를 착용하고 있었음을 자랑스럽게 발표했다. 이는 초음속 비행 시대에 GMT-마스터의 위상을 확고히 다지는 계기가 되었다.

오른쪽: 비에른 보리와 존 매켄로는 테니스 코트 위에서 라이벌이었지만, 둘 다 롤렉스 애호가였다.

NIKE

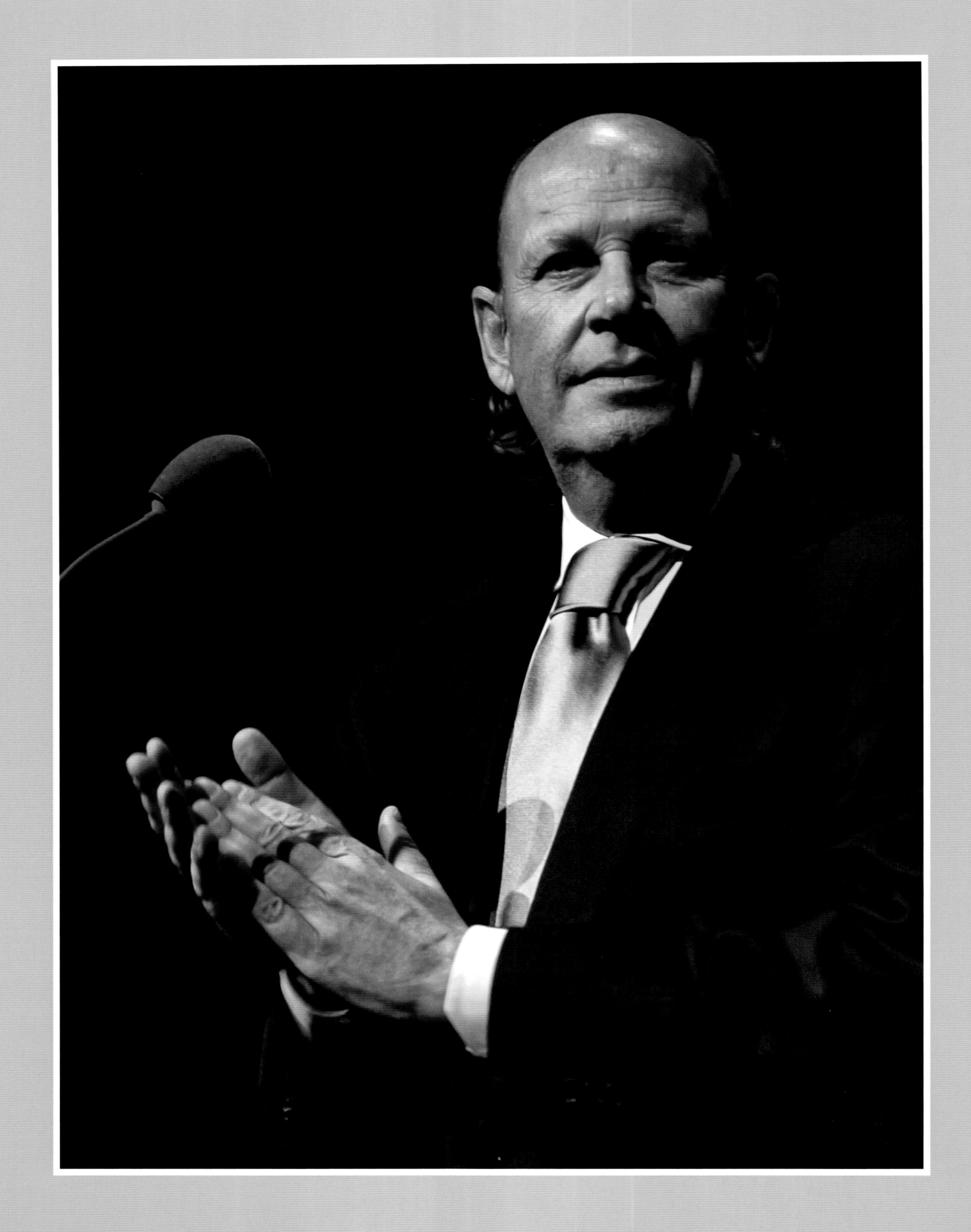

일관된 방향성

안드레 하이니거의 아들 패트릭 하이니거는 1992년에 롤렉스 이사회에서 경영 책임자로 임명되며 아버지의 뒤를 잇게 되었다. 안드레 하이니거는 1998년에 은퇴할 때까지 롤렉스의 CEO로 재직했으며, 2000년에 사망할 때까지 명예 회장으로 활동했다. 그의 리더십은 롤렉스가 오늘날과 같은 성공적인 기업으로 성장하는 데 큰 발판이 되었다.

스위스에서 법학을 전공한 패트릭 하이니거는 뉴욕에 법률 사무소를 차리고 지적 재산권 변호사로 일하고 있었다. 그는 1986년 롤렉스에 상업 이사로 합류했고, 몇 년 후에는 롤렉스를 진두지휘하게 되었다. 패트릭 하이니거는 탁월한 리더십을 발휘하여 외부 공급업체들을 인수하고 모든 생산 과정을 롤렉스 내부에서 자체 처리하도록 전환함으로써 롤렉스를 완전한 수직 통합형 회사로 바꾸어놓았다.

패트릭 하이니거는 1992년부터 2008년까지 16년 동안 롤렉스를 이끌었다. 이 시기에 롤렉스가 내놓은 새로운 모델은 항해 분야, 특히 요트 스키퍼(선장)와 승조원을 위한 럭셔리 스포츠 시계인 1992 요트-마스터 단 한 가지였다. 그리고 서브마리너, GMT, 데이토나와 같은 빈티지 스포츠 모델들을 재출시하면서 형태와 디자인을 수정한 버전으로 선보였다.

2003년에는 서브마리너 모델 탄생 50주년을 기념하여 그린 베젤을 장착한 서브마리너를 출시했는데, 이 버전은 '커밋(미국의 어린이 TV 프로그램인 〈세서미 스트리트〉에 등장하는 녹색 개구리 캐릭터의 이름-옮긴이)'이라는 별명으로 불린다. 2005년에는 GMT 출시 50주년 기념으로 세라믹 베젤을 장착한 GMT를 선보였다. 2007년 바젤월드(스위스 바젤에서 매년 열리던 시계 및 보석 박람회. 현재는 폐지되었다-옮긴이)에서 롤렉스는 밀가우스 시계의 새로운 버전을 발표했다. 이 모델은 자기장에 영향을 받지 않는 항자성을 유지하면서 40mm 케이스, 유광 마감, 블랙 다이얼과 화이트 다이얼 등 새로운 특징을 입었다.

패트릭 하이니거가 이룬 굵직한 경영 성과 중 하나는 롤렉스 사업 전체를 스위스에 위치한 최첨단 시설 네 곳으로 통합한 일이다. 이는 규모의 경제를 실현하고 현대

왼쪽: 패트릭 하이니거는 롤렉스의 수직 통합 생산 구조를 완성한 인물이다.

위: 롤렉스는 스폰서십과 파트너십을 통해 요트 분야와 긴밀한 관계를 맺고 있다.

모나코 군주 알베르 2세와 롤렉스 CEO 지안 리카르도 마리니. 2019년 6월 14일 프랑스 생트로페에서 열린 지라글리아 롤렉스 컵 요트 대회의 시상식에 참석한 모습이다.

롤렉스 시계의 품질을 향상하는 데 크게 기여했다. 패트릭 하이니거는 최고 경영자로 재직하는 동안 제네바에 새로운 시설을 지속적으로 개발했으며, 1995년에는 롤렉스 본사 건물을 추가로 설립하면서 시설 확장에 정점을 찍었다. 2005년에는 제네바 인근의 플랑레와트에 건물을 지어 그룹의 다양한 사업 부문을 통합했다.

2002년에 패트릭 하이니거는 재능 있는 젊은 예술가들이 잠재력을 발휘할 수 있도록 지원하는 '롤렉스 멘토 & 프로테제 아트 이니셔티브'를 만들었다. 이는 역대 롤렉스 경영진들이 세운 지침에 완벽히 부합하는 후원 프로그램이다.

롤렉스의 리더로서 가장 자랑스러운 일이 무엇이냐고 누군가 물었을 때 패트릭 하이니거는 '롤렉스를 착용한 낯선 사람들을 만나는 일'이라고 답했다. 그는 2008년 12월 개인적인 사유로 롤렉스 회장직에서 물러났다.

그 후 롤렉스의 이사 겸 최고재무책임자(CFO)였던 브

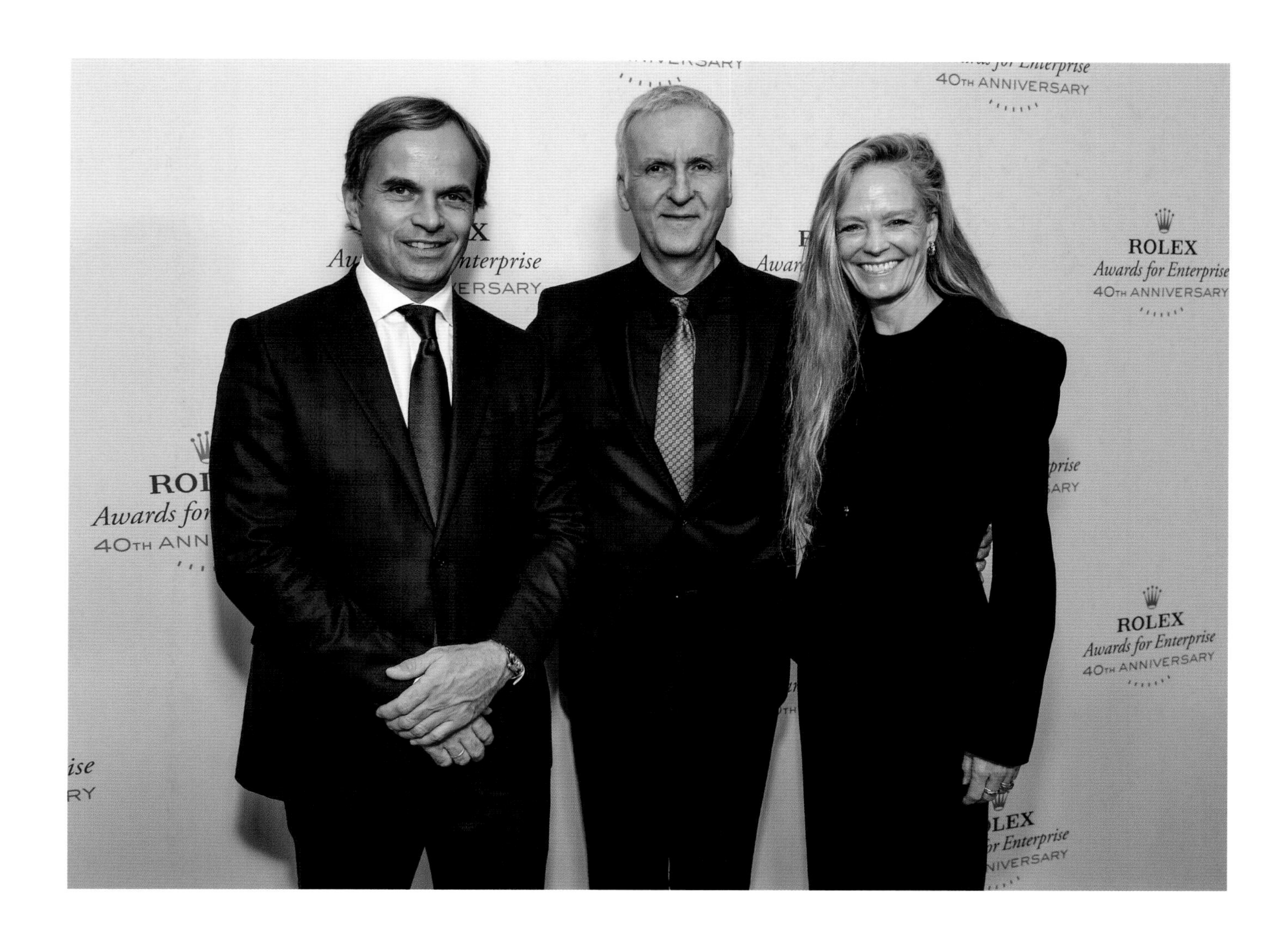

장 프레데릭 뒤푸르와 영화감독 제임스 캐머런, 배우 수지 에이미스.

루노 마이어가 패트릭 하이니거의 뒤를 이어 롤렉스 수장을 맡았고, 2011년 5월에는 롤렉스 이탈리아 지사장을 지낸 지안 리카르도 마리니가 부름을 받아 롤렉스 메종을 이끌었다. 2014년에는 스위스 출신의 장 프레데릭 뒤푸르가 6대 CEO로 취임했다. 이처럼 롤렉스에서는 소수의 뛰어난 경영진이 일관되고 안정적인 운영으로 회사의 성공에 기여해왔다.

롤렉스는 1945년 한스 빌스도르프가 스위스 법에 따라 설립한 민간단체인 한스 빌스도르프 재단에 속해 있다. 재단 정관에 따르면 롤렉스는 수익의 일부를 기술 연구에 재투자하여 제품을 지속적으로 개선하고, 수익의 상당 부분을 사회 활동이나 예술 지원 프로그램에 사용해야 한다. 미래 세대를 위한 지식 전수는 롤렉스가 중요하게 여기는 가치이며, 롤렉스는 시계 제작뿐만 아니라 예술, 문화, 건축에 대한 지원을 통해 이를 훌륭히 실현하고 있다.

알아볼 수 있는 가치

롤렉스의 이미지와 성공에는 시계의 뛰어난 품질이 큰 몫을 하지만, 커뮤니케이션 전략이 기여한다는 사실도 부인할 수 없다. 롤렉스 메종은 테니스, 골프, 요트 경기, 포뮬러 원 레이싱 등 다양한 스포츠 분야의 선수들과 대회들을 후원하며 테니스의 로저 페더러, 스테파노스 치치파스, 야닉 시너, 요트의 폴 케이야드, 모터 레이싱의 젠슨 버튼, 승마의 버트럼 앨런과 스콧 브래시 등을 홍보대사로 활용한다.

롤렉스는 또한 밀라노 스칼라 극장, 뉴욕 메트로폴리탄 오페라, 빈 신년 음악회, 런던 로열 오페라 하우스 등 국제적으로 유명한 문화 및 예술 기관을 폭넓게 후원하고 있다. 롤렉스는 유명 아티스트들과 파트너십을 맺고 있는데, 뉴질랜드 소프라노인 키리 테 카나와, 이탈리아 메조소프라노인 체칠리아 바르톨리, 오페라계의 스타 테너들인 페루 출신의 후안 디에고 플로레스와 독일 출신의 요나스 카우프만, 그리고 지휘자인 안토니오 파파노 등이 포함된다.

음악이 템포를 기본으로 하는 만국 공통의 언어라는 점에 주목한 롤렉스는 2006년부터 가수 마이클 부블레가 롤렉스 홍보대사로 활동하는 것을 계기로 스윙 음악을 통해서도 고객과 소통하고 있다. 2017년에는 영화계에서 최고 권위를 자랑하는 미국 영화예술과학아카데미(AMPAS)와 파트너십을 체결하고 아카데미의 공식 시계이자 오스카 시상식의 자랑스러운 스폰서가 되었다.

롤렉스는 오스카 시즌의 시작을 알리는 행사이자 영화계에서 업적을 쌓은 인물을 선정해 그 공로를 치하하는 시상식인 거버너스 어워즈의 독점 스폰서이기도 하다. 또 오스카 시상식 날 밤, 후보자와 시상자가 무대에 오르기 전과 시상식 후에 모이는 공간인 오스카 그린룸의 공식 호스트다. 그 밖에 2021년 9월 로스앤젤레스에 문을 연 아카데미 영화 박물관의 창립 후원자이기도 하다.

아카데미 영화 박물관은 미국 최대의 영화 전문 박물관으로, 임시 전시 및 상설 전시를 위한 4,600m^2 이상의

왼쪽: 메트로폴리탄 오페라 하우스(위)와 오스카 그린룸(아래).

롤렉스 브랜드 앰버서더로 활동하는 테니스 선수 로저 페더러.

갤러리 공간, 1,000석 규모의 데이비드 게펜 극장을 포함한 영화관 두 곳, 교육 공간, 공공 행사나 기념식을 위한 공간 등을 갖추고 있다.

롤렉스의 '멘토 & 프로테제' 프로그램은 새로운 인재를 발굴하고 육성하는 데 목표를 두고 신진 아티스트와 기성 아티스트 간의 협업을 지원하는 프로그램이다. 지난 수년간 애니시 커푸어, 데이비드 아자예, 데이비드 치퍼필드, 데이비드 호크니, 마틴 스코세이지, 알레한드로 G. 이냐리투, 윌리엄 포사이스, 페터 춤토르, 마거릿 애트우드, 콜린 데이비스, 엘 아나추이 등 세계적인 아티스트들은 물론이고 브라이언 이노, 지우베르투 지우, 자키르 후세인, 유수 은두르 같은 아이콘들이 이 프로그램에 참여하여 멘토 역할을 수행해왔다. 2002년 이후 스승과 제자, 즉 멘토와 프로테제로 맺어진 63쌍 중에서 9쌍이 영화계와 관련이 있다.

탐험가 및 환경 보호 활동가들과의 파트너십도 활발하다. 전설적인 수중 탐험가 실비아 얼이 이끄는 '미션 블루'는 전 세계 해양 보호구역의 글로벌 네트워크를 구축하기 위한 캠페인이다. 이 캠페인은 생물 종과 중요 생태계를 보호하고, 지역 기업들을 지원 및 홍보하고, 대중의 관심을 불러일으키며, 전 세계 해양 보호 활동에 대한 지원을 장려하는 것을 목표로 한다.

롤렉스 어워즈는 1976년 제정된 이래 3만 5,000명의 지원자 중에서 혁신적인 프로젝트를 진행하는 155명의 수상자를 선정했다. 수상자들이 활동하는 분야는 사람들의 일상을 개선하는 기술 개발부터 위험에 처한 생태계 보존, 해양 보호, 지구의 새로운 개척지 탐사, 과학 및 의료 분야의 혁신적인 발견에 이르기까지 다양하다.

롤렉스는 베니스 비엔날레 국제 건축전을 후원하는 등 다른 형태의 예술 분야에도 기여하고 있다. 이 건축전에

엘 아나추이. 가나 출신의 이 예술가는 물감, 직물, 조각, 디자인을 활용한 거대한 조각과 설치물을 통해 아프리카 미학의 존재감을 드러냄으로써 세계 예술계를 재정의했다. 그는 물, 바람, 나무, 점토, 돌, 금속, 인쇄판, 알루미늄 병뚜껑 및 기타 재활용 재료를 작품에 통합한다.

해양생물학자이자 해양학자인 실비아 얼.

베니스 건축 비엔날레에 마련된 롤렉스관.

마련된 롤렉스관의 디자인은 이 브랜드의 상징적인 시계에서 볼 수 있는 미학적 특징인 플루티드 베젤(가장자리에 V자 형태의 홈을 새긴 베젤로, 롤렉스의 상징적인 베젤-옮긴이)을 닮았는데, 이는 건축과 시계 제작 간의 지속적인 연결성을 더욱 강조하려는 의도를 담고 있다.

일본 건축가 쿠마 켄고가 텍사스주 댈러스에 설계한 7층짜리 오피스 타워는 현재 롤렉스의 영업 판매 및 서비스 센터로 이용되고 있다. 이 건물에는 각 층마다 식물을 심은 테라스가 있으며, 환경을 고려한 특성과 건물의 독특한 형태가 결합하여 도시에 새로운 기준을 제시한다. 한편 뉴욕에 자리하고 있는 롤렉스 미국 본사는 데이비드 치퍼필드가 '롤렉스 브랜드의 유산과 문화에 걸맞은 모범적인 건물을 만들겠다'는 일념으로 설계한 것이다. 블록들이 들쭉날쭉하게 쌓여 있는 형태의 25층짜리 타워로, 친환경 및 지속 가능한 에너지 소비에 대한 최고 수준의 인증인 LEED(에너지 및 환경 설계 선도) 플래티넘 등급을 받았다. 롤렉스는 제품의 우수성뿐만 아니라 기업이 보여주는 일관성과 지구를 보호하려는 노력으로도 높이 평가받고 있다.

건축가 쿠마 켄고가 댈러스에 비틀린 형태의 타워로 디자인한 건물. 롤렉스 영업 및 서비스 센터가 들어서 있다.

꿈은 계속된다

롤렉스는 단순한 시계가 아니다. 예전처럼 지위를 상징하는 의미도 아니다. 롤렉스 시계를 착용하는 사람은 단순히 부의 신호를 드러내는 것을 넘어 특정한 그룹에 속해 있음을 나타낸다. 품질과 아름다움을 음미할 줄 아는 세상, 다양한 분야에서 활동하며 세계적인 명성과 성공을 얻은 인사들과 연결된 세상에 속해 있음을 말이다.

혜안을 지닌 기업가인 한스 빌스도르프에게 있어서 오랜 시간이 지나도 신뢰할 수 있는 시계를 만드는 일은 명예가 걸린 문제였다. 이러한 정신을 바탕으로 빌스도르프는 롤렉스 창립 초기부터 브랜드가 진출한 모든 국가에서 애프터서비스를 충실히 제공할 수 있는 효율적인 워크숍 네트워크를 구축하기 시작했다. 이를 통해 롤렉스가 생산한 모든 시계는 시간이 흘러도 탁월한 성능을 유지하는 데 가장 적합한 방식으로 언제든지 유지보수 서비스를 받을 수 있다.

제네바에 위치한 롤렉스 월드 본사에서는 회사의 경영·행정·커뮤니케이션 활동은 물론, 시계의 최종 조립·최종 검사·마케팅 관련 업무와 롤렉스 월드 서비스 모두를 관리한다. 이곳에서는 창의적인 작업 외에 연구 개발 활동도 이루어진다. 또 완성된 시계는 전 세계로 출하되기 전에 모두 이곳에 자리한 워크숍에서 테스트를 거친다. 롤렉스 트레이닝 센터도 제네바에 있다. 트레이닝 센터에서는 직원과 관리자를 위한 교육 과정을 제공하고, 수습생을 훈련하여 롤렉스만의 고유한 지식을 전수한다.

플랑레와트에 자리한 생산 단지는 원자재 성형 및 가공부터 최종 제품의 마감 처리에 이르기까지, 롤렉스 시계 케이스와 브레이슬릿의 개발과 생산에 관련된 활동에 집중한다. 쉔부르 생산 단지는 다이얼과 베젤을 개발하고 생산하는 일과 더불어 보석 세팅과 관련된 업무를 함께 진행한다. 비엔 생산 단지는 롤렉스 무브먼트 생산에 주력하고 있다.

로잔연방공과대학교(EPFL)에 자리한 롤렉스 러닝 센터는 롤렉스와 EPFL 간의 깊은 유대 관계를 상징한다.

EPFL의 전시 및 문화 공간인 EPFL 파빌리온.

롤렉스 무브먼트를 구성하는 부품은 복잡한 칼리버의 경우 200~400개에 달하며, 극도의 정밀함과 세심한 주의를 기울여 제작된다. 이는 롤렉스의 시계가 세심한 기술 연구를 통해 탄생하는 제품이라는 메시지를 전달하기 위해 다각도로 꾸준히 노력한 결과다. 롤렉스 시계는 구매력이 있는 소비자들에게 귀중한 물건일 뿐만 아니라, 수천 명의 사람들에게 이상적인 시계 혹은 이상에 가까운 시계이며 열망의 대상이다.

오늘날 롤렉스는 세계에서 가장 잘 알려진 브랜드로 꼽히며 최고급 제품군에서 시장 점유율 1위를 차지하고 있다. 럭스컨설트와 모건 스탠리에서 작성한 보고서에 따르면 롤렉스는 2021년 시장 점유율 29%, 예상 매출액 80억 스위스프랑을 기록했으며, 같은 해에 시계 105만 개를 생산한 것으로 추정된다.

롤렉스 메종은 한스 빌스도르프의 정신과 기업가적 능력, 시대를 앞서가는 창의적 비전, 그리고 그의 뒤를 이은 위대한 인물들의 노력에 힘입어 발전할 수 있었다. 덕분에 롤렉스는 몇 안 되는 독립 기업, 즉 공개 상장되거나 금융 그룹에 속하지 않은 기업으로 남을 수 있었다. 기업의 독립성을 유지하려는 롤렉스의 노력이 결실을 맺은 것이다.

코코 샤넬은 전문적인 재단사 교육을 받지 않았고, 한스 빌스도르프는 시계 제작자가 아니었다. 하지만 샤넬은 패션계에 혁신을 일으켰고, 빌스도르프는 사람들이 시계를 사용하는 방식을 혁명적으로 바꾸어놓았다.

오른쪽: 롤렉스 와인딩 로터(진동 추).

ROLEX

롤렉스 모델

역사 그리고 진화

오이스터 퍼페추얼

Oyster Perpetual

**오이스터 퍼페추얼은 오리지널 오이스터를 직접 계승한 모델이다.
오리지널 오이스터는 1926년에 세계 최초의 방수 손목시계로 탄생하여
롤렉스가 탁월한 명성을 쌓는 데 기반이 되었다.**

오이스터 퍼페추얼의 탄생은 롤렉스 역사상 진정한 혁명이었으며 롤렉스의 역사뿐 아니라 시계 제작의 역사 자체를 바꾼 운명이었다. '오이스터'라는 이름은 롤렉스가 특허를 낸 최초의 방수 케이스에서 유래했는데, 1926년에 나사식 용두인 스크루-다운 와인딩 크라운을 발명한 덕에 이 방수 케이스를 만들 수 있었다. 롤렉스는 한스 빌스도르프의 요청에 따라 오이스터 케이스를 개발했다. 그는 먼지와 습기로부터 시계를 보호하려면 그에 맞는 케이스를 발명해야 한다고 보았다. 먼지와 습기는 시계 내부를 영구적으로 손상시키고 시간을 정확히 알리는 기능에도 해를 입히는 최악의 적이었다. 어떤 상황에서도 방수 기능을 보장하는 시계를 만들기 위해 롤렉스는 운동선수와 탐험가에게 정기적으로 자사 시계를 제공함으로써 현장 테스트를 거쳤다.

이 시계를 처음 선보일 때 빌스도르프는 오이스터라는 이름을 붙인 이유를 밝혔다. 그는 오이스터를 '모범적인

보호자'라 표현하면서 이렇게 덧붙였다. "먼지나 기타 불순물을 결코 용납하지 않습니다. […] 여러분, 바로 그 굴의 특성과 이름을 빌려 온 것입니다. 이것이 롤렉스 오이스터입니다. 굴은 물속에서 살면서 모든 불순물을 차단합니다. 그런 의미에서 오이스터라 이름 붙였습니다." 오이스터를 착용하면 먼지가 많은 작업장에서 일하거나 땀을 많이 흘려 손을 씻거나 목욕을 해야 할 때도 시계를 벗을 필요가 없었다. "어떤 상황에서든 손목에는 오이스터를 착용하세요. 절대로 실망하시지 않을 겁니다."

1927년에 빌스도르프는 이 밀폐형 케이스가 어떻게 시계의 정밀성을 보장하는지도 설명했다. "우리 모두 알고 있듯이 피벗은 오일로 작동해야 합니다. 그런데 오일은 미세한 먼지 입자를 끌어당기고, 이런 먼지들은 아주 소량일지라도 끊임없이 시계 무브먼트에 침투합니다. 케이스를 잘 만들었더라도 말입니다. […] 롤렉스 오이스터는 모든 먼지를 차단하고, 결과적으로 항상 완벽하게 시간을 유지합니다."

오이스터에서 오이스터 퍼페추얼로의 전환은 1931년에 이루어졌다. 롤렉스가 '퍼페추얼'로 알려진 자동 와인딩 시스템에 대한 특허를 획득한 해이기도 하다. 이 새로운 시스템 덕분에 착용자는 매일 수동으로 태엽을 감을 필요 없이 팔을 자연스럽게 움직이는 것만으로 시계를 와인딩할 수 있게 되었다. 퍼페추얼 로터는 축을 중심으로 자유롭게 양방향으로 회전하는 추로, 태엽이 일정한 장력을 유지하도록 도와 시계의 정밀성과 신뢰성을 보장한다.

오리지널 오이스터의 직계 후손이라 말할 수 있는 오이스터 퍼페추얼 시리즈의 시계들은 오이스터 컬렉션의 기본 특징들, 즉 크로노미터의 정밀성, 오이스터 케이스의 방수 기능, 퍼페추얼 로터를 통한 자동 와인딩을 모두 갖추었다. 오이스터 퍼페추얼은 단순함이 돋보이는 본질적인 스타일을 유지하면서도, 다이얼의 색상과 디자인에서 변화와 진화를 거듭하며 새로운 모습을 보여주고 있다.

오이스터 퍼페추얼 모델.

2020년에는 기존의 오이스터 퍼페추얼 28, 31, 34, 36 모델에 새로운 모델인 오이스터 퍼페추얼 41이 추가되면서 오이스터 퍼페추얼 제품군이 한층 확장되었다. 또 오이스터 퍼페추얼 36의 새로운 버전들이 밝은 색상의 다이얼로 출시되었다.

오이스터 퍼페추얼 41의 첫 번째 버전은 전형적인 다이

오이스터 퍼페추얼 36 모델, 블루 다이얼과 캔디 핑크 다이얼.

얼을 벗어난 독특한 디자인이 특징이다. 선레이 마감(시계 다이얼 표면에 적용하는 마감 기법으로, 중심부에서 바깥쪽으로 햇살이 퍼지는 듯한 방사형 패턴을 만든다. 빛 반사에 따라 색상과 광택이 미묘하게 달라 보여 고급스러운 느낌을 더해준다 - 옮긴이)으로 처리한 실버 다이얼에 옐로 골드 핸즈('핸즈'는 시침, 분침, 초침 등 시곗바늘을 가리킨다 - 옮긴이)와 인덱스(시계 다이얼에서 시간을 나타내는 표식. 숫자나 막대 등으로 표시한다. '아워 마커'라고도 하는데, 이는 특히 시를 나타내는 표식에 초점을 둔 표현이다 - 옮긴이)로 포인트를 주었다. 두 번째 버전은 선레이 마감을 적용한 선명한 블랙 다이얼에 화이트 골드 핸즈와 아워 마커를 채택한 디자인이다. 한편, 오이스터 퍼페추얼 36은 활기가 느껴지는 다채로운 스타일을 선보이며, 래커로 마감한 다이얼은 캔디 핑크, 블루, 옐로, 코럴 레드, 그린 등 다섯 가지 새로운 색상 중에서 선택할 수 있다.

오이스터 퍼페추얼 시계의 특징은 크로마라이트 디스플레이다. 오랫동안 빛을 발하는 야광 물질로 핸즈와 인덱스를 채우거나 코팅하여 어둠 속에서 푸른빛을 내도록 만든 것이 크로마라이트 디스플레이의 특징이다. 모든 롤렉스 시계와 마찬가지로 오이스터 퍼페추얼 모델도 최상급 크로노미터 인증을 받았다.

오이스터 퍼페추얼 케이스에는 직경 28, 31, 34, 36, 41mm의 다섯 가지 종류가 있으며 수심 100m까지 방수 기능을 보장한다. 미들 케이스는 부식에 강한 합금인 오이스터스틸을 통으로 깎아 제작했다. 가장자리에 섬세한 플루팅(세로 홈) 장식이 새겨진 케이스 백은 나사처럼 돌려 잠그는 방식, 즉 스크루-다운 방식으로 고정되어 밀폐를 보장한다. 이중 방수 시스템을 장착한 트윈록 와인딩 크라운도 스크루-다운 방식으로 케이스에 단단히 고정되어 있다. 시계 크리스털은 긁힘에 강한 사파이어 소재로 제작되었으며, 반사 방지 코팅이 적용되어 있다. 오이스터 퍼페추얼 모델에는 롤렉스가 자체 개발 및 제작한 셀프-와인딩 기계식 무브먼트인 칼리버 2232(오이스터 퍼페추얼 28, 31, 34) 또는 칼리버 3230(오이스터 퍼페추얼 36, 41)이 장착되어 있다. 두 칼리버에 사용된 오실레이터(규칙적으로 진동을 일으켜 시계가 정확한 시간을 유지하는 데 핵심 역할을 하는 장치로 밸런스 휠과 헤어스프링으로 이루어진다 - 옮긴이)는 가변 관성을 갖춘 밸런스 휠을 특징으로 하며, 휠 가장자리에 있는 골드 마이크로스텔라 너트를 조정하여 진자 운동 속도와 정밀성을 제어할 수 있다. 오실레이터는 롤렉스가 자체 개발하여 특허를 획득한 고성능 파라플렉스 충격 흡수 장치에 장착되어 있다.

ROLEX
OYSTER PERPETUAL
SUPERL TIVE CHRONOMETER
OFF IALLY CERTIFIED
SWISS MADE

다이얼: 오직 오이스터스틸 소재만으로 제작된 오이스터 퍼페추얼 시계들은 시, 분, 초 표시 기능을 갖추었으며, 크로노미터 손목시계의 가장 기본적인 형태를 구성한다. 다이얼의 종류는 매우 다양하다.

케이스: 오이스터 케이스는 수심 100m까지 방수 기능을 보장하며, 물, 먼지, 압력, 충격으로부터 롤렉스의 고정밀 무브먼트를 완벽히 보호한다. 오이스터 케이스의 상징인 미들 케이스는 부식에 특히 강한 오이스터스틸을 통으로 깎아 제작한다. 최신 모델에서는 미들 케이스를 새틴 마감 처리하고, 옆면은 폴리싱 마감한다.

브레이슬릿: 오이스터 퍼페추얼 모델들에는 오이스터스틸 소재를 이용하여 3열 링크 구조로 제작된 오이스터 브레이슬릿을 결합한다. 브레이슬릿에는 롤렉스에서 설계한 접이식 잠금장치인 오이스터클라스프와 길이 5mm 정도를 쉽게 조절할 수 있는 이지링크 컴포트 익스텐션 링크가 장착되어 있다.

칼리버 2232에는 롤렉스가 자체 제작하여 특허를 획득한 실리콘 소재의 실록시 헤어스프링이 장착되어 있다. 칼리버 3230에는 롤렉스가 상자성(외부 자기장에 약하게 반응해 자기적 성질을 띠다가, 외부 자기장이 사라지면 자성을 잃는 성질. 자기장에 쉽게 영향을 받지 않기 때문에 시계의 정밀도를 유지하는 데 유리하다 - 옮긴이) 합금으로 제작한 블루 파라크롬 헤어스프링이 장착되어 있다. 이 두 가지 헤어스프링은 자기장에 민감하지 않고 온도 변화에도 안정성을 잘 유지한다. 칼리버 2232의 실록시 헤어스프링이 가진 기하학적 구조는 시계가 어떤 위치에 있든 무브먼트가 일정하게 작동할 수 있는 규칙성을 보장하며, 칼리버 3230의 블루 파라크롬 헤어스프링에는 그와 동일한 수준의 규칙성을 보장하는 롤렉스 오버코일(헤어스프링의 설계 방식 중 하나. 스프링 끝부분을 약간 위쪽으로 감아 올린 구조다. 전통적인 평면 헤어스프링에 비해 시계의 정확성과 안정성을 높여준다 - 옮긴이)이 장착되어 있다. 칼리버 2232에는 상자성 니켈-인 합금 소재로 만든 이스케이프 휠이 장착되어 있으며, 칼리버 3230에는 동일한 소재로 특허를 받은 크로너지 이스케이프먼트('이스케이프먼트'는 기계식 무브먼트의 핵심 부품이다. 에너지를 시간으로 바꿔주는 역할을 한다 - 옮긴이)가 장착되어 있다. 이 이스케이프먼트는 높은 에너지 효율과 뛰어난 신뢰성을 동시에 실현하며, 자기장의 영향을 받지 않는다. 두 칼리버 모두 퍼페추얼 로터를 장착한 셀프-와인딩 모듈이 탑재되어 있어, 손목의 움직임에 따라 메인스프링(태엽)이 지속적으로 감기고 에너지가 계속 공급된다. 첫 번째 칼리버는 약 55시간, 두 번째 칼리버는 배럴 구조와 이스케이프먼트의 뛰어난 효율성 덕분에 약 70시간의 파워 리저브(시계 태엽을 한 번 충분히 감았을 때 시계가 멈추지 않고 작동할 수 있는 지속 시간 - 옮긴이)를 제공한다.

데이트저스트

Datejust

제2차 세계대전 직후에 출시된 데이트저스트는
세계 최초의 셀프-와인딩 방수 크로노미터 손목시계였다.
다이얼에 난 작은 창을 통해 날짜를 표시하는 기능을 갖추었다.

1945년은 롤렉스의 전신인 빌스도르프 & 데이비스 사의 창립 40주년이 되는 해로, 롤렉스는 이를 축하하듯 데이트저스트 모델을 출시했다. 오이스터 퍼페추얼 데이트저스트는 손목시계의 날짜 표시 방식에 혁명을 일으켰다. 기존의 시계들은 다이얼 가장자리에 있는 숫자를 바늘로 가리켜 날짜를 표시했었다. 그러나 롤렉스 데이트저스트는 다이얼의 3시 방향에 작은 창을 달아 날짜를 표시하는 방식을 선보였고, 이후로 이 방식은 시계 제작의 표준으로 자리 잡게 되었다. 출시 당시 데이트저스트에는 롤렉스가 그때까지 현대 손목시계에 도입해온 주요 혁신 기술이 모두 집약되어 있었다. 손목시계에서의 크로노미터 정밀성(1910년에 이미 손목시계로 크로노미터 인증을 최초로 획득), 방수 기능(1926년에 오이스터 케이스 발명), 그리고 자동 와인딩(1931년에 특허를 받은 퍼페추얼 로터 메커니즘) 등이 그것이다. 데이트저스트의 첫 번째 모델은 레퍼런스 번호 4467이며 18캐럿 골드로만 제작되었다. 대부분은 옐로 골드로 제작되었고, 아주 드물게 로즈 골드 모델도 있었다. 이 시계에 장착된 셀프-와인딩 무브먼트인 칼리버 A295는 날짜 표시창과 관련 메커니즘 때문에 다소 두꺼운 구조였고, 이를 위해 돔형으로 돌출된 케이스백이 필요했다.

그래서 레퍼런스 번호 4467을 가진 데이트저스트는 약 14mm 두께에 돔 형태를 띠고 있었다. 날짜 표시창은 짝수 날짜를 빨간색으로, 홀수 날짜를 검은색으로 번갈아 표시했다. 데이트저스트의 디자인을 독특하게 만든 또 다른 두 가지 요소는 코인-엣지 베젤(동전 옆면처럼 미세한 톱니 모양 패턴으로 옆면을 가공한 베젤-옮긴이)과 작은 와인딩 크라운이었다. 레퍼런스 4467에는 롤렉스가 데이트저스트를 위해 특별히 디자인한 새로운 브레이슬릿인 주빌리 브레이슬릿이 장착되었다. 링크(브레이슬릿을 구성하는 연결 부품-옮긴이)가 5열로 배열된 것이 특징인 주빌리는 롤렉스가 외부 공급업체에 의존하지 않고 직접 생산한 최초의 브레이슬릿으로, 레퍼런스 4467의 경우 18캐럿 골드로만 제작하여 품격을 강조했다. 데이트저스트 레퍼런스 4467의 후속 모델은 레퍼런스 6075로, 1950년에 출시된 것으로 알려진다. 이 모델부터 'Datejust'라는 명칭이 다이얼에 영구적으로 표시되기 시작했다.

미학적으로 전작과 매우 유사한 레퍼런스 6075는 슈퍼 오이스터 와인딩 크라운이 특징인데, 이 크라운은 돌리지 않고 눌러서 고정하는 푸시-인 방식이다. 이 모델은 18캐럿 골드 버전과 스틸 및 골드를 조합한 '롤레조' 버전의 두 가지로 출시되었으며, 스무스 베젤(패턴을 넣지 않아 매끄러운 표면을 가진 베젤-옮긴이)을 장착한 변형 모델은 레퍼런스 번호 6074로 구분되었다.

1953년에는 시계 크리스털에 사이클롭스 확대 렌즈를 추가했는데, 이 덕분에 날짜가 더 크게 보여 쉽게 읽을 수

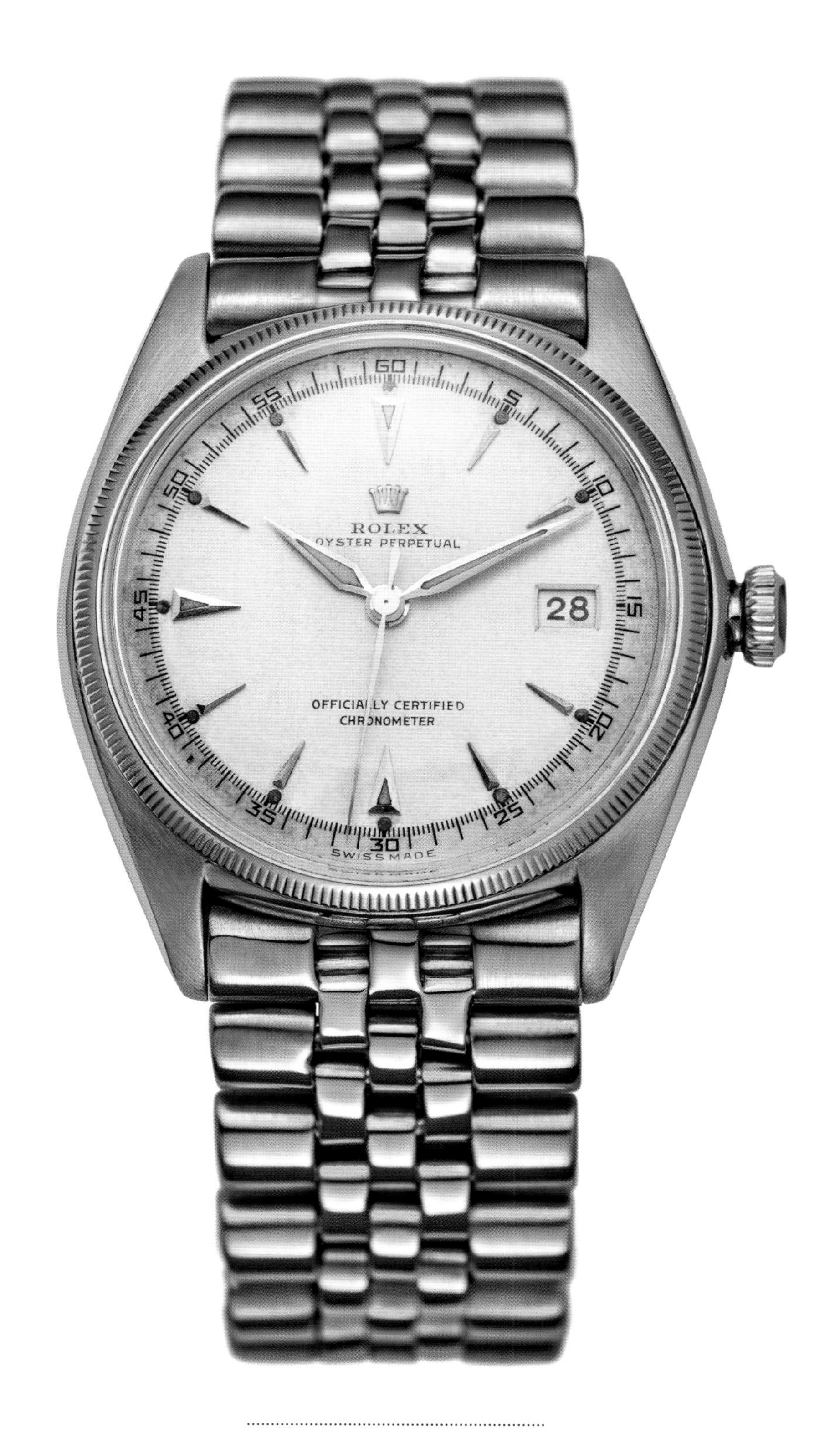

데이트저스트 모델 18캐럿 골드 버전.

1953년에는 시계 크리스털에 사이클롭스 확대 렌즈가 추가되었다.

있게 되었다. 1956년에는 자정이 되면 날짜가 즉시 바뀌는 기능이 도입되었다(이전에는 자정 무렵 날짜를 표시하는 숫자판이 천천히 움직이기 시작해 새로운 날짜로 바뀌는 데 한참이 걸렸다 - 옮긴이). 1977년부터는 와인딩 크라운을 양방향으로 돌려서 날짜를 빠르고 정확히 설정할 수 있게 되었다. 이 기능은 중형 또는 대형 칼리버를 탑재한 데이트저스트 모델에 처음 도입되었고 1983년부터는 소형 무브먼트를 장착한 모델에도 적용되었다.

출시된 지 오랜 시간이 흘렀음에도 데이트저스트는 한눈에 알아볼 수 있는 독자적인 디자인 코드를 유지하고 있다. 오늘날 데이트저스트는 다양한 직경(레이디-데이트저스트의 28mm부터 최대 41mm까지)과 오이스터스틸, 옐로·화이트·에버로즈 골드, 롤레조(오이스터스틸과 옐로·화이트·에버로즈 골드의 조합) 등의 다양한 소재로 출시되며 다이얼, 베젤, 브레이슬릿의 변형 버전도 풍성하다. 다이아몬드를 세팅한 에디션도 있다.

데이트저스트 최신 모델에는 롤렉스가 독자적으로 개발 및 제작한 셀프-와인딩 기계식 무브먼트인 칼리버 2236(데이트저스트 31) 또는 칼리버 3235(데이트저스트 36 및 41)가 탑재되어 있다. 이들 무브먼트에는 여러 특허 기술이 적용되어 있어 정밀성, 자율성(지속 시간), 충격 저항성, 사용 편의성, 신뢰성 등에서 높은 성능을 보장한다.

칼리버 2236과 칼리버 3235의 오실레이터는 가변 관성 밸런스 휠을 갖추고 있으며, 휠 가장자리에 있는 골드 마이크로스텔라 너트를 조정하여 시계의 진동 속도와 정밀성을 아주 정교하게 제어할 수 있다. 높이 조절이 가능한 트래버싱 브리지로 오실레이터를 단단히 고정하기 때문에 안정성이 뛰어나고 충격 저항성도 한층 향상된 것이 특징이다. 오실레이터는 롤렉스가 자체 개발하여 특허를 획득한 고성능 파라플렉스 충격 흡수 장치에 장착되어 있다. 칼리버 2236에는 롤렉스가 독자적으로 제작하여 특허를 획득한 실리콘 소재의 실록시 헤어스프링이, 3235에는 롤렉스가 상자성 합금으로 제작한 블루 파라크롬 헤어스프링이 장착되어 있다. 이 두 가지 헤어스프링은 자기장에 별다른 영향을 받지 않으며 온도 변화에도 높은 안정성을 자랑한다. 칼리버 2236에 사용된 실록시 헤어스프링의 기하학적 구조는 어떤 위치에서도 무브먼트가 일정하게 작동하는 규칙성을 보장해주며, 칼리버 3235의 블루 파라크롬 헤어스프링에는 롤렉스 오버코일이 장착되어 그와 동일한 수준의 규칙성을 실현한다.

칼리버 2236에는 상자성 니켈-인 합금 소재로 만든 이스케이프 휠이 장착되어 있다. 그리고 칼리버 3235에는

CHRONOMETER
CERTIFIED

데이트저스트 31 모델.

동일한 합금으로 제작하여 특허를 받은 크로너지 이스케이프먼트가 장착되어 있는데, 높은 에너지 효율과 신뢰성을 보장하며 자기장의 영향을 받지 않는 것이 장점이다.

두 칼리버 모두 퍼페추얼 로터를 장착한 자동 와인딩 모듈이 탑재되어 있어, 손목의 움직임에 따라 메인스프링이 지속적으로 감기고 에너지가 계속 공급된다. 칼리버 2236의 파워 리저브는 약 55시간이다. 반면에 3235는 배럴 구조와 이스케이프먼트의 뛰어난 효율성 덕분에 파워 리저브가 약 70시간에 달한다.

데이트저스트는 최상급 크로노미터 인증을 받았다. 데이트저스트 31에는 버전에 따라 오이스터클라스프가 장착된 3열 링크 구조의 오이스터 브레이슬릿, 1945년 데이트저스트를 위해 특별히 제작한 5열 링크 구조의 주빌리 브레이슬릿, 또는 3열 링크 구조의 프레지던트 브레이슬릿을 결합한다. 주빌리 브레이슬릿과 프레지던트 브레이슬릿에는 크라운클라스프(롤렉스 특유의 잠금장치. 왕관 모양 레버 아래에 여닫는 부분이 숨어 있어 겉으로 보이지 않는다 - 옮긴이)가 장착되어 있다. 데이트저스트 36과 41은 버전에 따라 3열 링크 오이스터 브레이슬릿 또는 5열 링크 주빌리 브레이슬릿과 결합할 수 있으며, 브레이슬릿 잠금장치로는 각각 오이스터클라스프를 장착한다. 브레이슬릿과 케이스를 연결하는 장치는 눈에 띄지 않게 숨어 있어 브레이슬릿과 케이스 사이에 시각적으로 매끄럽게 연결된다. 오이스터클라스프 브레이슬릿에는 롤렉스가 개발한 이지링크 컴포트 익스텐션 링크를 적용한 덕분에, 길이 5mm 정도를 손쉽게 조절하여 어떤 상황에서도 편안하게 착용할 수 있다. 데이트저스트 31의 모든 골드 버전에는 프레지던트 브레이슬릿을 적용하는데, 이 브레이슬릿의 링크 내부에는 세라믹 인서트가 장착되어 있어 유연성과 내구성이 높다.

다이얼: 1954년 바젤 박람회에서 롤렉스는 중요한 혁신 기술인 사이클롭스 렌즈를 선보였다. 사이클롭스 렌즈는 시계 크리스털에 붙이는 작은 돋보기 렌즈로, 다이얼에 표시되는 날짜를 더 쉽게 볼 수 있도록 해준다. 이후로 이 렌즈는 날짜를 표시하는 모든 모델에 적용되어 롤렉스의 특징이 되었다.

케이스: 데이트저스트는 원래 동전 옆면처럼 홈이 파인 '코인-엣지' 베젤로 출시되었다. 하지만 시간이 지나면서 매끄러운 스무스 베젤이나 다른 방식으로 장식된 디자인이 추가되었다. 여기에는 곡선이나 기하학적 패턴으로 깎은 스캘럽, 리넨 천의 결처럼 보이는 리넨-텍스처 피니시, 홈이 파인 플루팅 스타일 등이 포함된다.

브레이슬릿: 1956년에는 주빌리 브레이슬릿 외에 프레지던트 브레이슬릿이 도입되었다.

데이트저스트 36 모델을 착용한 골프 챔피언 존 람.

ROLEX
PEBBLE BEACH
CONCOURS d'ELEGANCE
BEST OF SHOW
2022
ROLEX
OYSTER PERPETUAL
DATEJUST
28
SUPERLATIVE CHRONOMETER
OFFICIALLY CERTIFIED
SWISS MADE

ROLEX
OYSTER PERPETUAL
DATEJUST
SUPERLATIVE CHRONOMETER
OFFICIALLY CERTIFIED
SWISS MADE
28

데이트저스트 41 모델.

서브마리너

Submariner

**1953년에 롤렉스는 100m까지 방수 성능을 보장하는
최초의 다이빙 워치인 서브마리너를 출시했다.**

롤렉스 시계는 방수 기능 덕분에 다이빙 분야와 자연스럽게 연결되어왔다. 서브마리너의 탄생은 다이빙 기술 발전과 깊은 관련이 있다. 1940년대 초반에 스쿠버 다이빙이 등장하면서 심해 탐사는 커다란 전환점을 맞이했고, 다이빙 전문가들의 요구에 부응하고자 다이버용 손목시계의 개발과 제작도 본격적으로 이루어졌다. 손목시계 크로노미터의 제조와 개발에 있어서 롤렉스의 역할이 매우 중요해졌는데, 특히 1926년에 특허를 취득한 오이스터 케이스 덕분이었다. 롤렉스는 다이버들의 요구에 가장 적합한 시계를 만들기 위해 1950년대 초반부터 실험적 접근 방식을 채택했으며, 스쿠버 다이빙 분야의 선구자들과 여러 차례 협업하여 성공적인 결과를 얻었다.

롤렉스의 실험과 그에 따른 기술 개발은 1953년 서브마리너 출시로 이어졌다. 수심 100m까지 방수가 가능한 세계 최초의 다이버용 손목시계였다.

서브마리너는 개발되자마자 선구적인 심해 탐험 다이

버들 사이에서 큰 인기를 끌었다. 이 시계의 성능을 처음으로 입증한 사람은 프랑스 엔지니어이자 탐험가인 디미트리 레비코프였다. 레비코프는 5개월 동안 서브마리너를 착용하고 수심 12~60m에 들어가며 잠수 임무를 132회 수행했다. 1953년에 그가 제출한 보고서는 서브마리너에 매우 호의적이었다.

"시계에 사용된 소재의 관점에서 볼 때, 특히 위험하고 극도로 까다로운 다이빙 조건이었음에도 이 시계는 완벽한 만족을 주었습니다. 그뿐 아니라 독립형 장비를 사용하는 모든 다이빙 활동에서 없어서는 안 될 필수 액세서리임을 확인할 수 있었습니다."

레비코프는 특히 눈금이 표시된 회전식 베젤이 유용하다고 강조했다. 물속에서 보내는 시간을 효율적으로 관리할 수 있어 다이버의 안전에 크게 기여한다는 점에서였다. 또 바닷물 속에서 상당한 시간을 견디고 여러 차례 충격을 받은 후에도 시계가 견고함을 유지한 점도 높이 평가했다.

출시 1년 만에 서브마리너는 수심 200m까지 방수 기능을 갖추게 되었다. 이 시계는 곧바로 추가적인 기술 혁신을 도입했다. 시침에 야광 디스크를 추가하여 시침과 분침을 명확하게 구분하고, 와인딩 크라운을 보호하는 크라운 가드(크라운을 보호하기 위해 케이스에 추가한 돌출 구조 - 옮긴이)도 장착했다.

1969년 롤렉스는 날짜 기능이 탑재된 모델인 서브마리너 데이트를 출시했다. 당시 수심 200m까지 보장되던 서브마리너 데이트의 방수 기능은 1979년에 수심 300m로 증가했다. 1989년부터는 기본 서브마리너 모델의 방수 기능도 수심 300m로 개선되었다. 수중 탐사와 다이빙을 위한 전문 도구로 고안된 서브마리너는 곧 실용적이고 다재

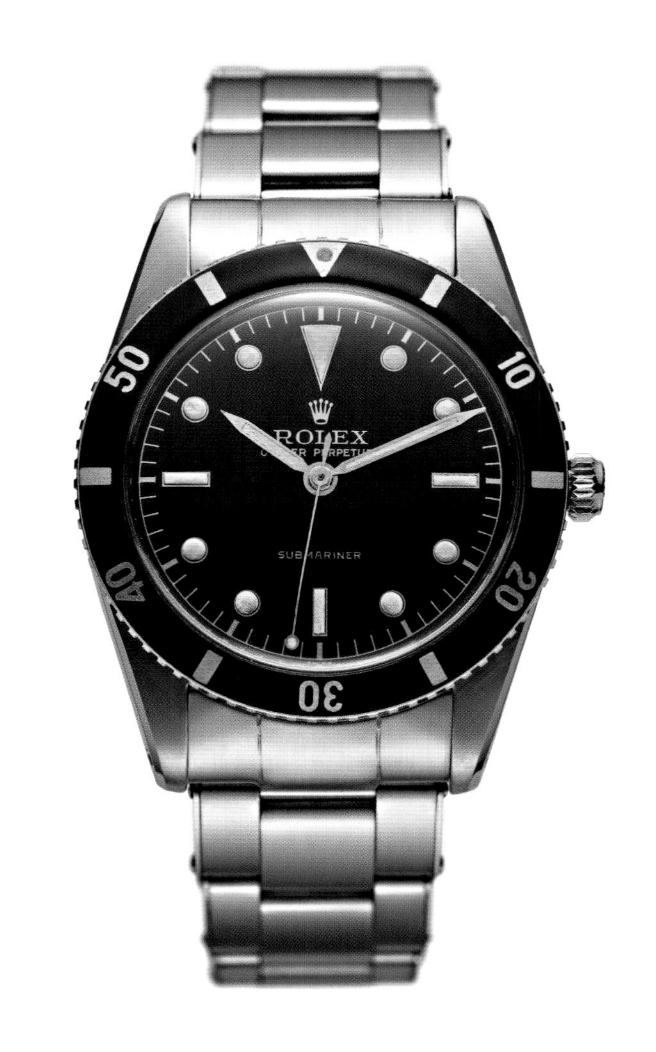

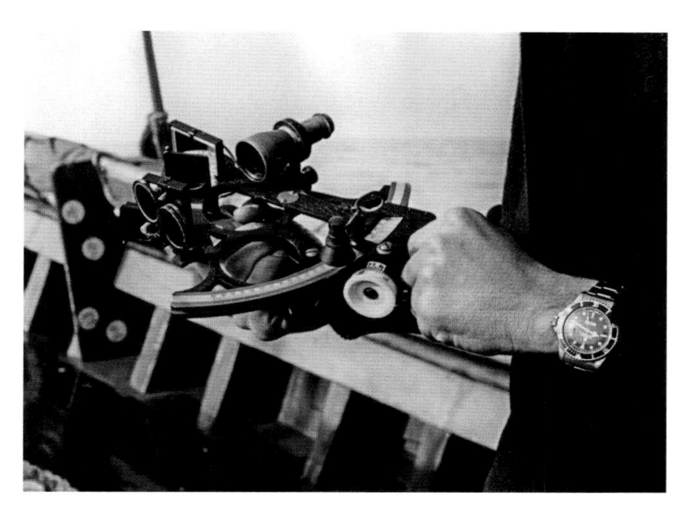

1966년에는 GPS가 존재하지 않았다. 당시 항해에 쓰이는 기기로는 육분의, 별, 롤렉스 시계가 있었다.

날짜 기능이 탑재된 서브마리너 모델인 서브마리너 데이트, 1969년.

다능한 남성적 우아함의 상징이 되었고, 머지않아 지위를 상징하는 수준으로까지 발전했다. 이러한 변화에 기여한 인물이 두 명 있는데, 서로 완전히 다른 캐릭터이지만 미디어에 커다란 영향을 미친 점에서는 똑같이 중요한 역할을 했다.

첫 번째 인물은 숀 코너리가 연기한 007 제임스 본드다. 영화 〈골드핑거〉(1964)의 오프닝 장면에서 제임스 본드는 스쿠버 장비를 착용하고 잠수하여 적 기지에 폭탄을 설치한다. 그런 다음 어느 바에 도착해서는 스쿠버 장비를 벗고 완벽한 이브닝 앙상블을 선보인다. 본드는 능청스럽게 음료를 홀짝이며 롤렉스 서브마리너의 회전 베젤을 통해 폭탄이 터질 때까지 남은 시간을 확인한다. 폭발이 일어나 바 전체가 혼란에 빠진 가운데 본드는 무표정한 얼굴로 슬쩍 자리를 떠난다.

두 번째 인물은 에르네스토 '체' 게바라다. 올리브 그린 컬러의 군복을 입고 손목에 서브마리너를 차고 그가 좋아하던 몬테크리스토 시가를 피우는 모습이 담긴 사진을 통해, 체 게바라는 불멸의 인물로 남았다. 이렇게 서브마리너 시계는 액션 워치의 원형이 되었다.

시간이 흐르면서 서브마리너와 서브마리너 데이트는 '물'과의 연관성에서 벗어나 육지에서도 이름을 빛내게 되었다.

미국의 인류학자 요한 라인하르트는 다양한 환경과 기후를 탐험하면서 서브마리너를 착용했다. 그는 이렇게 말했다. "저는 17년 동안 롤렉스 서브마리너를 착용해왔습니다. 산악 탐험(에베레스트산 등반), 수중 고고학 연구(칠레 북부에서 약 5,882m 높이에 올라 세계에서 가장 높은 곳에서 수중 다이빙), 사막 횡단, 스카이다이빙, 정글 탐험, 수많은 인류학 조사 등으로 전 세계를 누비며 서브마리너를 사용했습니다. 이렇게 오랜 기간 롤렉스 시계에 혹사를 가한 사람은 별로 없을 겁니다. 그럼에도 제 롤렉스 시계는 여전히 완벽하게 작동합니다."

롤렉스와 스쿠버 다이빙 세계의 역사적인 관계를 상징하는 오이스터 퍼페추얼 서브마리너와 오이스터 퍼페추얼 서브마리너 데이트는 2020년에 새로운 옷을 입었다. 두 시계의 차세대 모델 모두 케이스 직경이 41mm로 커

서브마리너 데이트 모델. 블랙 버전에 화이트 마커.

ROLEX
PERPETUAL
300m
CERTIFIED
SWISS
MADE

졌고, 브레이슬릿의 비율도 바뀌었다. 각각 칼리버 3230과 3235를 탑재했는데, 오이스터 퍼페추얼 서브마리너 데이트 모델은 시간 외에 날짜 표시 기능도 갖추고 있다.

오이스터스틸 소재의 서브마리너는 전통적인 서브마리너 모델의 미학을 충실히 반영하여 블랙 다이얼과 세라크롬(롤렉스가 개발한 고급 세라믹 소재 - 옮긴이) 인서트(베젤 안쪽 링 부분 - 옮긴이)가 장착된 회전 베젤이 특징이다. 서브마리너 데이트 모델 중에서 옐로 롤레조(오이스터스틸과 옐로 골드의 조합) 버전은 로열 블루 다이얼과 블루 세라크롬 인서트가 장착된 회전 베젤을 갖추고 있다. 서브마리너 데이트의 오이스터스틸 버전과 화이트 골드 버전도 세라크롬 인서트가 장착된 회전 베젤을 갖추고 있지만, 색상은 서로 다르다. 오이스터스틸 버전은 블랙 다이얼에 그린 베젤, 화이트 골드 버전은 블랙 다이얼에 블루 베젤을 조합했다. 서브마리너와 서브마리너 데이트는 크로마라이트 디스플레이를 특징으로 한다. 핸즈와 인덱스를 오래 지속되는 야광 물질로 코팅하거나 채웠기 때문에 어두운 환경에 있을 때 푸른빛을 발산한다. 베젤의 눈금에서 0을 표시하는 삼각형 마커에도 동일한 야광 물질 캡슐이 적용되어 어둠 속에서도 잘 보인다.

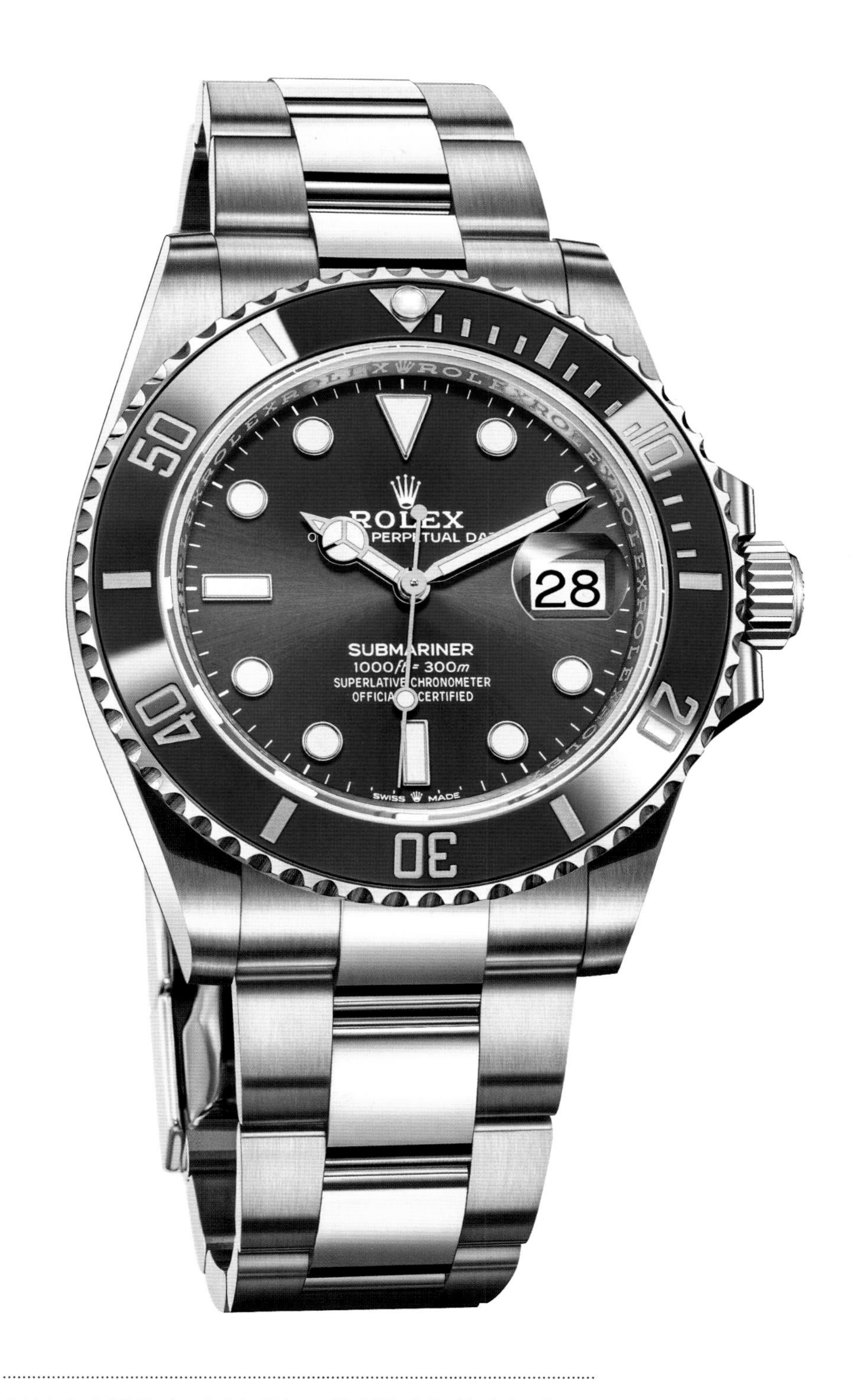

오이스터 퍼페추얼 서브마리너 데이트 모델. 블루 세라크롬 인서트가 장착된 옐로 롤레조 버전이다.

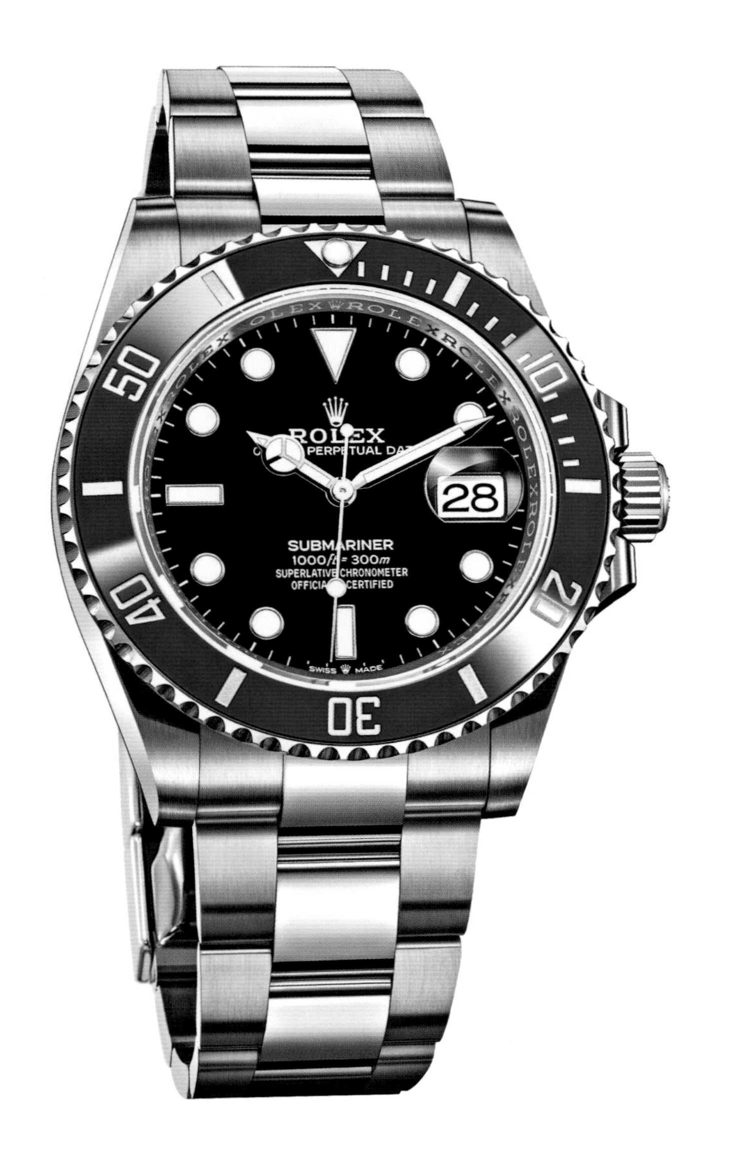

오이스터 퍼페추얼 서브마리너 데이트 모델. 블랙 다이얼과 블루 베젤이 장착된 화이트 골드 버전이다.

모든 롤렉스 시계와 마찬가지로, 서브마리너와 서브마리너 데이트도 최상급 크로노미터 인증을 획득했다. 가장 최근에 출시된 서브마리너와 서브마리너 데이트에는 각각 롤렉스가 독자적으로 개발 및 제작한 칼리버 3230과 3235가 탑재되어 있다. 두 칼리버 모두 퍼페추얼 로터를 장착한 셀프-와인딩 모듈로 구동되며, 배럴 구조와 이스케이프먼트의 뛰어난 효율성 덕분에 약 70시간의 파워 리저브를 자랑한다.

다이얼: 다이빙 중에는 오차 없이 시간을 읽을 수 있어야 생존율이 높아진다. 그래서 서브마리너와 서브마리너 데이트의 다이얼은 심플하고 깔끔한 디자인으로 제작되었다. 시침과 분침은 모양과 크기가 명확히 구분되고, 인덱스에는 삼각형, 원, 직사각형 등 단순한 도형이 사용되었다. 이 덕분에 착용자는 시간을 즉시, 그리고 확실하게 확인할 수 있다. 수중에서 다이버가 시간을 혼동할 위험을 방지해준다.

케이스: 서브마리너와 서브마리너 데이트에는 회전 가능한 베젤과 눈금이 표시된 인서트가 장착되어 있다. 덕분에 다이버는 수중에서 보낸 시간을 추적할 수 있고 이에 따라 호흡 가스 예비량을 효율적으로 관리할 수 있다. 오이스터 케이스의 보안성은 와인딩 크라운으로 한층 강화되었다. 케이스에 스크루-다운 방식으로 고정하는 이 크라운은 두 개의 방수 존을 갖춘 이중 밀폐 장치로 '트윈록'이라 불리며, 시간이 지남에 따라 완벽히 개선되었다.

브레이슬릿: 서브마리너와 서브마리너 데이트 에디션에는 오이스터 브레이슬릿이 장착된다. 1930년대 후반에 개발된 이 3열 링크 브레이슬릿은 견고함이 특징이다. 이 브레이슬릿에는 롤렉스가 디자인하고 특허를 얻은 잠금장치인 오이스터록 폴딩 세이프티 클라스프가 장착되어 있어 예기치 않게 잠금장치가 풀리는 것을 방지한다. 또 롤렉스 글라이드록 익스텐션 시스템도 적용되어 있는데, 이 역시 롤렉스가 개발하여 특허를 얻은 독창적인 장치다. 클라스프 커버 아래에 노치(홈)가 여러 개 파인 랙이 있는데, 이 랙을 따라 슬라이딩 링크를 밀어 넣거나 잡아당겨 원하는 위치에 있는 노치에 고정하면 브레이슬릿을 원하는 길이로 맞출 수 있다. 오이스터 브레이슬릿의 롤렉스 글라이드록에는 약 2mm 간격으로 10개의 노치가 있어 별다른 도구 없이도 길이를 약 20mm까지 쉽게 조절할 수 있다.

영화 제작자이자 탐험가인 제임스 캐머런은 오이스터 퍼페추얼 서브마리너를 수년간 소유해왔다. "서브마리너는 심해 탐험가로서 활동하고 영화 작업을 하는 모든 시간 동안 저의 변함없는 동반자였습니다. 이 시계는 제가 꿈꾸는 가치를 상징합니다. 오랜 시간 강인하고 믿음직스러우며, 탁월함을 추구하지만 절제되어 있고, 고급스럽지만 화려하거나 촌스럽지 않으며, 결코 과시적이지 않지만 특색이 없지도 않죠. 그리고 바다를 사랑하고요. 물을 사랑하고 압력을 두려워하지 않습니다. 마치 저처럼요."

익스플로러

Explorer

오이스터 퍼페추얼 익스플로러는 1930년대부터 롤렉스와 탐험의 세계를 긴밀하게 연결해왔다.

한스 빌스도르프는 손목시계에 대한 새로운 정의를 탄생시켰다. 손목시계는 이제 섬세한 장신구가 아니라, 습기와 같은 자연 요소에 굴하지 않는 견고함을 갖추면서도 정밀성을 포기하지 않는 진정한 도구가 된 것이다. 1930년대 초부터 롤렉스는 히말라야로 떠나는 여러 탐험대에 시계를 제공하고 고지대의 극한 환경에서 시계가 어떻게 작동하는지 관찰했다. 탐험대원들을 통해 수집한 정보는 롤렉스 시계의 정확성과 내구성을 향상시키는 데 직접적인 영향을 미쳤다.

이러한 선구적인 접근 방식은 전 세계를 자연 실험실로 삼아 실제 환경에서 테스트함으로써 시계를 끊임없이 개선해나가겠다는 롤렉스의 의도를 잘 보여준다.

1933년에는 휴 러틀리지가 이끄는 영국 에베레스트 탐험대 16명이 롤렉스 시계를 착용했다. 탐험대원 중 몇 명은 8,580m 높이까지 도달할 뻔했지만, 악천후로 인해 걸음을 돌릴 수밖에 없었다. 에베레스트는 그 후 20년 동안

에드먼드 힐러리와 셰르파 텐징 노르가이는 1953년 5월 29일 롤렉스 시계를 착용하고 에베레스트 정상에 올랐다.

목표로 남아 있었다. 에드먼드 힐러리와 셰르파 텐징 노르가이가 1953년 5월 29일 오전 11시 30분에 마지막으로 아이스 픽을 얼음에 내리꽂은 후 마침내 정상에 도달하며 목표를 이루었다.

"영국 대원들이 착용한 롤렉스 오이스터 퍼페추얼 시계는 에베레스트에서 그 신뢰성을 다시 한번 입증했습니다." 당시 원정대를 이끈 존 헌트는 귀환 후 이렇게 적었다. "시계가 정확한 시간을 유지해서 정말 기뻤어요. 덕분에 등반하는 내내 대원들 간에 시간이 정확히 일치할 수 있었습니다. […] 시계들은 훌륭히 작동했고, 우리는 롤렉스 오이스터를 고산 등반에 필요한 중요한 장비로 여기게 되었습니다."

익스플로러 모델의 다이얼에는 아라비아 숫자가 새겨져 시간을 쉽게 읽을 수 있다. 하지만 익스플로러가 출시되기 전, 에드먼드 힐러리와 텐징 노르가이를 비롯해 당시 탐험대가 착용한 오이스터 퍼페추얼의 경우 흰색 다이얼에 숫자 대신 삼각형 인덱스가 부착되어 있었고, '특별히 긴' 스트랩이 달려 있었다. 그리고 뒷면이 둥글어 '버블백(Bubbleback)'이라 불리는 케이스를 사용했다.

이 두 산악인이 위대한 업적을 달성한 후, 같은 해에 익스플로러가 출시되었다.

산 정상을 향한 롤렉스 시계의 모험은 계속되었다.

ROLEX
OYSTER PERPETUAL
EXPLORER
SUPERLATIVE CHRONOMETER
OFFICIALLY CERTIFIED

1954년에는 오이스터 퍼페추얼을 착용한 이탈리아 탐험대가 세계에서 두 번째로 높은 산인 K2(높이 8,611m) 등정에 도전했다. 정상에 오른 탐험대원들 중 한 명인 아킬레 콤파뇨니는 훗날 "롤렉스 시계는 탐험 내내 저와 함께했고, 8,000m 위에서도 완벽하게 작동했습니다"라고 적었다. 1955년에는 영국 원정대가 세계에서 세 번째로 높은 봉우리인 칸첸중가(8,586m)를 정복했다. 이 업적을 달성한 팀의 일원이었던 조지 C. 밴드는 이렇게 말했다. "이번 탐험 내내 롤렉스 익스플로러를 착용했습니다. 신경 쓸 필요 없는 시계를 착용한다는 것이 얼마나 중요한지 짐작할 수 있을 겁니다. 이 시계는 아주 정확한 시간을 유지했고, 자동으로 태엽이 감겼으며, 물, 눈, 강한 충격 등에도 아무런 손상을 입지 않았습니다." 탐험대장 찰스 에반스는 "제 롤렉스 시계는 제게 헤아릴 수 없을 만큼 소중한 가치를 지닙니다"라고 덧붙였다.

익스플로러의 첫 번째 레퍼런스는 6350으로, 오늘날 롤렉스 익스플로러의 디자인을 정의하는 특징이 그대로 담겨 있다. 유광 블랙 다이얼, 막대형 인덱스, 메르세데스 핸드(바늘의 머리 부분이 메르세데스-벤츠 로고를 연상시키는 패턴이어서 이런 이름이 붙었다-옮긴이), 3시·6시·9시 방향의 야광 아라비아 숫자, 12시 방향의 삼각형 등이 그것이다. 분 단위 눈금은 일정한 간격으로 연속되며 챕터 링(다이얼 가장자리에 시간과 분을 표시하는 눈금들이 배열된 원형 트랙-옮긴이)을 형성하고 있다. 오늘날 '허니콤(벌집)'이라는 애칭으로 불리며 수집가들의 사랑을 받는 레퍼런스 6350의 일부 버전은 다이얼 표면에 있는 벌집 모양의 독특한 기요셰(금속 표면에 미세하고 반복적인 무늬를 새기는 장식 기법-옮긴이) 패턴이 특징이다.

익스플로러 모델. 가죽 스트랩이 달린 버전이다.

레퍼런스 6350에 이어 6610이 출시되었고, 다음으로 1016이 출시되었다. 레퍼런스 1016은 특히 1960년대 초부터 1989년까지 오랫동안 생산되었다. 이 기간 동안 조금씩 업데이트되기는 했지만 1016의 근본적인 특징은 변하지 않았다. 레퍼런스 1016은 무광 블랙 다이얼, 매몰형 야광 인덱스, 3시·6시·9시 방향의 아라비아 숫자가 특징이다. 1016의 분 눈금은 이전의 6610과 마찬가지로 금도금 처리되었다. 하지만 6610의 분 눈금이 챕터 링 테두리로 둘러싸인 것과 달리 1016의 분 눈금은 테두리 없이 열린 느낌의 디자인으로 바뀌었다. 익스플로러 1016은 아크

다이얼: 익스플로러의 다이얼은 디자인이 단순하고 다이얼을 이루는 요소들 간의 대비가 명확하기 때문에 어떤 상황에서도 시간을 쉽게 읽을 수 있다. 어둠 속에서도 마찬가지로 가독성이 뛰어난데, 크로마라이트 디스플레이(인덱스, 숫자 3·6·9, 핸즈 등을 오래 지속되는 야광 소재로 채우거나 코팅한 것) 덕분이다.

케이스: 롤렉스 익스플로러의 케이스 직경은 36mm다. 2010년에 39mm로 커졌다가, 2021년에 오리지널 버전(1953)의 크기로 돌아갔다.

브레이슬릿: 익스플로러에는 3열 링크의 오이스터 브레이슬릿을 결합한다. 오이스터록 세이프티 클라스프가 장착되어 있어 시계가 실수로 풀리는 것을 방지해준다. 또 이지링크 컴포트 익스텐션 링크가 있어 길이 5mm 정도를 쉽게 조절할 수 있기 때문에 어떤 상황에서도 편안하게 착용할 수 있다. 브레이슬릿과 케이스를 연결하는 장치는 눈에 띄지 않게 숨어 있어 브레이슬릿과 케이스 사이에 시각적으로 매끄럽게 연결된다.

릴 글래스를 사용한 마지막 롤렉스 모델이기도 하다.

1990년에는 긁힘에 강한 사파이어 글래스를 채택한 레퍼런스 14270이 출시되었다. 블랙 래커 다이얼을 사용하고, 야광 소재를 적용한 화이트 골드 인덱스를 배치했으며, 아라비아 숫자 인덱스의 너비를 늘렸다. 2010년에 선보인 레퍼런스 214270은 39mm 케이스가 특징이었다.

2021년에는 1953년에 출시된 오리지널 버전의 케이스 크기로 돌아갔다. 리뉴얼된 디자인에는 다시 직경 36mm의 케이스를 적용하고 브레이슬릿 너비 또한 조정했다. 블랙 다이얼은 크로마라이트 디스플레이 덕분에 어둠 속에서도 완벽한 가독성을 자랑한다. 인덱스와 숫자 3·6·9와 핸즈에는 오래 지속되는 야광 소재를 채우거나 코팅했는데, 기존의 인광성 소재보다 두 배 더 오래 푸른 빛을 발한다.

익스플로러는 롤렉스가 2015년에 새롭게 정의한 최상급 크로노미터 인증을 받았다. 익스플로러의 오이스터 케이스는 100m 방수 기능을 갖추고 있어 내부 무브먼트를 최적의 수준으로 보호한다. 익스플로러 최신 버전에는 셀프-와인딩 기계식 무브먼트인 칼리버 3230이 탑재되어 있으며 덕분에 정밀성, 자율성(지속 시간), 충격 저항성, 편의성, 신뢰성 측면에서 높은 성능을 보장한다. 칼리버 3230은 퍼페추얼 로터를 갖춘 자동 와인딩 모듈을 특징으로 하며, 약 70시간의 파워 리저브를 제공한다.

익스플로러 모델의 블랙 다이얼은 크로마라이트 디스플레이 덕분에 어둠 속에서도 완벽한 가독성을 자랑한다.

ROLEX

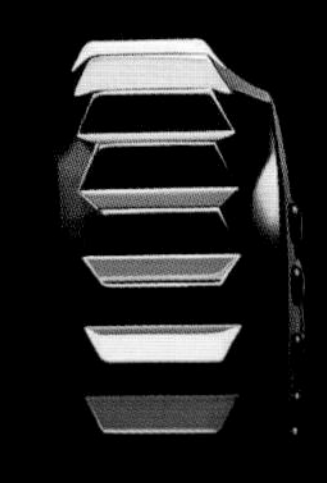

GMT-마스터

GMT-Master

1950년대 중반에 출시된 GMT 마스터는
'듀얼-타임' 기능의 선구자였다.

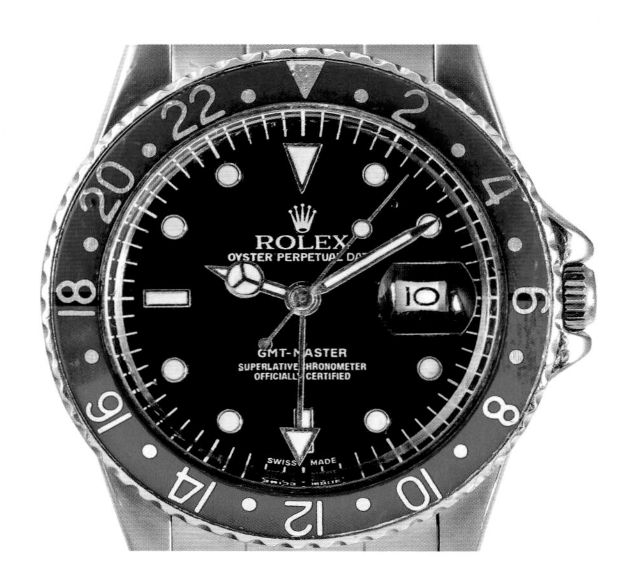

1950년대는 제2차 세계대전으로 인한 황폐함에서 벗어나 경제가 회복되던 시기였다. 항공 산업이 발전함에 따라 주요 항공사들은 여러 시간대를 단시간에 넘나들며 처음으로 논스톱 장거리 비행을 실현할 수 있었다. 대륙 간 비행의 발달은 한편으로 여행의 전환점이 되었지만, 다른 한편으로는 항공사 승무원에게 시차 적응이라는 새로운 문제를 안겨주었다. 많은 과학자가 시차 문제를 연구 대상으로 삼았다. 조종사와 승무원에게 피로와 혼란을 야기하는 시차 현상의 영향을 줄이는 것이 목적이었다.

다양한 테스트를 통해 발견한 시차 적응 대책 중 하나는 자국의 시간대와 목적지의 시간대를 동시에 표시할 수 있는 도구를 갖는 것이었다. 당시 세계 항공 운송 업계를 선도하던 팬암 항공사의 경영진은 롤렉스 측에 시차 적응에 도움이 되는 손목시계를 고안해달라고 의뢰했다. 롤렉스는 연구 끝에 다른 시간대의 시간 두 가지를 동시에 알려주는 오이스터 시계인 GMT-마스터를 개발했고, 이 시계는 곧 여러 항공사의 공식 시계가 되었다. 'GMT'는 그리니치 표준시(본초 자오선상의 시간)를 의미하며, 당시에는 이를 기준으로 전 세계 모든 지역의 시간을 계산했었다. 이 모델에서는 끝부분이 삼각형인 시곗바늘을 추가하여 두 번째 시간대를 표시했고, 이 바늘은 24시간에 한 바퀴씩 돌면서 0부터 24까지 눈금이 표시된 베젤에 시간을 나타냈다. 이 베젤은 표시하려는 시간대에 맞게 회전할 수 있었다. 그래서 착용자는 다이얼에 표시되는 기본 시간과 두 번째 시간대의 시간을 한눈에 확인할 수 있었다.

1960년대 말에 롤렉스 GMT-마스터는 항공업계와 더욱 긴밀하게 연결되었다. 그 계기로 초음속 항공기 '아에로스파시알/BAC 콩코드'의 시험 비행을 꼽을 수 있다. 롤렉스는 이 미래형 항공기의 테스트 파일럿 두 명이 모두 롤렉스 GMT-마스터를 착용하고 있었음을 자랑스럽게 발표했다.

전문 조종사를 위해 개발된 GMT-마스터는 비행기를 자주 이용하는 사람들의 마음을 끌기 시작했고, 곧 제트족이 애용하는 시계로 자리 잡았다. 일과 여가를 위해 구름 위를 누비는 엘리트 그룹에게 이 시계는 세련미의 상징이었다. GMT-마스터는 더 이상 팬암 항공사만을 위한 시계가 아니었으며, 파블로 피카소부터 체 게바라까지 다양한 유명 인사들의 손목에서 GMT-마스터를 볼 수 있었다.

GMT-마스터는 영화 스크린에도 수없이 등장했다. 영국 여배우 오너 블랙먼은 일찍이 이 시계를 착용한 인물 중 하나다. 블랙먼은 영화 〈골드핑거〉(1964)에서 '본드걸' 푸시 갤로어를 연기하며 다양한 장면에서 이 시계를 착용했다. 영화 〈어둠의 표적〉(1971)과 〈마라톤 맨〉(1976)에서는 더스틴 호프만의 손목에 이 시계가 등장했다. 영화 〈사선에서〉(1993)에서는 클린트 이스트우드가 스틸과 옐로 골드의 투톤 브레이슬릿, 브라운 다이얼과 베젤, 골드 인덱스를 적용한 GMT-마스터를 착용했다. 이 모델은 '루트 비어'라는 애칭으로 불렸다. 당시 광고에 자주 등장하던 미국 탄산음료인 루트 비어의 색깔과 유사했기 때문이다. 말론 브란도가 영화 〈지옥의 묵시록〉(1979)에서 월터 커츠 대령을 연기할 때 선택한 버전도 유명하다. 영화

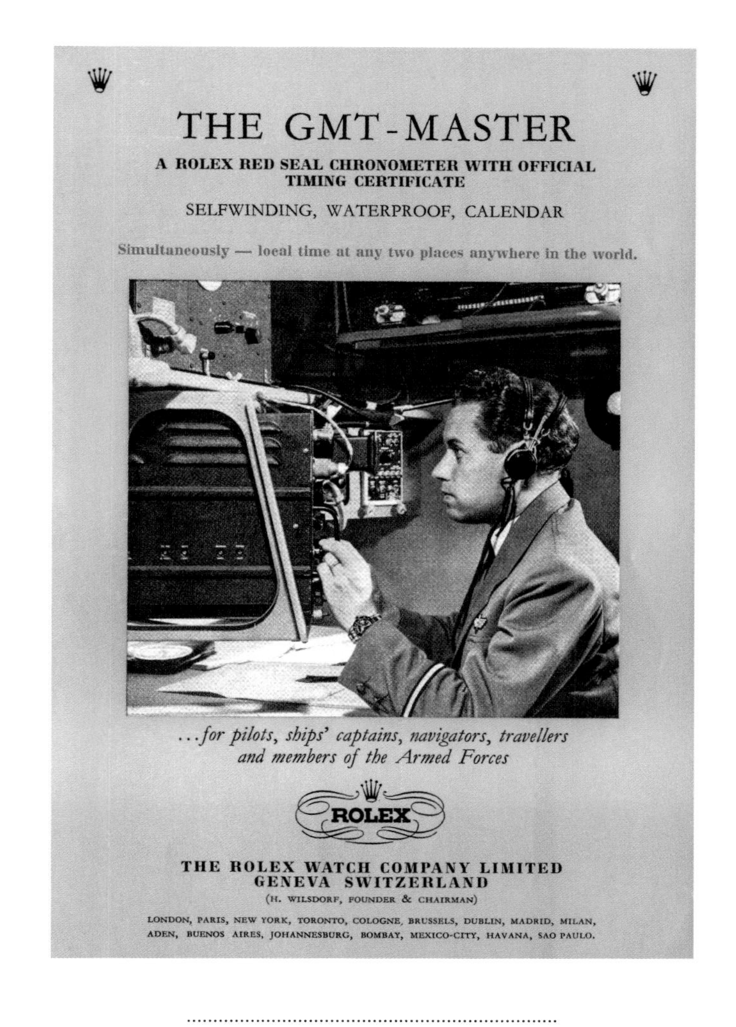

오리지널 롤렉스 GMT-마스터의 브로슈어.

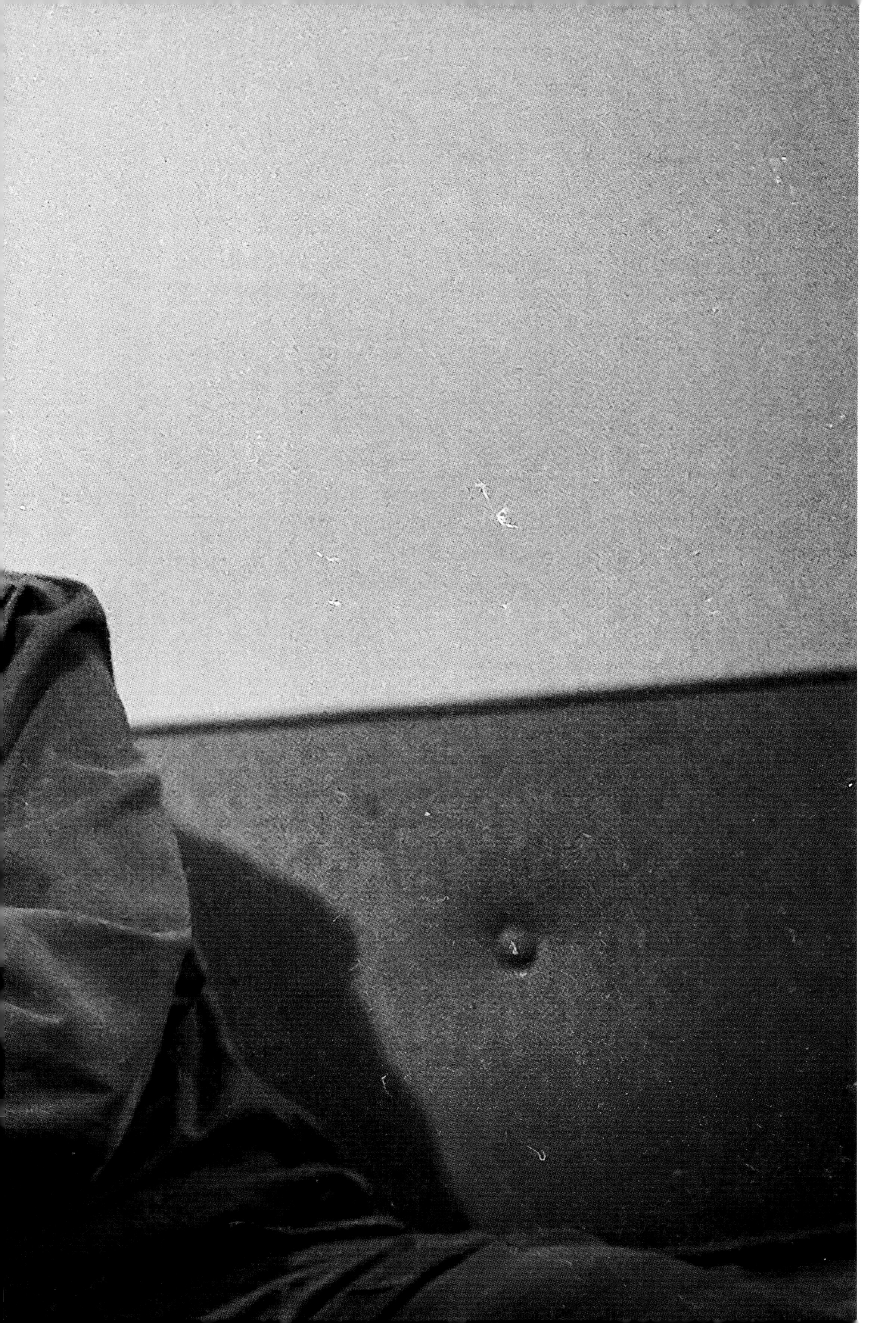

GMT-마스터를 착용한
피델 카스트로.

ROLEX
PERPETUAL DATE
13
GMT-MASTER
SUPERLATIVE CHRONOMETER
OFFICIALLY CERTIFIED
SWISS

에서 커츠 대령은 회전 베젤이 없는 GMT-마스터를 착용했는데, 이 시계가 유명해지면서 경매에서 높은 가격에 낙찰되기도 했다.

GMT-마스터는 독특한 투톤 베젤로 역사에 이름을 남겼다. 롤렉스는 승무원들이 시간을 더 쉽고 편리하게 확인할 수 있도록 베젤에 두 가지 색상을 넣기로 결정했다. 빨간색은 낮 시간을, 파란색은 밤 시간을 나타냈다.

GMT-마스터의 첫 번째 버전은 레퍼런스 번호 6542로 표시된다. 이 모델의 베젤은 합성 플라스틱인 베이클라이트 소재로 만든 것이 특징인데, 베이클라이트는 손상에 취약했기 때문에 오늘날 원래 상태로 보존된 모델을 찾기는 매우 어렵다. 블루와 레드의 조합은 곧 GMT-마스터의 상징이 되었고, 이후 롤렉스는 다른 색상 조합도 선보였다. 원래의 조합은 수집가들 사이에서 '펩시'라는 애칭으로 불리며, 이와 함께 '코카콜라(레드와 블랙 베젤)', '루트 비어(브라운과 골드 베젤)', '배트맨(블루와 블랙 베젤)'으로 불리는 모델들이 추가로 출시되었다.

1959년에는 레퍼런스 6542가 레퍼런스 1675로 대체되었고, 1675는 1970년대까지 계속 생산되었다. 새 버전과 기존 버전의 가장 큰 차이점은 (상징적이지만 문제도 많았던) 베이클라이크 인서트를 투톤 알루미늄 인서트로 바꾼 점이다. 이 알루미늄 인서트는 내구성이 특히 뛰어났으며, 2005년 세라믹으로 변경될 때까지 계속 사용되었다. 또 케이스에는 크라운 가드가 추가되었다. 1981년에는 레퍼런스 16750이 출시되었다. 이 모델의 무브먼트는 퀵-셋 데이트 기능(크라운을 특정 위치로 당겨, 시침이나 분침을 움직일 필요 없이 날짜만 별도로 빠르게 변경할 수 있는 기능-옮긴

GMT-마스터 레퍼런스 6542. 베이클라이트 베젤을 적용한 버전이다.

클린트 이스트우드는 1993년 영화 〈사선에서〉에서 GMT-마스터를 착용했다.

이)을 갖추었지만, 외관상으로 큰 변화는 없었다. 16750에는 여전히 이전 세대와 같은 무광 '버크샷[시간을 표시하는 인덱스가 도트 형태로 되어 있어 산탄총의 탄환(버크샷) 같다는 데서 붙은 별명 - 옮긴이]' 다이얼을 사용했지만, 이후에는 유광 다이얼을 적용하고 여기에 트리튬 소재로 만들어 화이트 골드 테두리를 두른 인덱스를 배치했다. 1988년에 출시된 레퍼런스 16700은 GMT-마스터의 마지막 버전으로 사파이어 크리스털을 사용한 것이 특징이다.

다이얼: 레드와 블루 조합의 독특한 회전 베젤에 24시간 눈금이 표시되어 있어 낮과 밤의 시간을 쉽게 구분할 수 있다.

케이스: 레퍼런스 6542에는 크라운 가드가 없다.

브레이슬릿: 이 시계에는 원래 오이스터 브레이슬릿을 조합했다. 하지만 첫 번째 모델에 이어 등장한 레퍼런스 1675는 프로페셔널 모델로는 유일하게 주빌리 브레이슬릿을 기본 조합으로 사용한 모델이었다. 주빌리 브레이슬릿은 스포티함은 덜하지만 한층 우아한 느낌을 주었다. GMT-마스터는 오래 생산되는 동안 스틸, 골드, 스틸-골드 등 다양한 재질의 브레이슬릿과 짝을 이루었다.

말론 브란도가 영화 〈지옥의 묵시록〉(1979)에서 착용한 GMT-마스터 레퍼런스 1675. 케이스 백에 'M. Brando'라고 각인된 커스터마이징 모델이다.

데이-데이트

Day-Date

**1956년에 출시된 데이-데이트는
다이얼에 난 작은 창에 날짜와 함께 요일의 전체 이름을 표시한
최초의 시계다.**

혁신과 혁명의 상징인 오이스터 퍼페추얼 데이-데이트는 아마도 롤렉스 메종에서 가장 유명한 모델일 것이다. 전 세계 엘리트 계층이 애용하면서 '프레지던트'라는 애칭으로 불리는 이 모델은 12시 방향에 요일을 표시하는 반원형 창이 있으며 요일은 다양한 언어로 지원된다. 출시 이래로 옐로 골드, 화이트 골드, 에버로즈 골드, 플래티넘 등 귀금속으로만 제작되어왔다. 전 세계의 정치인, 경영인, 그리고 선견지명이 있는 사람들이 오랫동안 사랑해온 데이-데이트는 특히 프레지던트 브레이슬릿의 독특한 디자인 덕분에 누가 착용하고 있든 한눈에 알아볼 수 있다. 프레지던트라는 이름의 브레이슬릿을 사용한 것이 운명이었는지, 데이-데이트는 이 시계를 착용한 인물들의 위상 덕분에 '대통령의 시계'라는 별명을 얻었다. 하지만 한스 빌스도르프가 제2차 세계대전 이후에 미국 대통령들에게 경의를 표하는 의미로 특정 롤렉스 시계를 제공했기 때문에 이런 별명을 얻었다는 설도 있다. 첫 번

째는 드와이트 D. 아이젠하워에게 선물한 데이트저스트였고, 그다음에는 데이-데이트였다.

존 F. 케네디는 롤렉스의 선물을 거절했기에 롤렉스 시계를 착용하지 않은 대통령으로 역사에 남았다. '잭, 언제나처럼 사랑을 담아 마릴린으로부터'라는 문구가 새겨진 골드 데이-데이트는 2005년에 경매에 나왔다. 전하는 바에 따르면 마릴린 먼로가 1962년 케네디의 생일날 그에게 선물한 시계라고 한다. 이날은 먼로가 공개적으로 케네디를 향해 '해피 버스데이, 미스터 프레지던트'를 부른 날이기도 했다. 하지만 일련번호로 미루어볼 때 이 시계는 케네디가 암살된 지 2년 후인 1965년에 제작되었다. 그러니 이와 관련된 이야기는 미스터리이거나 추측일 수도 있다. 케네디의 후임자인 린든 B. 존슨은 프레지던트 브레이슬릿을 적용한 옐로 골드 데이-데이트를 공식적으로 착용한 최초의 대통령이었다.

귀중한 가치를 상징하는 데이-데이트 시계는 12시 방향의 반원형 창에 요일을 표시하고 3시 방향의 다른 창에 날짜를 표시하는 캘린더 기능이 특징이다. 이 디스플레이는 디스크 메커니즘(날짜와 요일이 새겨진 얇은 원판인 디스크를 회전시키는 원리-옮긴이)을 기반으로 하며, 자정이 되면 요일과 날짜가 동시에 즉각적으로 변경된다. 1963년 롤렉스 카탈로그에 따르면 당시 캘린더의 요일 표시는 11개 언어로 제공되었다. 오늘날에는 지원 언어가 확장되어 26개 언어 중에서 선택할 수 있다.

처음에 출시된 데이-데이트 시계는 스무스 베젤을 적용한 레퍼런스 6510과 세로 홈이 있는 이른바 '코인-엣지'를 적용한 레퍼런스 6511이었다. 둘 다 칼리버 1055로 구동되었는데, 이 메커니즘이 두꺼운 편이어서 케이스가 약간 돔형으로 보였다. 1년 후에 6510과 6511은 플루티드 베젤을 장착한 레퍼런스 6611, 스무스 베젤을 장착한 레퍼런스 6612, 다이아몬드 세팅 베젤을 장착한 레퍼런스 6613으로 대체되었다. 기계적인 측면에서도 큰 변화가 있었는데, 마이크로스텔라 스크루가 장착된 새로운 밸런스 휠을 도입한 점이었다. 이 무브먼트 개선을 통해 레퍼런스 6611 롤렉스 데이-데이트는 권위 있는 최상급 크로노미터 인증을 획득하며 정밀성을 입증했다.

드와이트 D. 아이젠하워 대통령과 린든 B. 존슨 대통령. 존슨이 데이-데이트를 착용했다.

1959년, 칼리버 1555(진동수 18,000VPH)를 탑재한 슬림 케이스가 특징인 '레퍼런스 18XX' 시리즈가 다양한 버전으로 출시되었다. 1965년 이후에는 칼리버 1556(진동수 19,800VPH)이 후속 무브먼트로 채택되었다. 레퍼런스 번호들 간의 유일한 차이점은 장식이었다. 레퍼런스 1802는 스무스 베젤, 1803은 플루티드 베젤, 1804는 다이아몬드 세팅 베젤이었다. 레퍼런스 1806, 1807, 1811에는 각각 미세한 교차 패턴을 새겨 넣는 '플로렌틴', 나무껍질을 연상

데이-데이트 모델 중에서 다이아몬드와
가느다란 직사각형 컬러 스톤으로 장식한 버전.

시키는 '바크', 수작업 과정을 포함하여 정교한 패턴을 새겨 넣는 '모렐리스' 마감 처리를 적용했다.

1972년 롤렉스는 시계 무브먼트에 초침 정지 기능을 도입했다. 이 기능은 시계를 완벽하게 동기화하는 데 유용했다(초침이 멈춘 상태에서 시간을 조정하므로 다른 시계나 기준 시간과 정확히 일치하도록 설정할 수 있다-옮긴이). 레퍼런스 1803은 1977년까지 계속 생산되어 클래식하고 상징적인 데이-데이트 모델로 자리 잡았다. 이전 버전들과 마찬가지로 옐로 골드, 화이트 골드, 로즈 골드, 플래티넘으로만 제작되었다.

1970년대에 출시된 데이-데이트 시계의 특징 중 하나는 크게 인기를 끈 에나멜 다이얼이었는데 모브(연보라), 옐로, 코랄, 터콰이즈(청록), 블루, 그린, 오렌지, 옥스블러드(적갈색) 등 다양하고 화려한 색상으로 출시되었다.

1977년에는 여기에 몇 가지 혁신이 더해졌다. 사파이어 크리스털이 적용되었고, 퀵-셋 데이트 기능이 있는 3055번 무브먼트가 탑재되었으며, 다섯 자리 레퍼런스 번호가 새로 도입되었다. 레퍼런스 번호의 마지막 숫자는 케이스의 소재를 나타내는데, 각 금속에 특정 번호를 부여하는 명확한 기준을 따랐다.

이 새로운 레퍼런스 시리즈 중에서 가장 고급스럽고 특별하다는 평을 받는 '트리도르'는 세 가지 골드 톤이 훌륭하게 조화를 이룬 모델이다.

1988년에 출시된 칼리버 3155는 날짜와 요일을 각각 따로 설정할 수 있는 더블 퀵-셋 기능이 특징이다. 이 무브먼트를 탑재한 데이-데이트 시리즈는 1988년부터 2000년까지 생산되었다.

2000년에는 새로운 버전의 데이-데이트, 즉 6자리 레퍼런스 번호가 적용된 '118XXX' 시리즈가 출시되었다.

MONDAY
ROLEX
OYSTER PERPETUAL
DAY-DATE
28
SUPERLATIVE CHRONOMETER
OFFICIALLY CERTIFIED
SWISS MADE

롤렉스 홍보대사인 마틴 스코세이지 감독.

그러나 가장 큰 혁신은 2008년에 등장한 데이-데이트 II로, 롤렉스의 현대적인 디자인에 어울리게 41mm 케이스와 100m 방수 기능을 갖추었다.

2015년에는 새로운 3255번 무브먼트가 장착된 데이-데이트 40이 출시되었다. 이 40mm 버전은 기존의 36mm 버전과 함께 오늘날에도 여전히 롤렉스 가격 목록에 올라 있다.

데이-데이트의 오이스터 케이스는 직경 36mm 또는 40mm로 수심 100m 방수가 보장된다. 이중 방수 시스템을 갖춘 트윈록 와인딩 크라운은 나사처럼 돌려 잠그는 방식으로 케이스에 단단히 고정되어 있다. 베젤은 플루티드 베젤 또는 다이아몬드 세팅 베젤을 적용한다. 시계 크리스털 위 3시 방향에는 날짜를 쉽게 읽을 수 있도록 사이클롭스 렌즈가 부착되어 있다. 크리스털은 긁힘에 강한 사파이어 소재로 제작하고 반사 방지 처리를 더했다.

2022년 이래로 데이-데이트 36과 데이-데이트 40 모두에 칼리버 3255가 탑재된다. 칼리버 3255는 롤렉스가 자체 개발해 생산하는 셀프-와인딩 기계식 무브먼트다.

MONDAY
ROLEX
OYSTER-PERPETUAL
DAY-DATE
SUPERLATIVE CHRONOMETER
OFFICIALLY CERTIFIED

칼리버 3255는 퍼페추얼 로터가 장착된
셀프-와인딩 모듈을 갖추고 있다.

다이얼: 2022년 이후로 데이-데이트 다이얼은 '롤렉스 그린'에서 올리브 그린에 이르는 다양한 색상, 그리고 오닉스에서 운석에 이르는 다양한 소재로 제공된다. 다이아몬드 파베 세팅 다이얼도 있다.

케이스: 데이-데이트 케이스는 36mm와 40mm의 두 가지 직경으로 출시되며 보석이 세팅된 버전도 있다.

브레이슬릿: 가장 큰 특징은 프레지던트 브레이슬릿이다. 롤렉스가 데이-데이트를 위해 특별히 제작한 브레이슬릿으로, 반원형 링크를 3열로 구성했다. 롤렉스의 크라운클라스프는 접이식 블레이드가 있는 잠금장치로, 여닫는 부분이 롤렉스 왕관 모양의 작은 레버 아래에 숨어 있어 겉으로 보이지 않는다.

칼리버 3255의 오실레이터에는 가변 관성을 갖춘 밸런스 휠이 장착되어 있으며, 휠 가장자리에 있는 골드 마이크로스텔라 너트로 휠의 관성을 조정하여 진동 속도와 정밀도를 세밀하게 제어할 수 있다. 높이 조절이 가능한 트래버싱 브리지로 오실레이터를 단단히 고정하기 때문에 안정성과 충격 저항성이 뛰어나다. 오실레이터는 롤렉스가 자체 개발하여 특허를 획득한 고성능 파라플렉스 충격 흡수 장치에 장착되어 있다.

칼리버 3255에는 롤렉스가 상자성 합금으로 제작한 블루 파라크롬 헤어스프링이 장착되어 있다. 이 헤어스프링은 자기장에 민감하지 않으며 온도 변화에도 높은 안정성을 발휘한다. 또 롤렉스 오버코일이 장착되어 있어 시계의 위치와 관계없이 무브먼트가 규칙적으로 움직이도록 보장한다. 무브먼트에는 니켈-인 소재의 크로너지 이스케이프먼트가 탑재되어 있다. 롤렉스가 특허를 받은 이 이스케이프먼트는 높은 에너지 효율과 뛰어난 신뢰성을 보장하며 자기장의 영향을 받지 않는다.

칼리버 3255는 퍼페추얼 로터가 장착된 자동 와인딩 모듈을 특징으로 한다. 손목의 움직임을 통해 메인스프링이 지속적으로 감기도록 설계되어, 이를 통해 에너지를 일정하게 공급할 수 있다. 이 무브먼트는 배럴 구조와 이스케이프먼트의 뛰어난 효율성 덕분에 약 70시간의 파워 리저브를 제공한다. 데이-데이트는 최상급 크로노미터 인증을 획득했다.

롤렉스가 데이-데이트를 위해 특별히 제작하여 1956년 데이-데이트 출시와 함께 선보인 프레지던트 브레이슬릿은 이 시계가 지닌 품격에 우아함과 확고한 스타일을 더한다.

테니스 챔피언 로저 페더러가 프레지던트 브레이슬릿을 결합한 데이-데이트 모델을 착용하고 있다.

밀가우스

Milgauss

**1956년에 출시된 밀가우스는 제네바에 자리한
유럽입자물리연구소(CERN)의 과학자들이 채택한 모델로,
롤렉스와 과학 연구계의 역사적인 관계를 떠올리게 한다.**

전기 통신, 우주 산업, 전기 공학, 의료 기술 등의 분야에서는 자기장의 영향이 특히 두드러진다. 자기는 기계식 시계의 정확한 작동을 방해하는 주요한 요소이다.

무브먼트의 부품, 특히 시계의 정확성을 담당하는 이스케이프먼트와 오실레이터는 자성을 띠기 쉽다. 자기장에 노출되는 강도와 시간에 따라 시계의 속도에 상당한 편차가 발생할 수 있으며 심지어 시계가 멈출 수도 있다. 50~100가우스 정도의 자기장만으로도 기계식 시계의 신뢰성과 정밀성이 손상될 수 있다(참고로 일반적인 자석의 자력은 5mm 거리에서 200가우스에 달한다).

롤렉스는 1956년부터 자기장의 영향을 차단하는 기술을 개발해왔다. 같은 해에 롤렉스는 탁월한 크로노미터 성능을 유지하면서도 1,000가우스의 간섭을 견딜 수 있는 시계를 설계했다. 그 결과 이름도 프랑스어로 '1,000'을 뜻하는 '밀'과 자속 밀도 단위인 '가우스'를 결합하여

'밀가우스'라 붙였다.

롤렉스가 사용한 방법은 단순하면서도 독창적이었다. 연철로 자기장을 차단하는 구조를 만들어 밀가우스 칼리버를 그 안에 넣는 것이었다. 이 구조가 '패러데이 캐리지(전자기장을 차단하거나 약화하기 위해 사용하는 금속 구조물. 금속이 도체로 작용하여 외부 전자기장이 내부로 전달되지 않게 차단한다. 19세기 영국 과학자 마이클 패러데이가 고안했다 - 옮긴이)' 역할을 하여 외부 전자기장으로부터 내부를 격리하는 원리였다. 밀가우스의 무브먼트는 당시 롤렉스에서 사용되던 칼리버를 기반으로 하여, 특별히 항자성 합금으로 제작한 부품을 추가 장착했다.

밀가우스는 원래 전문가용 모델이었다. 1954년 초에 시제품인 레퍼런스 6543이 출시되었는데, 케이스 백을 두껍게 만들고 무브먼트 주변에 연철 밴드를 배치하여 항자성 절연을 보장했다. 이 모델에는 일반적인 시계와 마찬가지로 직선형 초침이 사용되었다. 1956년에는 후속으로 레퍼런스 6541이 등장했는데, 처음으로 항자성 차폐 구조를 사용한 모델이었다. 이 차폐 구조는 두 개의 연철 부품으로 구성된 용기 형태로, 무브먼트를 이 안에 밀봉하여 보호했다. 이 모델은 또한 단순한 직선형이 아닌 번개 모양의 초침을 도입했으며, 이는 밀가우스의 대표적인 특징으로 자리 잡게 되었다.

1960년대 초에는 밀가우스 1019가 출시되었다. 눈금 표시가 있던 베젤이 단순하고 매끄러운 스무스 베젤로 바뀌는 등 간결해진 디자인이 특징이었다. 무브먼트도 두 개의 항자성 커버로 감쌌다. 다이얼은 실버 또는 블랙의 두 가지 버전이었다. 그리고 초침은 끝부분에 빨간색의 작은 화살표가 있는 직선형으로 다시 바뀌었다.

레퍼런스 1019는 30년 가까이 지속적으로 생산되는 동안 다이얼의 마감과 레터링에서 약간의 변화를 겪었다.

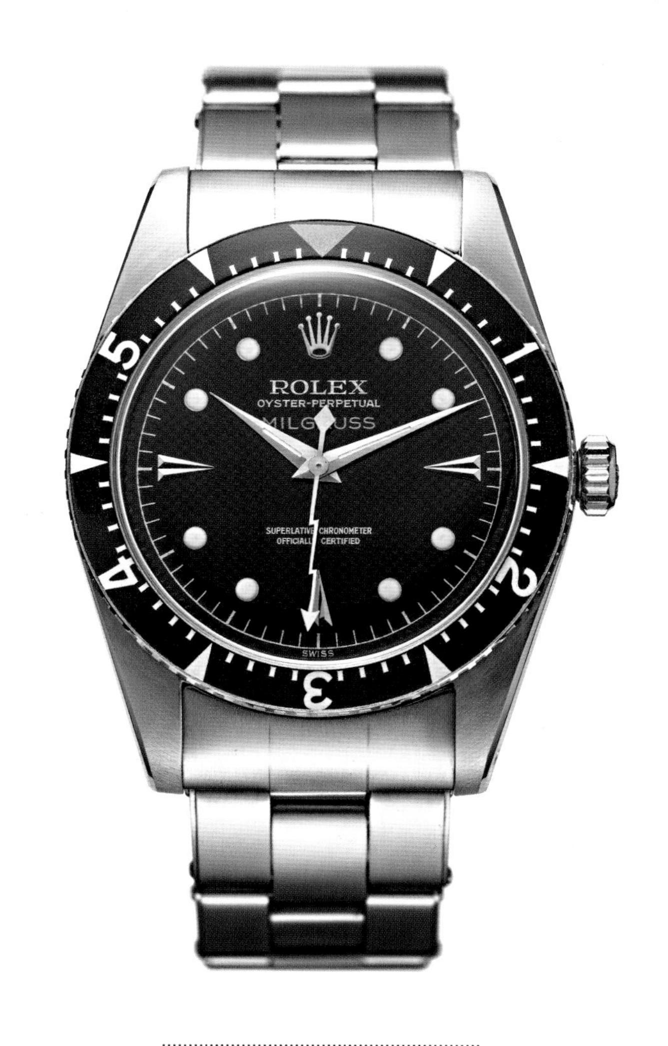

밀가우스 모델 레퍼런스 6541(1956).
번개 모양 초침이 특징이다.

밀가우스는 특정 분야를 위해 제작되었고 따라서 지나치게 전문적인 모델이었기에, 1970~1980년대에는 생산량이 제한적일 수밖에 없었다. 하지만 2007년에 롤렉스는 새로운 세대의 밀가우스를 선보였다. 40mm 직경의 새로운 오이스터 퍼페추얼 밀가우스 에디션은 번개 모양을 형상화한 오렌지색 초침으로 차별화되었는데, 이는 오리지널 모델의 초침에서 직접 영감을 받은 것이다. 분과 시를

2007년에 출시된 레퍼런스 116400. 오실레이터와 이스케이프먼트 휠은 상자성 소재로 제작되었다.

나타내는 마커에도 같은 색상이 적용되었다. 새로운 에디션 중에는 그린 톤의 사파이어 크리스털을 장착한 것도 있었다.

롤렉스는 2007년부터 오실레이터와 이스케이프먼트 휠을 상자성 소재로 제작하는 등 밀가우스에 들어가는 무브먼트의 핵심 요소를 완성했다. 그렇게 탄생한 것이 레퍼런스 116400으로, 과학 관련 작업에서뿐만 아니라 모든 상황에서 착용할 수 있도록 스타일을 업데이트한 모델이다. 2014년에는 레퍼런스 116400 GV가 출시되었다(GV는 프랑스어로 녹색 유리를 뜻하는 'Glace Verte'의 약어이다). 이 모델은 반짝이는 Z-블루 다이얼을 선레이 마감으로 처리하여 눈길을 끌었다.

밀가우스의 오이스터 케이스는 수심 100m 방수를 보장한다. 이중 방수 시스템을 갖춘 트윈록 와인딩 크라운은 나사처럼 돌려 잠그는 방식으로 케이스에 단단히 고정되어 있다. 시계 크리스털은 긁힘에 강한 사파이어 소재로 제작되었다. 이 시계에는 롤렉스가 자체 개발 및 제작한 셀프-와인딩 기계식 무브먼트인 칼리버 3131이 탑재되어 있다.

밀가우스는 최상급 크로노미터 인증을 받았으며, 롤렉스가 상자성 합금으로 제작한 블루 파라크롬 헤어스프링을 비롯하여 몇 가지 항자성 기능을 갖추고 있다. 블루

ROLEX
OYSTER PERPETUAL
MILGAUSS
SUPERLATIVE CHRONOMETER
OFFICIALLY CERTIFIED
SWISS
MADE

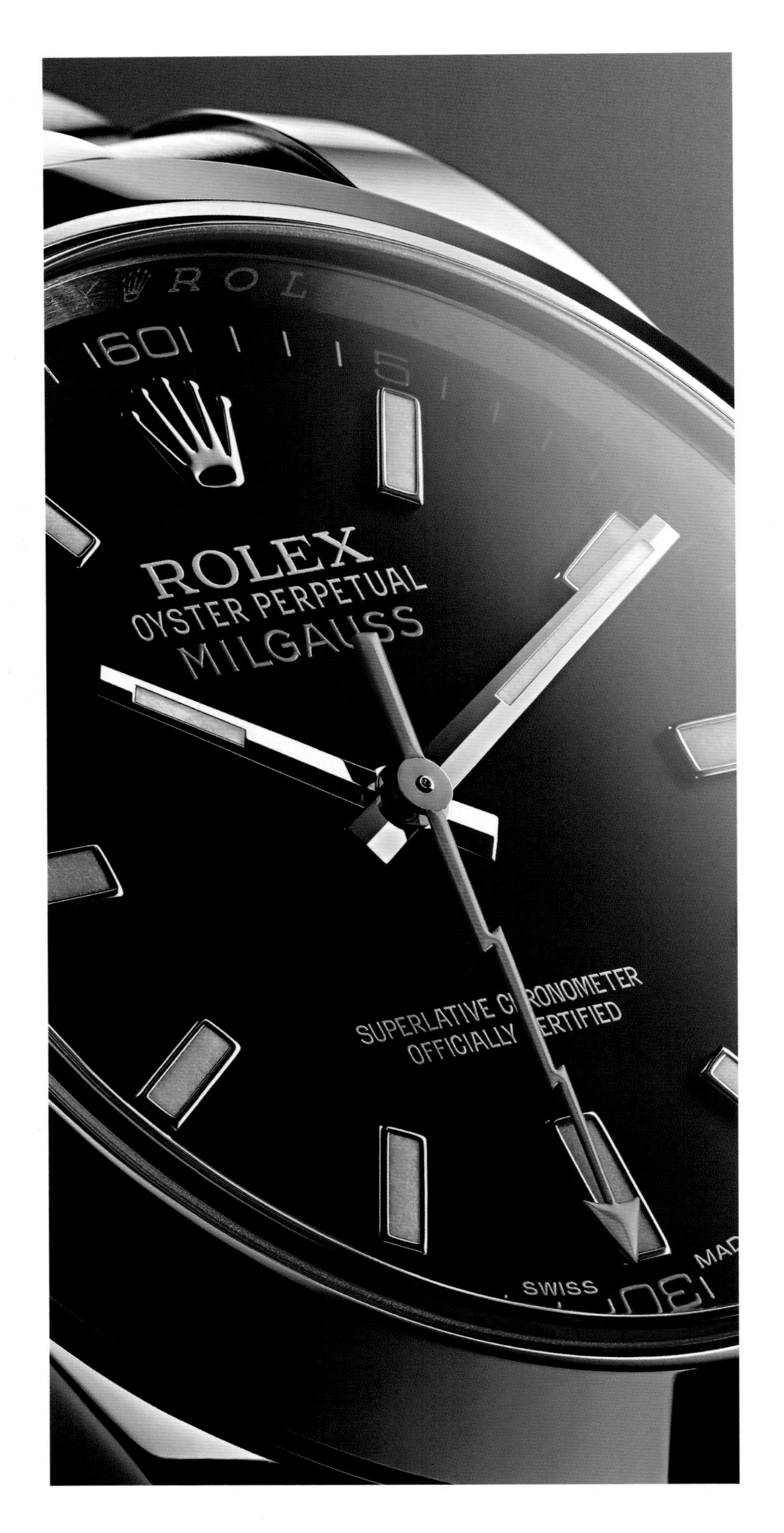

파라크롬 헤어스프링은 자기장의 영향을 받지 않을 뿐만 아니라 온도 변화에도 높은 안정성을 자랑한다. 또 오버코일이 장착되어 있어 시계가 어떤 위치에 있든 무브먼트가 규칙적으로 작동하도록 보장하며, 상자성 니켈-인 소재의 이스케이프 휠이 장착되어 있다.

칼리버 3131에는 퍼페추얼 로터가 장착된 셀프-와인딩 모듈이 있어 손목의 움직임에 따라 메인스프링이 지속적으로 감기고 에너지가 계속 공급된다. 파워 리저브는 약 48시간에 달한다.

다이얼: 밀가우스에 관해 이야기하려면 번개를 연상시키는 초침을 먼저 언급해야 할 것이다. 이 독특한 모양은 밀가우스 모델의 가장 특징적이고 매력적인 요소다.

케이스: 밀가우스의 항자성은 자기장을 차단하는 합금 차폐 구조를 통해 실현된다. 시계 내부의 이 차폐 구조가 무브먼트를 보호해준다.

브레이슬릿: 밀가우스에는 오이스터스틸 소재로 된 3열 링크 구조의 오이스터 브레이슬릿과 롤렉스가 디자인한 접이식 잠금장치인 오이스터 클라스프가 결합되어 있다. 또 롤렉스가 개발한 이지링크 컴포트 익스텐션 링크가 있어 길이 5mm 정도를 손쉽게 조절할 수 있다.

밀가우스 모델을 착용한 배우 제이크 질렌할.

ROLEX
OYSTER PERPETUAL
MILGAUSS

SUPERLATIVE CHRONOMETER
OFFICIALLY CERTIFIED
SWISS MADE
120
125
130
135
140

레이디-데이트저스트

Lady-Datejust

1957년에 출시된 레이디-데이트저스트는 롤렉스가 여성을 위해 만든 최초의 시계다.

여성은 롤렉스 역사에서 결정적인 역할을 해왔다. 1927년에 롤렉스 오이스터를 착용한 채 영국 해협을 헤엄쳐 건넌 메르세데스 글릿즈는 롤렉스의 첫 번째 광고 모델이었다. 글릿즈는 '테스티모니('증인'이라는 단어에서 유래한 개념. 롤렉스는 제품의 품질을 실제로 입증하거나 롤렉스와 함께 중요한 업적을 이룸으로써 단순한 광고 모델을 넘어 브랜드 철학을 대변하는 인물에게 테스티모니라는 지위를 부여한다 - 옮긴이)'라는 개념을 탄생시킨 인물이기도 하다.

1950년대에는 모든 사회 계층에서 삶의 질이 개선되었고 공학 및 산업 분야에서 중요한 발견들이 잇따라 등장하며 일상생활을 크게 바꾸었다. 이에 따라 여성의 모습도 변하기 시작했다. 이제 여성은 사회에서 더 독립적인 역할을 맡게 되었다. 1957년에는 오드리 헵번이 우아함으로 할리우드를 매료시켰고, 실비아 얼은 이학 석사 학위를 취득한 후 저명한 해양학자이자 여성 최초의 미국 해양대기청(NOAA) 수석 과학자로 활약했다. 같은 해에 프랑수아즈 사강은 소설『슬픔이여 안녕』으로 세계 문학계를 정복했다. '작가'를 뜻하는 프랑스어 단어가 여성형으로 사용되는 일이 드물던 시기였다.

라이프스타일에 워낙 관심이 많던 한스 빌스도르프는 현대 여성들이 시간을 관리하기를 원하며, 이를 위해 여성들에게도 남성들과 마찬가지로 정확한 시간을 알려줄 도구가 필요하다는 점을 이해하고 있었다. 그때까지 여성용 시계에서는 아름다움이 우선시되었고, 기계적 정밀성은 그저 부차적인 요소였다. 소형 시계는 공학적으로 어려운 과제를 안겨주었다. 상대적으로 작으면서도 남성용 시계에 탑재된 대형 무브먼트와 동일하게 높은 크로노미터 표준을 보장할 수 있는 기계식 무브먼트가 필요했기 때문이다. 빌스도르프도 이렇게 이야기했었다. "여성들은 두 가지 장점을 동시에 누리길 원합니다. 작은 시계와 정밀한 무브먼트 말입니다. 하지만 시계가 작을수록, 정확성을 갖추기는 더 어렵습니다."

레이디-데이트저스트의 골드 모델.

1957년에 롤렉스는 레이디-데이트저스트를 선보였다. 전 세계 다양한 세대의 성공한 여성들을 위한, 놀라울 정도로 정밀하고 견고한 시계를 제작한 것이다. 레이디-데이트저스트는 1945년 데이트저스트에 적용되었던 모든 특징을 갖추고 있었다. 여성용 크로노미터로는 최초로 캘린더 기능을 탑재한 레이디-데이트저스트는 데이트저스트가 지닌 우아함을 작은 크기 안에 고스란히 담았으며, 이는 여성의 가느다란 손목에 완벽하게 어울렸다. 26mm 직경으로 제작되어 당시의 트렌드를 완벽히 반영했으며, 수십 년 동안 같은 크기를 유지했다. 이후 2015년에 롤렉스는 28mm 레이디-데이트저스트를 새롭게 출시했다.

롤렉스의 상징이자 견고하고 내구성이 뛰어난 오이스터 케이스 덕분에 레이디-데이트저스트는 수심 100m 방수를 보장한다. 그리고 롤렉스가 최상급 크로노미터 기준에 따라 자체 개발 및 제작한, 고도로 정교한 기계식 무브먼트로 구동된다. 날짜를 즉각적으로 변경하는 기능, 퍼페추얼 셀프-와인딩 시스템, 실리콘 헤어스프링, 파라플렉스 충격 방지 시스템, 55시간의 파워 리저브를 갖춘 레이디-데이트저스트는 언제 어떤 상황에서도 최상의 성능을 발휘할 준비가 되어 있다.

레이디-데이트저스트의 미들 케이스는 부식에 특히 강한 합금인 오이스터스틸이나 골드 소재를 통으로 깎아 제

다이아몬드가 세팅된
레이디-데이트저스트 모델.

작한다. 가장자리에 섬세한 플루팅 장식이 새겨진 케이스백은 특수 공구를 사용하여 나사처럼 돌려 잠그는 스크루-다운 방식으로 밀폐되어 있으며, 롤렉스에서 승인한 시계 기술자만이 무브먼트에 손을 댈 수 있다.

이중 방수 시스템을 갖춘 트윈록 와인딩 크라운은 케이스에 단단히 고정되어 있다. 시계 크리스털은 긁힘에 강한 사파이어 소재로 제작하여 반사 방지 코팅을 입혔으며, 날짜를 쉽게 읽을 수 있도록 크리스털 윗면의 3시 방향에 사이클롭스 렌즈를 부착했다. 완벽한 방수 기능을 갖춘 오이스터 케이스는 내부에 자리한 무브먼트를 확실하게 보호한다.

레이디-데이트저스트에는 롤렉스가 자체 개발 및 제작한 셀프-와인딩 기계식 무브먼트인 칼리버 2236이 탑재되어 있다. 칼리버 2236이 지닌 구조적 장점은 비교할 수 없는 정밀성과 신뢰성을 실현해준다. 이 칼리버에는 롤렉스가 특허를 획득하고 직접 제작한 실록시 실리콘 헤어스프링이 장착되어 있다. 이 헤어스프링은 자기장에 강하고 온도 변화에도 높은 안정성을 자랑하며, 충격을 받은 경우에도 기존 헤어스프링보다 정밀도를 최대 10배 높게 유지한다. 실록시 헤어스프링이 가진 기하학적 구조는 시계가 어떤 위치에 있든 정확성을 유지하도록 보장해준다.

레이디-데이트저스트는 오이스터 퍼페추얼 컬렉션 중에서 가장 다양한 변형 버전을 선보이는 모델로 꼽히며, 그중에는 다이아몬드 세팅 버전도 있다. 레이디-데이트저스트는 다양한 소재뿐만 아니라 다양한 브레이슬릿과 섬세한 색상의 다이얼로도 유명하다. 기요셰 패턴으로 장식한 다이얼, 자개 다이얼, 또는 인덱스나 베젤 가장자리에 다이아몬드를 세팅한 버전 등 선택의 폭이 매우 넓다.

ROLEX
28

다이얼: 이 다이얼의 개성은 12시 방향의 롤렉스 왕관, 아라비아 숫자와 로마 숫자, 고전적 또는 기하학적 디자인의 아워 마커, 그리고 반짝이는 귀금속 등에서 잘 드러난다.

케이스: 2021년에 선보인 레이디-데이트저스트의 보석 세팅 버전은 특히 눈길을 끄는 디자인이다. 반짝이는 다이아몬드 세팅이 주얼리 예술에 대한 롤렉스의 뛰어난 기술력을 증명한다.

브레이슬릿: 레이디-데이트저스트는 오이스터클라스프가 장착된 3열 링크의 오이스터 브레이슬릿, 1945년에 데이트저스트를 위해 특별히 제작된 5열 링크의 주빌리 브레이슬릿, 또는 3열 링크의 프레지던트 브레이슬릿과 조합할 수 있다.

레이디-데이트저스트는 버전에 따라 돔형 베젤, 플루티드 베젤 또는 다이아몬드 세팅 베젤 중에서 선택할 수 있다. 브레이슬릿으로는 오이스터클라스프가 장착된 3열 링크의 오이스터 브레이슬릿, 1945년에 데이트저스트를 위해 특별히 제작된 5열 링크의 주빌리 브레이슬릿, 또는 3열 링크의 프레지던트 브레이슬릿과 조합할 수 있다. 주빌리 및 프레지던트 브레이슬릿의 잠금장치는 우아한 디자인의 크라운클라스프로, 여닫는 부분이 겉으로 드러나지 않는다. 또 브레이슬릿과 케이스를 연결하는 장치는 눈에 띄지 않게 숨어 있어 브레이슬릿과 케이스 사이에 시각적으로 매끄럽게 연결된다. 레이디-데이트저스트의 오이스터 브레이슬릿에는 롤렉스에서 개발한 이지링크 컴포트 익스텐션 링크가 장착되어 있다. 이 링크 덕분에 길이 5mm 정도를 쉽게 조절할 수 있어 어떤 상황에서도 편안하게 착용할 수 있다.

창립자의 역동적인 정신을 이어받아, 롤렉스는 자신만의 방식으로 비전과 결단력을 지니고 삶을 대하는 능력을 보여준 테스티모니들을 선정해왔다. 운동선수, 예술가, 탐험가, 과학자에 이르기까지 테스티모니로 선정된 인물들은 모두 도전을 마주하는 열정과 대담함, 그리고 꿈을 실현하기 위한 인내심을 보여주었다. 롤렉스 테스티모니의 업적과 개척 정신은 브랜드가 소중히 여기는 가치를 완벽히 구현한다.

롤렉스 앰버서더로 활동하는 소프라노 키리 테 카나와.

에어-킹

Air-King

**'하늘의 제왕' 에어-킹은
제2차 세계대전 당시 영국 전투기 조종사들에게
경의를 표하고자 제작되었다.**

롤렉스는 1930년대부터 항공업계와 밀접한 관계를 맺어왔다. 당시 항공기 성능은 비약적으로 발전하며 하늘을 정복하는 일에 점점 더 가까이 다가갔고, 장거리 비행의 시대가 열렸다. 여러 조종사가 손목에 오이스터 시계를 착용한 채 기록을 세웠다. 그중에는 찰스 더글러스 바나드도 있었다. 바나드는 오이스터에 대해 "이 롤렉스 시계는 고유한 특성 덕분에 비행에 매우 적합합니다. 앞으로 모든 장거리 비행에 이 시계를 착용할 생각입니다"라고 말했다. 1933년에는 롤렉스에서 휴스턴 탐험대를 위한 장비로 오이스터 시계를 제공했다. 휴스턴 탐험대는 극한의 기후 조건 속 해발 10,000m 이상의 고도에서 에베레스트산 상공을 처음으로 비행했다. 1934년에는 오웬 캐스카트-존스와 켄 월러가 드 하빌랜드 DH.88 코멧 비행기를 타고 영국 런던-호주 멜버른 왕복 비행을 기록적인 시간 안에 완료했다. 월러는 1935년 롤렉스에 보낸 편지에 이렇게 적었다.

에어-킹 모델 중 '슈퍼 프리시전' 에디션.

"제 오이스터 시계를 믿었습니다. 비행하는 동안 기후와 온도와 기압에 큰 변화가 있었고, 그 외에도 이 작은 메커니즘을 멈추게 할 수 있는 많은 원인이 있었죠. 그럼에도 이 시계가 계속해서 완벽한 정밀성을 유지했다는 점을 기쁘게 생각합니다."

에어-킹은 그로부터 몇 년 후에 탄생했다. 에어-킹이 탄생하기 전에 롤렉스는 직경 34mm 시리즈를 생산하기 시작했는데, 오늘날의 기준으로는 다소 작은 크기이지만 제2차 세계대전 시기와 그 직후에는 상당한 크기로 여겨졌다. 그래서 이 모델에 '킹'이라는 이름이 붙게 되었다.

혁신적인 직경과 대형 다이얼 덕분에 가독성이 향상된 킹 시계는 영국의 공군 조종사들로부터 큰 사랑을 받았다. 킹의 인기가 너무 높아서, 조종사들이 군용 시계는 거들떠보지도 않고 자신의 수입으로 이 시계를 구입할 정도였다.

롤렉스 창립자 한스 빌스도르프는 킹 시계에 대한 수요가 높음을 파악한 후 용감한 조종사들을 위한 특별한 시계 라인을 개발하여 1950년대 말에 출시했다. 출시 당시 이 모델은 조종사들의 용맹함을 기리기 위해 '에어(Air)'라는 이름을 붙인 다양한 시계 컬렉션의 일부였다. 에어-라이언, 에어-타이거, 에어-자이언트 등이 있었지만 에어-킹이 가장 인기를 끌었다.

1958년 출시 당시부터 에어-킹의 다이얼에는 곡선미가 돋보이는 서체로 'Air-King'이 새겨져 있었다. 에어-킹의 첫 번째 레퍼런스인 5500은 단순한 디자인이 특징으로 34mm 스틸 오이스터 케이스와 그에 어울리는 오이스터 브레이슬릿을 갖추고 있었다. 중앙에 있는 핸즈(바늘), 그리고 인덱스와 숫자로 시간을 표시했다.

롤렉스 에어-킹은 출시 이래 다양한 무브먼트를 탑재해왔다. '프리시전(Precision)'이라는 문구가 새겨진 모델은 칼리버 1520이 시곗바늘을 움직인다는 의미였고, '슈퍼 프리시전' 에디션은 칼리버 1530을 메커니즘으로 사용했다. 세월이 흐르면서 에어-킹의 다이얼에는 막대 모양 인덱스와 로마 숫자 또는 아라비아 숫자가 자리 잡았으며, 다이얼 색상은 크림색, 파란색, 흰색 등으로 다양하게 바뀌었다. 베젤은 스무스 베젤, 플루티드 베젤, 단순하고 반복적인 패턴을 새기는 엔진-턴드 베젤 등의 세 종류였다. 그러나 이러한 모든 변화 속에서도 롤렉스 에어-킹 디자인에서 변함없이 유지된 한 가지가 있으니, 바로 스틸 소재의 오이스터 케이스다. 오이스터 케이스는 롤렉스 브랜드를 한눈에 알아볼 수 있게 해주는 요소이자 브랜드의 정체성을 완벽하게 드러내는 특징이다.

에어-킹은 특히 다이얼로 유명한데, 다른 기업 로고를 넣어 맞춤 제작되는 경우도 많았다. 예를 들어 미국 피자 체인 도미노는 매출 목표를 달성한 매장 관리자에게 도미노 로고가 새겨진 에어-킹을 보상으로 주면서 가맹점들의 실적 향상을 독려했다. 이러한 독특한 협업은 서로 관련이 없는 두 브랜드를 연결해주었다. 아마도 시간을 중요하게 생각한다는 공통점이 있었기 때문일 것이다(도미노는 '30분 이내로 배달, 아니면 무료' 정책을 시행했다).

1990년대 초에 롤렉스는 에어-킹의 다이얼 디자인을 변경하여 3시·6시·9시 방향에 아라비아 숫자를 넣고 나머지 방향에는 막대형 인덱스를 배치했다. 2007년에는 러그(시계 케이스와 브레이슬릿을 연결하는 부분-옮긴이)와 베젤을 더 넓게 디자인하고 사파이어 크리스털을 도입했다. 그리고 브레이슬릿은 접이식 클라스프가 장착된 스틸 오이스터 모델로 대체했다. 에어-킹의 무브먼트는 이때 처음으로 스위스 공식 크로노미터 인증기관(COSC)의 인증을 받았다.

에어-킹은 2014년에 생산이 중단되었다. 이후 2016년에 새로운 모델인 레퍼런스 116900이 출시되면서 생산이 재개되었다. 새로운 모델에는 직경 40mm 케이스가 장착되었다.

오늘날의 오이스터 퍼페추얼 에어-킹은 블랙 다이얼을 적용하고, 3시·6시·9시 방향에 커다란 아라비아 숫자를 배치하며, 특히 분을 나타내는 인덱스에 두 자리 숫자를 사용하는 것이 특징이다. 덕분에 에어-킹을 착용한 조종사는 운항 시각을 쉽게 확인할 수 있다. 또 왕관 로고에는 노란색을, 'Rolex' 글자와 초침에는 녹색을 입혀 브랜드의 상징 색을 조화롭게 반영했다.

2022년부터 에어-킹의 케이스에는 크라운 가드가 추가되었으며, 미들 케이스의 옆면은 프로페셔널 카테고리에 속하는 대부분의 모델과 마찬가지로 평평하고 직선적인 형태를 갖추게 되었다.

에어-킹의 최신 버전은 '최상급 크로노미터' 인증을 획득했다. 이 모델에는 롤렉스가 자체 개발 및 제작한 칼리버 3230이 탑재되어 있다. 이 셀프-와인딩 기계식 무브먼트는 롤렉스 기술의 정수를 모은 것으로 여러 가지 새로운 특허가 적용되어 있다. 정밀성, 자율성(지속 시간), 충격 저항성, 사용 편의성, 신뢰성 등의 측면에서 높은 성능을 보장한다.

칼리버 3230의 오실레이터에는 가변 관성을 갖춘 밸런스 휠이 장착되어 있으며, 휠 가장자리에 있는 골드 마이크로스텔라 너트로 휠의 관성을 조정하여 진동 속도와 정밀도를 세밀하게 제어할 수 있다. 높이 조절이 가능한 트래버싱 브리지로 오실레이터를 단단히 고정하기 때문에 안정성과 충격 저항성이 뛰어나다. 오실레이터는 롤렉스가 자체 개발하여 특허를 획득한 고성능 파라플렉스 충격 흡수 장치에 장착되어 있다.

칼리버 3230에는 롤렉스가 상자성 합금으로 제작한 블루 파라크롬 헤어스프링이 장착되어 있다. 이 헤어스프링은 자기장의 영향을 받지 않을 뿐 아니라 갑작스러운 온도 변화에도 높은 안정성을 발휘한다. 또 롤렉스 오버코일이 장착되어 있어 시계의 위치와 관계없이 무브먼트가 규칙적으로 움직이도록 보장한다.

무브먼트에는 니켈-인 소재의 크로너지 이스케이프먼

ROLEX
55
5
Air-King
CHRONOMETER
CERTIFIED

트가 탑재되어 있다. 롤렉스가 특허를 받은 이 이스케이프먼트는 높은 에너지 효율과 뛰어난 신뢰성을 보장하며 자기장의 영향을 받지 않는다.

칼리버 3230에는 퍼페추얼 로터가 장착된 셀프-와인딩 모듈이 있어 손목의 움직임에 따라 메인스프링이 지속적으로 감기고 에너지가 계속 공급된다. 배럴 구조와 이스케이프먼트의 뛰어난 효율성 덕분에 파워 리저브가 약 70시간에 달한다. 롤렉스 공인 기술자만이 접근할 수 있는 에어-킹 무브먼트는 브랜드의 품질 기준에 따라 매우 정교하게 제작되었다.

에어-킹 오이스터 케이스는 직경 40mm 크기이며 수심 100m까지 방수를 보장한다.

다이얼: 에어-킹은 크로마라이트 디스플레이 덕분에 어떤 상황에서든, 심지어 어둠 속에서도 완벽한 가독성을 자랑한다. 시곗바늘과 3시·6시·9시 방향의 숫자를 오래 지속되는 야광 소재로 채우거나 코팅했는데, 기존의 인광성 소재보다 두 배 더 오래 푸른빛을 발한다.

케이스: 에어-킹의 오이스터 케이스는 완전 방수 기능을 갖추고 있어 무브먼트를 완벽히 보호한다.

브레이슬릿: 에어-킹에는 3열 링크 구조의 오이스터스틸 오이스터 브레이슬릿을 결합한다. 이 브레이슬릿에는 롤렉스가 디자인하고 특허를 획득한 오이스터록 세이프티 클라스프가 장착되어 있어 예기치 않게 잠금이 풀리는 일을 방지해준다. 또 롤렉스에서 개발한 이지링크 컴포트 익스텐션 링크가 장착되어 있어 착용자가 길이 5mm 정도를 쉽게 조절할 수 있기 때문에, 어떤 상황에서도 편안하게 착용할 수 있다. 브레이슬릿과 케이스를 연결하는 장치가 눈에 띄지 않게 숨어 있어 브레이슬릿과 케이스가 시각적으로 매끄럽게 연결된다.

오이스터 퍼페추얼 에어-킹 모델을 착용한 가수 마이클 부블레.

코스모그래프 데이토나

Cosmograph Daytona

모터스포츠 전문가들을 위해 제작된 이 크로노그래프는 하나의 아이콘으로 자리매김했다.

이름에 두 가지 의미가 담긴 이 크로노그래프(시간을 표시하는 일반적인 기능 외에 스톱워치 기능을 추가로 갖춘 시계-옮긴이)는 1963년에 출시된 이후 하나의 전설이 되었다. 코스모그래프는 우주 탐험이라는 개념을 암시하며, 1960년대에 구름 위 저 높은 곳에서 이루어진 위대한 도전과 발견을 떠올리게 만든다. 데이토나는 미국 플로리다에 자리한 레이싱 경기장인 데이토나 인터내셔널 스피드웨이를 연상시킨다. 롤렉스는 이곳에서 열리는 24시간 레이스를 일찍부터 후원하고 있었다. 1930년대 초반부터 데이토나 비치는 기념비적인 속도 기록과 흥미진진한 경주가 펼쳐진 무대였다. 이곳의 단단한 모래사장에서 고속 경주용 자동차들이 경기를 펼쳤으며, 1935년에는 말콤 캠벨이 손목에 롤렉스 오이스터를 착용한 채 자신의 레이싱 카 블루버드를 몰고 시속 약 480km의 지상 속도 기록을 최초로 달성했다. '스피드 킹'이라는 별명으로 불린 캠벨은 세계 속도 기록을 9번이나 경신했다. 캠벨은 이미 1930년부터 롤렉스 오이스터를 착용해왔으며, 당시 광고에서 오이스터 시계가 충격과 진동에 대단히 강하다는 점을 증언하기도 했다. 마지막 도전을 마친 후 캠벨은 롤렉스에 전보를 보냈다. "롤렉스 시계는 여전히 완벽하게 작동합니다. 어제 블루버드가 시속 300마일을 돌파했을 때도 착용하고 있었습니다. - 캠벨."

코스모그래프 데이토나는 1930년대부터 롤렉스가 생산해온 크로노그래프 시리즈의 오랜 역사를 계승한 모델이다. 롤렉스는 코스모그래프 데이토나에 모든 기술력을 쏟아부었다. 그 결과 정밀성과 신뢰성을 갖춘, 레이싱 드라이버를 위한 최고의 크로노미터 도구가 탄생했다.

코스모그래프 데이토나의 생산은 크게 세 시기로 나눌 수 있다. 첫 번째 시기는 1963년부터 1988년까지로, 이 시기의 코스모그래프 데이토나는 수동으로 태엽을 감는 방식이었다. 당시의 모델(레퍼런스 6239)은 골드와 스틸 소재로 제작되었으며 속도를 표시하는 타키미터 눈금이 새겨진 메탈 베젤과 두 개의 펌프 푸셔(크로노그래프 시계에서 시간 측정을 시작, 멈춤, 리셋할 때 누르는 버튼 - 옮긴이)가 특징이다. 그 후 여러 해에 걸쳐 수동 와인딩 방식으로 다양한 버전이 출시되었으며, 이들의 다이얼에는 빨간색 'Daytona' 문구가 새겨졌다. 초기 모델에는 이러한 문구가 없었지만, 이는 결국 코스모그래프 데이토나 모델의 대표적인 특징으로 자리 잡게 되었다.

하지만 이 시계에서 가장 눈에 띄는 점은 두 가지 색을 조합한 바이컬러 그래픽 디자인이었다. 다이얼과 카운터(다이얼 안에 있는 서브 다이얼로 특정 정보를 표시하는 데 사용된다. 주로 크로노그래프 시계에서 볼 수 있다 - 옮긴이)가 뚜렷한 색상 대비를 이루어 눈에 잘 띄었다. 예를 들어 밝은 톤의 다이얼에는 블랙 카운터를, 블랙 다이얼에는 밝은 톤의 카운터를 적용하는 식이었다. 타키미터 눈금의 배경

코스모그래프 데이토나를 착용한 배우 폴 뉴먼.

색은 카운터에 있는 숫자 및 인덱스 색상과 조화를 이루되 카운터 배경과는 대비되도록 구성했다. 그리고 이러한 디자인을 두 개의 층으로 구현하여 메인 다이얼과 다른 요소들이 미세하게 구분되도록 했다.

생산 초기에 롤렉스는 일부 생산 라인에서 색상 조합, 인덱스 스타일, 숫자 위치와 같은 세부 요소를 수정했다. 그 결과 독특한 디자인의 다이얼들이 탄생했고 롤렉스는 이를 '이그조틱 다이얼'이라고 표현했다. 수집가들은 이런 다이얼을 '폴 뉴먼 다이얼'이라고 불렀다. 배우 폴 뉴먼이 이그조틱 다이얼이 적용된 시계를 착용했기 때문이다.

두 번째 시기는 1988년부터로, 이때부터 코스모그래프 데이토나는 셀프-와인딩 시계가 되었다. 시계를 구동하는 무브먼트는 제니스 엘 프리메로 칼리버 400을 기반으로 한 칼리버 4030이었다.

코스모그래프 데이토나 모델 중
레퍼런스 116520.

이때부터 다이얼에 'Oyster Perpetual Cosmograph Daytona'라는 명칭 외에 'Superlative Chronometer, Officially Certified(최상급 크로노미터, 공식 인증)'라는 문구도 새겨지기 시작했다. 베젤에는 속도를 표시하는 타키미터 눈금이 새겨져 있었는데 첫 번째 시리즈에서는 시속 200단위까지, 두 번째 시리즈에서는 시속 400단위까지 표시되었다. 이 시기에 생산된 코스모그래프 데이토나는 스크루-다운 크라운과 푸셔를 갖추었으며, 이 시계의 특징을 나타내는 문구와 빨간색 'Daytona' 문구도 다이얼 위에 그대로 유지되었다. 다이얼 디자인은 두 가지 스타일로만 제공되었는데, 카운터(서브 다이얼) 가장자리를 블랙으로 감싼 화이트 다이얼과 카운터 가장자리를 화이트로 감싼 블랙 다이얼이었다. 이 레퍼런스 모델은 스틸, 스틸과 골드 조합, 골드 등 세 가지 버전으로 출시되었고, 2000년에 단종되었다. 이와 함께 레퍼런스 116520이 출시되면서 코스모그래프 데이토나의 세 번째 시기가 시작되었다. 레퍼런스 116520에는 칼리버 4131이 탑재되었는데, 이는 롤렉스가 자체 제작한 최초의 크로노그래프 무브먼트였으며 스위스 공식 크로노미터 인증기관(COSC)의 인증을 받았다.

레퍼런스 116520은 스틸 소재로 제작된 버전이며 블랙 다이얼이나 화이트 다이얼로만 제공되었다. 이외에도 코스모그래프 데이토나 컬렉션에는 다양한 다이얼과 밴드를 조합한 귀금속 소재의 여러 버전이 포함되었다. 특별판으로 제작된 모델 중에는 데이토나 '레오파드'가 있었는데, 화려한 옐로 골드 케이스, 48개의 다이아몬드를 파베 세팅한 러그, 36개의 직사각형 코냑 사파이어로 꾸민 베젤, 그리고 레오파드 패턴의 다이얼과 스트랩을 특징으로 했다. 데이토나 '비치'라고 불린 미니 컬렉션도 인기를 끌었는데, 화이트 골드 소재에 다양한 색상의 스트랩을 조

ROLEX
DAYTONA

ROLEX
OYSTER PERPETUAL
SUPERLATIVE CHRONOMETER
OFFICIALLY CERTIFIED
COSMOGRAPH
DAYTONA
90
100
110
120
130
140

합한 모델군이었다. '비치'의 다이얼은 네 가지 파스텔 톤으로 제공되었는데, 블루 터콰이즈, 옐로, 핑크 마더 오브 펄(자개), 그리고 그린 크리소프레이스였다.

롤렉스가 데이토나의 새로운 에디션을 출시할 때 중점을 둔 요소는 다이얼 장식이었다. 여러 색깔의 사파이어를 조합하여 무지개색을 재현한 데이토나 레인보우 모델이 특히 눈에 띄었다. 세라믹 소재로 제작한 레퍼런스 116515도 인상적인데 에버로즈 케이스, 블랙 세라크롬 베젤(베젤 위 타키미터 눈금은 핑크 골드로 새김), 따뜻한 아이보리와 초콜릿 톤을 조합한 다이얼 등이 대비되면서도 조화로운 매력을 보여주었다.

세라믹 베젤이 사용된 것은 2013년부터이며 이는 데이토나의 첫 번째 플래티넘 버전인 레퍼런스 116506에도 적용되었다. 116506은 데이토나의 50주년을 기념하여 제작된 것으로, 브라운 베젤과 아이스 블루 다이얼을 조합한 디자인이었다. 2014년에는 직사각형 다이아몬드로 장식한 보석 베젤과 다이아몬드를 파베 세팅한 다이얼을 갖춘 버전을 선보였다.

2016년에는 레퍼런스 116500LN이 출시되었다. 세라믹 베젤을 사용한 점 외에 특별한 변화는 없었고, 블랙과 화이트가 어우러진 다이얼을 적용했다.

코스모그래프 데이토나의 최신 버전에는 롤렉스가 자체 개발 및 제작한 셀프-와인딩 크로노그래프 무브먼트인 칼리버 4130이 탑재되어 있다. 퍼페추얼 로터가 장착된 셀프-와인딩 모듈 덕분에 메인스프링이 항상 일정한 장력을 유지해 약 72시간의 파워 리저브를 제공한다. 코스모그래프 데이토나의 최신 버전 역시 이전 버전과 마찬가지로 최상급 크로노미터 인증을 획득했다. 코스모그래

플래티넘 소재의 데이토나 모델, 레퍼런스 번호 116506.

데이토나 레인보우 모델.

다이얼: 크로노그래프 카운터는 다이얼과 명확하게 구분된다. 밝은 색상의 다이얼에 검은색 카운터를 적용하거나 블랙 다이얼에 밝은 톤의 카운터를 적용하는 등 색상 대비가 강렬한 덕분이다. 타키미터 눈금(크로노그래프 초침을 사용하여 일정한 거리를 이동한 평균 속도를 측정하는 눈금)은 베젤 둘레에서 볼 수 있다.

케이스: 직경 40mm의 오이스터 케이스에 고성능 기계식 크로노그래프 무브먼트가 내장되어 있다. 시간 간격을 측정하거나 시속 400마일 또는 400km까지의 평균 속도를 계산할 수 있다. 이러한 추가 기능은 푸셔로 작동하며, 푸셔는 와인딩 크라운과 마찬가지로 나사처럼 돌려 잠그는 방식으로 케이스에 고정되어 있다.

브레이슬릿: 코스모그래프 데이토나는 에디션에 따라 3열 링크 구조의 오이스터 브레이슬릿 또는 오이스터플렉스 브레이슬릿과 조합한다. 둘 모두에 오이스터록 세이프티 클라스프가 장착되어 있다. 또 이지링크 컴포트 익스텐션 링크가 있어서 길이 5mm 정도를 손쉽게 조절할 수 있다.

프 데이토나의 메탈 베젤 또는 최첨단 세라믹 베젤 위에는 타키미터 눈금이 새겨져 있어, 측정된 시간을 바탕으로 특정 거리에서의 평균 속도를 확인할 수 있다.

타키미터 눈금의 가독성이 워낙 뛰어난 덕분에 코스모그래프 데이토나는 (km, 마일 또는 기타 거리 단위와 관계없이) 시간당 최대 400단위까지 속도를 측정하는 데 이상적인 도구다. 카운터에 있는 보조 바늘들로 시간 간격을 측정하고 표시하는 추가 메커니즘을 갖추고 있으며, 모든 기능에서 최적의 가독성을 실현한다. 중앙 초침은 1/8초 단위까지 시간을 측정할 수 있다. 3시 방향 카운터는 경과된 분을, 9시 방향 카운터는 경과된 시간을 표시한다.

레이싱 드라이버로 활동하며 르망 24시에서 9회나 우승을 거머쥐었던 톰 크리스텐센이 롤렉스 코스모그래프 데이토나를 착용한 모습.

UNITS PER HOUR
400
300
240
200
60
65
70
75
80
85
90
ROLEX
OYSTER PERPETUAL
OFFICIALLY CERTIFIED
DAYTONA

140
130
120
110

씨-드웰러

Sea-Dweller

다이빙 분야의 개척자들과 함께 깊은 바닷속을 탐험하기 위해 탄생한 다이빙 워치.

1960년 태평양의 괌 근처. 스위스의 해양학자 자크 피카르와 미 해군 대위 돈 월시는 잠수정 트리에스테를 조종하여 세계 해양 중 가장 깊은 곳인 마리아나 해구에서 수심 10,916m라는 기록적인 깊이에 도달했다. 이 잠수정 외부에는 롤렉스가 실험용으로 만든 오이스터 시계인 딥씨 스페셜이 부착되어 있었다. 딥씨 스페셜은 cm^2당 1톤이 넘는 엄청난 수압을 견디며 손상 없이 완벽한 상태로 수면 위로 돌아왔다.

이 도전은 초심해 스쿠버 다이빙을 견딜 수 있는 시계를 제작하는 단계로 이어졌다.

당시에 심해에서 오랜 시간 잠수하는 다이버들은 압력 변화에 몸을 적응시키기 위해 감압실에 머무르는 과정을 거쳤다. 그러나 이렇게 압력이 높은 공간 안에 있다 보면 다이버들의 시계 내부에 헬륨이 서서히 차기 시작했다. 헬륨 원자는 매우 작기 때문에 시계의 방수 씰을 뚫고 스며들었다. 그리고 압력을 낮추는 과정에서 헬륨이 시계 케이스 안에 갇혀 남아 있게 되었고, 시계 내부 압력이 감압실 내부 압력 수준만큼 빨리 낮아지지 못해 시계에 상당한 과압이 발생할 위험이 있었다. 이러한 현상은 시계를 손상시키고, 심지어 시계 크리스털을 밀어내거나 파손시킬 수도 있었다.

1967년에 롤렉스는 안전밸브와 관련된 특허를 취득했다. 케이스 내부의 압력이 심하게 높을 때 자동으로 작동하여 과도한 가스를 배출해주는 장치였다.

같은 해에 롤렉스는 수심 610m까지 방수를 보장하는 다이빙 워치인 씨-드웰러를 출시했다. 1978년에는 1,220m까지 방수 기능을 향상했다. 헬륨 이스케이프 밸브를 장착한 씨-드웰러는 이상적인 다이빙 도구였다.

롤렉스는 1969년에 텍타이트 수중 거주 기지에서 진행된 연구에 참여했다. 이때 해중 탐사원 네 명이 롤렉스 시계를 착용한 채 58일 동안 바닷속에서 지냈다. 이듬해에는 '텍타이트 II' 프로젝트의 일환으로 실비아 얼이 여성만으로 구성된 팀을 이끌며 임무를 수행했다. 1971년에는 롤렉스가 프랑스 기업 코멕스와 공식 파트너십을 체결했다. 코멕스는 마르세유에 본사를 둔 해양 엔지니어링 전문 회사로, 다이버들에게 롤렉스 시계를 착용하도록 하고 정기적으로 시계 성능에 대한 보고서를 작성하여 롤렉스에 제공했다. 이는 시계의 신뢰성을 더욱 높이고 기능을 완벽히 다듬는 데 큰 도움을 주었다.

1988년에 코멕스는 하이드라 Ⅷ 탐사를 조직했고, 6명의 포화 잠수 전문가들이 534m 깊이에 도달하며 세계 심해 잠수 기록을 세웠다. 당시 6명 모두 씨-드웰러 시계를 착용하고 있었다. 1992년에는 하이드라 X 실험이 진행되었는데, 고압 환경에서 43일간 머무르며 진행하는 잠수 실험이었다. 이때 코멕스 다이버는 씨-드웰러 시계를 착용한 채로 모의 수심 701m에 도달할 수 있었다.

오이스터 퍼페추얼 씨-드웰러 모델.

오이스터 퍼페추얼 씨-드웰러는 기술적인 면에서 한층 발전하여 더 깊은 수심까지 도달하는 다이빙 시계를 개발하겠다는 롤렉스의 야망에서 탄생했다. 초기 버전에서는 610m까지 방수가 되었으며, 1978년 씨-드웰러 4000을 선보이며 1,220m까지 방수 기능을 향상했다.

롤렉스는 2017년에 씨-드웰러 출시 50주년을 기념하며 새로운 버전을 선보였는데, 특히 케이스 크기를 43mm로 확대한 것이 두드러진 특징이었다. 또 날짜를 더 쉽게 읽을 수 있도록 시계 크리스털 위에 사이클롭스 돋보기 렌즈를 추가했다.

씨-드웰러의 베젤은 한 방향으로 회전할 수 있으며, 베젤 인서트에는 60분 눈금이 표시되어 있어 다이버들이 수중에서 시간을 정확히 추적할 수 있다. 블랙 세라믹 모노블록 세라크롬 인서트는 롤렉스가 특허를 얻은 것으로(모노블록이란 단일 블록을 가지고 통 가공하여 이음새 없이 하나의 구조로 제작했다는 의미이다-옮긴이), 고강도 세라믹으로 만들어 긁힘에 강하고 자외선에 노출되어도 변색되지 않는다. 또 화학적으로 매우 안정적인 물질로 조성되어 다른 화학 물질에 반응하지 않으며 부식되지 않는다. 눈금과 숫자는 음각으로 새긴 후에 PVD(물리적 증착) 공법을 통해 옐로 골드 또는 플래티넘으로 코팅했다. 베젤 가장자리를 널링(금속 등의 표면에 일정한 패턴을 새기는 가공법-옮긴이) 처리하여 미끄럼 없이 손에 잘 잡히고 장갑을 착용한 상태에서도 쉽게 조작할 수 있다.

롤렉스는 가스를 배출하는 단방향 밸브를 발명하여 특허를 취득했다. 이를 통해 다이버가 감압하는 동안 시계 내부에 축적되었던 헬륨이 일정한 압력으로 방출되므로 오이스터 케이스의 방수 기능을 유지할 수 있다.

프로페셔널 다이빙 워치인 씨-드웰러는 뛰어난 가독성으로도 주목받아왔다. 다이얼의 인덱스와 핸즈에 크로마라이트를 적용하여 오래 지속되는 야광 소재를 채우거나 코팅했기 때문에, 기존의 인광성 소재보다 두 배 더 오래 푸른빛을 발한다. 베젤의 눈금에서 0을 표시하는 삼각형 마커에도 동일한 야광 물질을 적용하여 어둠 속에서도 잘 보인다. 씨-드웰러 오이스터 케이스는 직경 43mm이며 수심 1,220m까지 방수를 보장한다. 트리플록 와인딩 크라운은 삼중 방수 시스템을 갖추고 있으며, 케이스 중간부에 통합된 특수 가드가 크라운을 보호해준다. 크라운은 스크루-다운 방식으로 케이스에 단단히 고정되어 있다. 시계 크리스털은 긁힘에 강한 사파이어 소재로 제작하고 반사 방지 코팅 처리를 거쳤으며, 크리스털 윗면의 3시 방향에 사이클롭스 렌즈를 부착하여 그 아래에 있는 날짜 표시창을 쉽게 읽을 수 있도록 했다.

최상급 크로노미터 인증을 받은 씨-드웰러를 구동하는 무브먼트는 칼리버 3235다. 이 칼리버의 오실레이터는 가변 관성 밸런스 휠을 갖추고 있으며, 휠 가장자리에 있는 골드 마이크로스텔라 너트를 조정하여 시계의 진동 속도와 정밀성을 아주 정교하게 제어할 수 있다. 높이 조절이 가능한 트래버싱 브리지로 오실레이터를 단단히 고정하기 때문에 안정성이 뛰어나고 충격 저항성도 한층 향상된 것이 특징이다. 오실레이터는 롤렉스가 자체 개발하여 특허를 획득한 고성능 파라플렉스 충격 흡수 장치에 장착되어 있다. 칼리버 3235에는 롤렉스가 상자성 합금으로 제작한 블루 파라크롬 헤어스프링이 장착되어 있다. 이 헤어스프링은 자기장에 민감하지 않으며 온도 변화에도 높은 안정성을 발휘한다. 또 롤렉스 오버코일이 장착되어 있어 시계의 위치와 관계없이 무브먼트가 규칙적으로

ROLEX
SEA-DWELLER
SUPERLATIVE CHRONOMETER
28

움직이도록 보장한다. 무브먼트에는 니켈-인 소재의 크로너지 이스케이프먼트가 탑재되어 있다. 롤렉스가 특허를 받은 이 이스케이프먼트는 높은 에너지 효율과 뛰어난 신뢰성을 보장하며 자기장의 영향을 받지 않는다. 칼리버 3235는 퍼페추얼 로터를 갖춘 셀프-와인딩 모듈을 특징으로 하며, 파워 리저브는 약 70시간에 달한다.

씨-드웰러에는 3열 링크 구조의 오이스터 브레이슬릿을 결합한다. 이 브레이슬릿에는 롤렉스가 디자인하고 특허를 획득한 잠금장치인 오이스터록 세이프티 클라스프가 장착되어 있어 예기치 않게 잠금이 풀리는 일을 방지해준다. 또 롤렉스 글라이드록 익스텐션 시스템이 있어 브레이슬릿 길이를 조절할 수 있다.

다이얼: 씨-드웰러는 유광 블랙 다이얼을 갖추고 있다. 스틸 소재와 골드 소재를 조합한 레퍼런스 126603에서는 인덱스가 옐로 골드로, 스틸 소재인 레퍼런스 126600에서는 인덱스가 화이트 골드로 장식되어 있다. 다이얼 위의 'Sea-Dweller' 글자는 126603에서는 금색으로, 126600에서는 빨간색으로 표시되어 있다. 1967년 모델에는 'Sea-Dweller' 아래에 'Submariner 2000'이라는 문구도 있어 빨간색 텍스트가 두 줄이었다. 레퍼런스 1665 중에서 일부 희귀 모델에는 빨간색 텍스트가 한 줄만 새겨져 있는데, 애호가들 사이에 '싱글 레드' 씨-드웰러라고 불린다. 이러한 모델은 특히 희소성이 높고 인기가 많다.

케이스: 씨-드웰러의 케이스 왼쪽에는 밸브가 장착되어 있어 포화 잠수 시 감압 단계에서 헬륨을 배출해준다. 이는 극한의 상황에서도 시계의 완전성을 보장하는 요소다.

브레이슬릿: 오이스터 브레이슬릿에 글라이드록 익스텐션 시스템을 갖추고 있다. 이 시스템에는 약 2mm 간격으로 10개의 노치가 있어 길이를 약 20mm까지 조절할 수 있다. 따라서 최대 3mm 두께의 잠수복 위에도 씨-드웰러를 착용할 수 있다.

해양생물학자인 실비아 얼은 1982년부터 롤렉스 테스티모니로 활동해왔다. 1999년부터 내셔널 지오그래픽 소사이어티의 상주 탐험가로도 활동 중이다. 얼은 과학자 그룹이 해저 거주 기지에서 약 15일 동안 머물렀던 '텍타이트 II' 임무에서 롤렉스 시계를 착용했다.

익스플로러 II

Explorer II

**오이스터 퍼페추얼 익스플로러 II는
지하 및 극지방 탐험에 특히 유용한 기능들을 통합하여,
익스플로러 모델이 지닌 모험 정신과 극한의 내구성을 다시금 선보인다.**

롤렉스는 지난 세기 초부터 지구의 끝을 발견하려는 탐험가들의 대담한 탐험에 동행해왔다. 또 그들이 자신의 한계를 시험하고 관찰을 통해 지구 보존에 기여하는 여정을 지원해왔다. 탐험가들은 인간이 다양한 생태계의 균형에 심각한 영향을 미친다는 사실을 점점 더 우려하게 되었다. 그래서 미지의 발견을 향한 갈망 때문만이 아니라 지구의 취약성에 대한 인식을 높이겠다는 의지로 새로운 탐험에 나섰다. 극한의 도전에 맞서고자 하는 열망에 이끌린 이들의 이야기는 기록으로 남게 되었다. 많은 탐험가, 산악인, 과학자가 롤렉스의 익스플로러 또는 익스플로러 II를 착용하고 '롤렉스 테스티모니'가 되었다.

1971년에 출시된 익스플로러 II는 훌륭한 기능과 극한의 환경을 견디는 능력으로 탐험 분야에서 단연 돋보였다. 그 결과 익스플로러 II는 극지 탐험가, 동굴 탐험가, 화산학자에게 꼭 맞는 시계로 자리 잡게 되었다. 시계 다이

얼에는 오렌지색 핸드(바늘)가 새로 추가되었다. 이 바늘은 24시간 눈금이 표시된 고정 베젤을 가리키므로 낮과 밤의 시간을 명확히 구분하게 해준다. 이는 햇빛을 보지 못한 채 여러 날을 보내야 하는 동굴 탐험가는 물론이고 백야나 극야에 대처해야 하는 극지 탐험대에게 필수적인 기능이다. 낮과 밤을 구분하는 데 사용하지 않을 때는 24시간용 바늘을 눈금 베젤과 함께 사용하여 다른 시간대(기준 시간 또는 본국 시간)의 시간을 읽을 수도 있다. 오이스터 퍼페추얼 익스플로러 II는 날짜 표시 기능도 갖추고 있으며, 시계 크리스털 위에 장착된 사이클롭스 렌즈가 날짜를 확대해 보여준다.

탐험이나 학술 연구 과정에서 익스플로러 II를 사용한 인물 중에는 케냐의 고인류학자이자 생물학자인 리처드 리키도 있다. 1980년대에 리키와 그의 팀은 케냐 북부의 쿠비 포라 지역에서 인류 화석 약 400점을 발굴했다. 이 중에는 가장 완벽한 형태로 복원된 인류 화석으로 꼽히는 '투르카나 소년'도 포함되어, 이 발굴 작업은 매우 중요한 발견으로 평가받는다. 리키는 동아프리카의 환경 보호 활동에도 헌신하며 공로를 인정받았다. 1991년 롤렉스 광고에 리키의 발언이 실렸다. "야생동물 보호는 환경을 위해 필요한 일일 뿐만 아니라 문화를 위해서도 필요한 일입니다."

익스플로러 II는 노르웨이 탐험가 엘링 카게가 남극과 북극을 도보로 횡단하고 에베레스트산까지 등정한 '3극점' 정복 여정에도 동행했다. 그의 익스플로러 II 시계 뒷면에는 'North Pole 1990, South Pole 1992–3, Mt Everest 1994(1990년 북극점, 1992~1993년 남극점, 1994년 에베레스트산)'라는 문구가 새겨져 있다.

벨기에의 극지 탐험가 알랭 위베르는 1980년대부터 북극과 남극을 오가는 다양한 등반과 극지 탐험에 참여해 왔으며, 2002년에는 기후 변화를 이해하는 열쇠가 되는 극지 과학을 지원하고자 하는 뜻으로 국제 극지 재단을 설립했다.

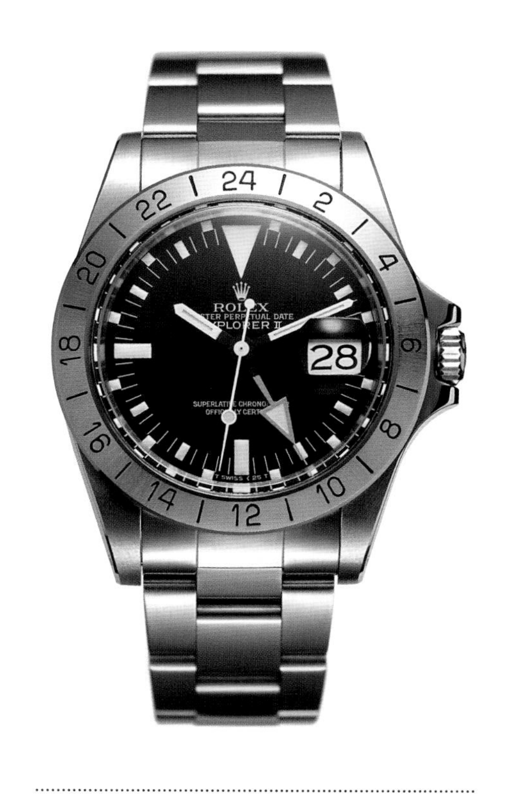

익스플로러 II 모델 중 블랙 다이얼을 적용한 버전.

위베르는 위성 전화기, 지형도, 익스플로러 II 없이는 결코 탐험을 떠나지 않는다고 한다. 2007년 익스플로러 II를 착용하고 떠난 북극권 탐험은 그에게 일생일대의 도전이었다. 기후 변화의 영향을 연구하기 위해 시베리아에서 북극을 거쳐 그린란드까지 이어지는 고된 트레킹이었다.

미국 산악인 에드 비에스터스는 보조 산소 없이 지구상에 존재하는 8,000m급 봉우리 14좌를 등정하는 '인데버 8000' 프로젝트를 시작하여 2005년에 성공적으로 완

ROLEX

료했다. 비에스터스에게 손목시계는 등반의 성공과 안전에 기여하는 핵심 장비 중 하나다. 시간 관리는 등반 완주 능력뿐만 아니라, 많은 경우 생존 가능성에도 직접 영향을 미치기 때문이다. 에드 비에스터스는 모든 등반에서 똑같은 시계를 착용한다. 바로 화이트 다이얼의 익스플로러 Ⅱ다. 그는 이렇게 말한다. "이 시계는 단 한 번도 저를 실망시킨 적이 없습니다. 등산에 필요한 모든 기능을 갖추고 있죠. 셀프-와인딩, 견고함, 어두운 곳에서도 다이얼 위의 바늘을 쉽게 읽을 수 있는 가독성까지 말입니다. 내구성이 강한 크리스털도 큰 장점입니다. 등반 중에 바위나 얼음에 부딪칠 수 있으니까요. 솔직히 말하면, 아마도 제가 가진 장비 중 가장 중요한 아이템일 겁니다. 저는 등반 중에 시간을 정말 자주 확인하고 신경을 쓰거든요. 제 시계, 그리고 시계가 알려주는 시간이 제겐 안전의 열쇠니까요."

익스플로러 Ⅱ 제품군의 첫 번째 모델은 40mm 케이스로 출시된 레퍼런스 1655였다. 24시간 눈금을 따라 시간을 알려주는 커다란 바늘이 오렌지색 화살 모양이어서 '빅 애로(Big Arrow)'라는 별칭으로 불리기도 했다.

1980년대 중반에 출시된 레퍼런스 16550은 스틸 버전으로만 제공되었고 다이얼 색상은 블랙 또는 화이트 중에서 선택할 수 있었다. 인덱스는 화이트 골드로 테두리를 감쌌고 메르세데스 핸즈도 화이트 골드로 제작했다. 고정 베젤에는 업그레이드한 디자인을 적용하여, 작은 삼각형 인덱스와 정사각형처럼 가로세로 너비가 비슷한 형태의 숫자를 번갈아 배치했다. 24시간을 표시하는 오렌지색 바늘은 '빅 애로' 모양에서 GMT-마스터에 적용했던 삼각형 모양으로 바꾸었다.

1989년에 롤렉스는 익스플로러 Ⅱ 레퍼런스 16570을 출시했다. 이 모델은 레퍼런스 16550의 변경 사항을 상당 부분 계승하고 칼리버 3185를 장착했다. 다이얼 색상은 블랙 또는 화이트 중에서 선택할 수 있었다. 화이트 다이얼의 경우 16550에서는 인덱스와 핸즈 색상이 실버였으나, 16570에서는 이를 블랙으로 변경하여 한층 강한 대조를 이루어 눈에 잘 띄었다.

2011년에 롤렉스는 레퍼런스 216570을 제작했다. 레퍼런스 1655를 기리는 뜻으로 오렌지색 '빅 애로' 핸드를 다시 도입했다.

익스플로러 Ⅱ 최신 버전은 최상급 크로노미터 인증

익스플로러 Ⅱ 모델의 다이얼. 고정 베젤에는 작은 삼각형 인덱스와 정사각형처럼 가로세로 너비가 비슷한 숫자를 번갈아 배치했고, 24시간용 바늘은 '빅 애로' 모양이다.

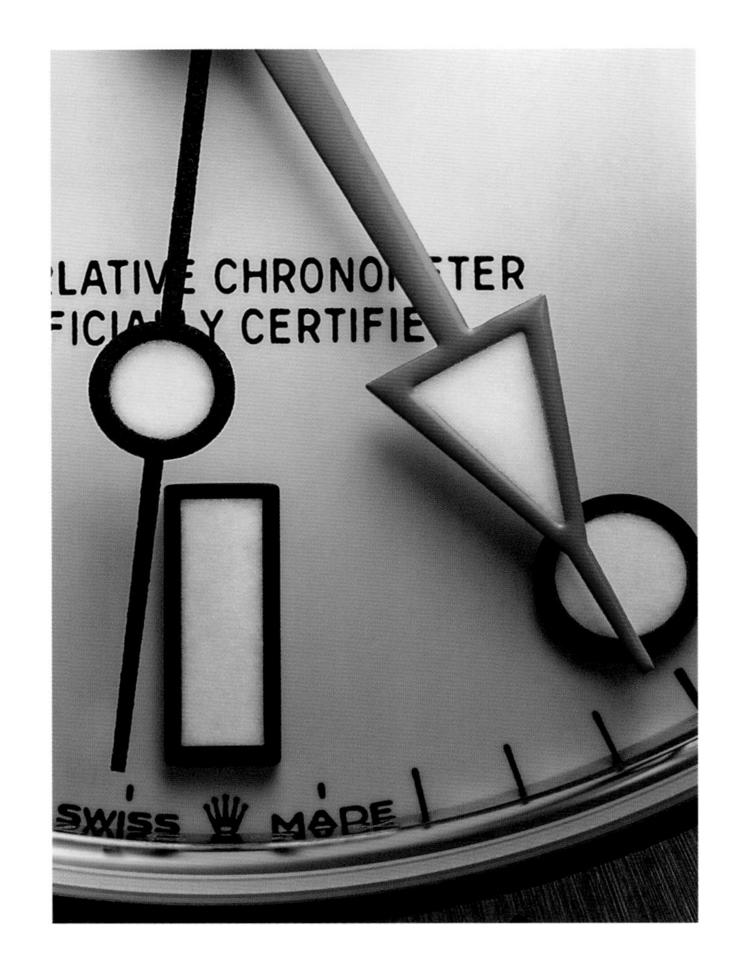

다이얼: 익스플로러 II는 날짜 표시 기능을 갖추고 있으며, 낮과 밤을 명확하게 구분할 수 있는 오렌지색 24시간용 바늘과 24시간 눈금이 새겨진 고정 베젤이 특징이다. 인덱스와 핸즈에는 가독성이 뛰어난 크로마라이트 디스플레이를 적용하고 오래 지속되는 푸른색 야광 소재를 사용했다. 오렌지색 바늘을 24시간 눈금이 표시된 베젤과 함께 읽으면 낮과 밤을 구분해 시간을 읽을 수 있다. 하지만 이 용도로 사용하지 않을 때는 다른 시간대의 시간을 읽는 데 사용할 수도 있다.

케이스: 익스플로러 II의 42mm 완전 방수 오이스터 케이스는 무브먼트를 최적으로 보호한다.

브레이슬릿: 오이스터 브레이슬릿에는 접이식 잠금장치인 오이스터록 폴딩 세이프티 클라스프가 장착되어 있어 잠금이 예기치 않게 풀리는 것을 방지한다. 롤렉스의 독자 기능인 이지링크 컴포트 익스텐션 링크도 갖추고 있는데, 이를 통해 착용자는 브레이슬릿의 길이 5mm 정도를 손쉽게 조절할 수 있어 어떤 상황에서도 편안하게 착용할 수 있다.

을 획득했다. 익스플로러 II의 오이스터 케이스는 직경 42mm로 수심 100m까지 방수를 보장한다. 미들 케이스는 부식에 강한 합금인 오이스터스틸을 통으로 깎아 제작했다. 가장자리에 섬세한 플루팅 장식이 새겨진 케이스백은 전용 공구를 사용하여 스크루-다운 방식으로 고정했다. 이중 방수 시스템을 갖춘 트윈록 와인딩 크라운은 케이스에 단단히 고정되어 있으며, 통합 크라운 가드가 크라운을 보호한다. 시계 크리스털 윗면의 3시 방향에는 사이클롭스 렌즈가 부착되어 있어 다이얼에 표시되는 날짜를 쉽게 읽을 수 있다. 크리스털은 긁힘에 강한 사파이어 소재로 제작하고 반사 방지 코팅 처리를 거쳤다.

익스플로러 II에는 크로너지 이스케이프먼트를 장착한 칼리버 3285가 탑재되어 있으며, 이를 통해 파워 리저브가 40시간에서 70시간으로 늘어났다. 이 기계식 셀프-와인딩 무브먼트는 롤렉스가 자체 개발 및 제작한 것이다. 여러 가지 특허가 적용되어 있으며 정밀성, 자율성(지속 시간), 충격 저항성, 신뢰성 등의 측면에서 뛰어난 성능을 보장한다.

알랭 위베르는 벨기에의 탐험가이자 롤렉스의 테스티모니다. 그가 이룩한 수많은 업적 중에는 4,000km가 넘는 남극 대륙 최장 횡단도 있다. 위베르는 다양한 극지방 탐험을 바탕으로 과학의 도움을 받아 지구 온난화가 가져오는 파괴적인 영향을 알리는 데 힘써왔다.

GMT-마스터 II

GMT-Master II

'코스모폴리탄' 시계인 오이스터 퍼페추얼 GMT-마스터 II는 시침을 분침이나 24시간용 바늘과 관계없이 독립적으로 조정할 수 있다.

1982년, 롤렉스는 시침을 24시간용 바늘과 상관없이 독립적으로 조정할 수 있는 새로운 칼리버를 선보였다. 새로운 칼리버를 개발한 성과를 강조하고 GMT-마스터와의 혼동을 방지하기 위해, 롤렉스는 이 최적화된 무브먼트를 장착한 모델을 GMT-마스터 II라고 이름 붙였다.

현지 시간을 표시하는 전통적인 시침, 분침, 초침 외에도 GMT-마스터 II는 끝부분이 삼각형인 추가 시침을 갖추고 있다. 이 시침은 24시간 동안 다이얼을 한 바퀴 도는 방식으로 움직인다. 양방향으로 회전 가능한 베젤에는 24시간 눈금이 새겨진 모노블록 투톤 세라크롬 세라믹 인서트가 장착되어 있다. 추가 시침은 기준 시간(예를 들면 본국 시간)을 표시하며, 바늘의 삼각형 끝이 중립 위치, 즉 12시 방향에 있을 때 베젤의 눈금으로 기준 시간을 확인할 수 있다.

여행 중이라면 와인딩 크라운을 이용하여 시간 단위로

현지 시간을 손쉽게 조정할 수 있다. 시침은 분침이나 초침과 상관없이 독립적으로 조정할 수 있으며, 또한 시침을 조정해도 기준 시간을 표시하는 24시간용 바늘은 그대로 유지된다. 이를 통해 여행자는 언제든지 현지 시간과 기준 시간(또는 본국 시간)을 동시에 확인할 수 있다.

회전 베젤을 돌려 또 다른 시간대의 시간을 확인할 수도 있다. 이 경우 베젤로 새로운 시간대를 설정하게 되므로 기준 시간은 더 이상 표시되지 않으며, 24시간용 바늘이 가리키는 베젤 눈금이 새로운 시간대의 시간을 알려준다.

롤렉스는 베젤이 완벽하게 작동하도록 혁신적인 회전 시스템을 개발했다. 이 시스템에는 스프링이 장착되어 있어, 24시간 눈금의 어느 한 위치에서 다른 위치로 이동할 때 분명하고 대칭적으로 움직이도록 해준다. 또 베젤의 가장자리가 널링 처리되어 있으므로 미끄럼 없이 손에 잘 잡히고 쉽게 돌릴 수 있다.

GMT-마스터 Ⅱ가 제공하는 기능은 현대에도 여전히 실용적인 가치를 지닌다. 국제적으로 사업을 진행하거나 멀리 떨어진 가족과 소통해야 하는 이들에게, 여러 시간대를 파악하는 것은 일상생활에서 매우 중요한 일이기 때문이다.

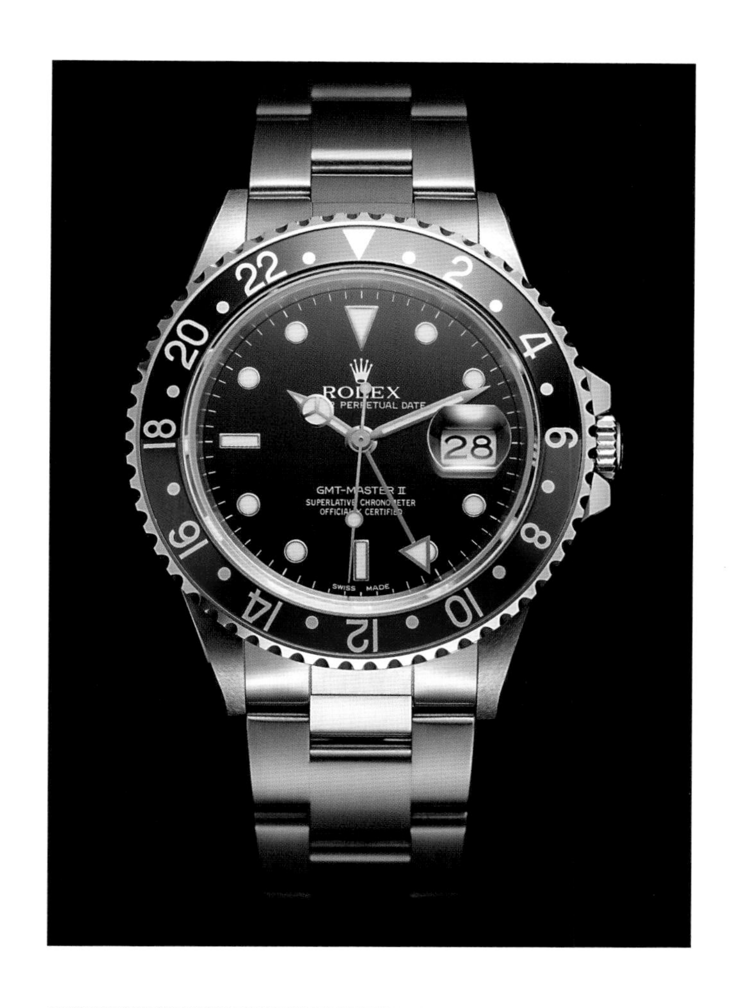

GMT-마스터 Ⅱ 모델의 오이스터스틸 버전. 레드와 블랙 세라믹 소재로 제작한 투톤 모노블록 인서트를 적용했다.

2013년은 롤렉스가 시계 제조에 세라믹 소재를 채택한 획기적인 해였다. GMT-마스터 Ⅱ의 오이스터스틸 버전에는 블루-블랙 투톤 컬러의 모노블록 세라믹 인서트를 도입했다. 1년 후 롤렉스는 18캐럿 화이트 골드 버전의 GMT-마스터 Ⅱ에 레드-블루 투톤 세라믹 인서트를 적용했다.

그리고 2018년에는 GMT-마스터 Ⅱ의 두 가지 에디션에 브라운-블랙 투톤 세라믹 인서트를 장착했다. 첫 번째는 18캐럿 에버로즈 골드 에디션이었고, 두 번째는 롤레조 에버로즈(오이스터스틸과 에버로즈 골드의 조합) 에디션이었다. 최근에 출시된 GMT-마스터 Ⅱ 에디션 중 하나에는 그린-블랙의 투톤 세라믹 디스크를 적용하고, 케이스 왼쪽에 크라운을 장착하고, 9시 방향에 날짜 표시창을 배치하는 등 롤렉스 시계로서는 전례 없는 구성을 선보였다.

GMT-마스터 Ⅱ 최신 버전은 최상급 크로노미터 인

2014년에 롤렉스는 레드-블루 세라믹 세라크롬 인서트를 장착한 화이트 골드 GMT-마스터 II를 선보였다.

증을 획득했다. 오이스터 케이스의 직경은 40mm이며 수심 100m까지 방수를 보장한다. 롤렉스가 자체 개발 및 제작한 셀프-와인딩 기계식 무브먼트인 칼리버 3285가 탑재되어 있기 때문에 정밀성, 자율성(지속 시간), 충격 저항성, 편의성, 신뢰성 등의 측면에서 뛰어난 성능을 발휘한다. 배럴 구조와 이스케이프먼트의 뛰어난 효율성 덕분에 파워 리저브는 약 70시간에 달한다.

GMT-마스터 II의 무브먼트인 칼리버 3285.

다이얼: 블랙 래커 또는 블루 래커 다이얼로 제공된다. 화이트 골드 소재의 핸즈와 인덱스는 물론, 래커 처리한 24시간용 바늘까지 모두 크로마라이트 디스플레이(푸른색 야광이 오랫동안 지속)를 적용하여 뛰어난 가독성을 자랑한다.

케이스: GMT-마스터 II의 양방향 회전 베젤에는 두 가지 색상으로 구성되고 24시간 눈금이 표시된 모노블록 세라크롬 인서트가 장착되어 있다. 롤렉스가 특허를 얻은 이 인서트는 긁힘에 강한 고강도 세라믹으로 제작되었고 자외선에 변색되지 않는다. 이 첨단 세라믹은 안정적인 화학 성분으로 조성되어 다른 화학 물질에 반응하지 않으며 부식되지 않는다. 눈금과 숫자는 음각으로 새긴 후에 PVD 공정을 통해 골드 또는 플래티넘으로 코팅했다. 기능적, 기술적 측면 외에도 GMT-마스터 II의 베젤은 이 시계의 독특한 시각적 정체성을 완성하는 데 크게 기여한다.

브레이슬릿: GMT-마스터 II의 현대적인 버전은 3열 링크 구조의 오이스터 브레이슬릿 또는 5열 링크 구조의 주빌리 브레이슬릿과 조합할 수 있으며, 이는 오이스터스틸 버전에만 독점적으로 제공된다. 브레이슬릿과 케이스를 연결하는 장치가 눈에 띄지 않게 숨어 있어 브레이슬릿과 케이스가 시각적으로 매끄럽게 연결된다.

4
6
8
10
28
GMT-MASTER II
OFFICIALLY CERTIFIED
SWISS MADE

ROLEX
PERPETUAL

8
10
12
SWISS MADE

요트-마스터

Yacht-Master

오이스터 퍼페추얼 요트-마스터는
1950년대부터 롤렉스가 요트 분야와 맺어온 돈독한 관계를 상징한다.

뛰어난 방수 성능과 정확한 시간 측정 덕분에, 오이스터 시계는 요트 항해에 없어서는 안 될 도구로 자리 잡았다. 1967년에 프랜시스 치체스터는 세계 일주 단독 항해를 완주한 최초의 요트 선수가 되었다. 그는 귀환 후 영웅으로 추앙받았으며, 영국 여왕으로부터 기사 작위를 받았다. 그리고 1968년 한 편지에 이렇게 적었다.

"집시 모스 Ⅳ를 타고 세계를 항해하는 동안, 제 롤렉스 시계가 손목에서 여러 번 떨어졌습니다. 하지만 전혀 손상되지 않았어요. 이보다 더 튼튼한 시계는 상상할 수도 없습니다. 육분의를 사용할 때나 전방 갑판에서 작업할 때 시계가 여기저기에 자주 부딪쳤고 갑판 위로 넘어오는 파도에 젖기도 했지만, 그 모든 걸 겪고도 시계는 아무렇지 않았습니다."

이러한 경험을 바탕으로 롤렉스는 선원들의 여정에 적합한 모델을 개발하게 되었다.

1992년에 출시된 요트-마스터는 롤렉스가 스키퍼(선

장)와 승조원을 위해 설계한 시계다. 60분 눈금이 표시된 양방향 회전 베젤이 특징이며, 베젤은 전체를 귀금속(골드 또는 플래티넘)으로 제작하거나 세라크롬 세라믹 인서트를 장착했다. 베젤의 눈금과 숫자는 광택 처리하여 무광택 배경 위에서 더욱 돋보인다. 베젤에는 요트-마스터만의 정체성을 완성하는 독특한 기능이 있다. 바로 시간 간격을 계산할 수 있는 것인데, 예를 들면 두 부표 사이를 이동하는 데 걸리는 시간을 측정할 수 있다. 베젤 가장자리를 널링 처리하여 미끄럼 없이 손에 잘 잡히므로 쉽게 조작할 수 있다.

요트-마스터에는 크로마라이트 디스플레이가 적용되어 있어 어떤 상황에서든, 심지어 어둠 속에서도 시간을 쉽게 알아볼 수 있다. 큰 인덱스와 폭이 넓은 핸즈에 오래 지속되는 푸른색 야광 소재를 채우거나 코팅하여 기존의 인광성 소재보다 두 배 더 오래 빛을 발한다.

요트-마스터의 오이스터 케이스는 직경 37, 40, 42mm이며 수심 100m까지 방수를 보장한다. 삼중 방수 시스템을 갖춘 트리플록 와인딩 크라운은 스크루-다운 방식으로 케이스에 단단히 고정되어 있으며 일체형 크라운 가드가 크라운을 보호한다. 시계 크리스털은 긁힘에 강한 사파이어 소재로 제작한 다음 반사 방지 코팅을 적용했고, 날짜를 쉽게 읽을 수 있도록 크리스털 윗면의 3시 방향에 사이클롭스 렌즈를 장착했다. 요트-마스터 모델에는 칼리버 2236(요트-마스터 37) 또는 칼리버 3235(요트-마스터 40 및 42)가 장착되어 있다. 둘 다 롤렉스가 자체 개발 및 제작한 셀프-와인딩 기계식 무브먼트다.

칼리버 2236과 칼리버 3235의 오실레이터는 가변 관성 밸런스 휠을 갖추고 있으며, 휠 가장자리에 있는 골드 마이크로스텔라 너트를 조정하여 시계의 진동 속도와 정밀성을 아주 정교하게 제어할 수 있다. 높이 조절이 가능한 트래버싱 브리지로 오실레이터를 단단히 고정하기 때문에 안정성이 뛰어나고 충격 저항성도 한층 향상된 것이 특징이다. 오실레이터는 롤렉스가 자체 개발하여 특허를 획득한 고성능 파라플렉스 충격 흡수 장치에 장착되어 있다. 칼리버 2236에는 롤렉스가 독자적으로 제작하여 특허를 획득한 실리콘 소재의 실록시 헤어스프링이 장착되어 있으며, 3235에는 롤렉스가 상자성 합금으로 제작한 블루 파라크롬 헤어스프링이 장착되어 있다. 이 두

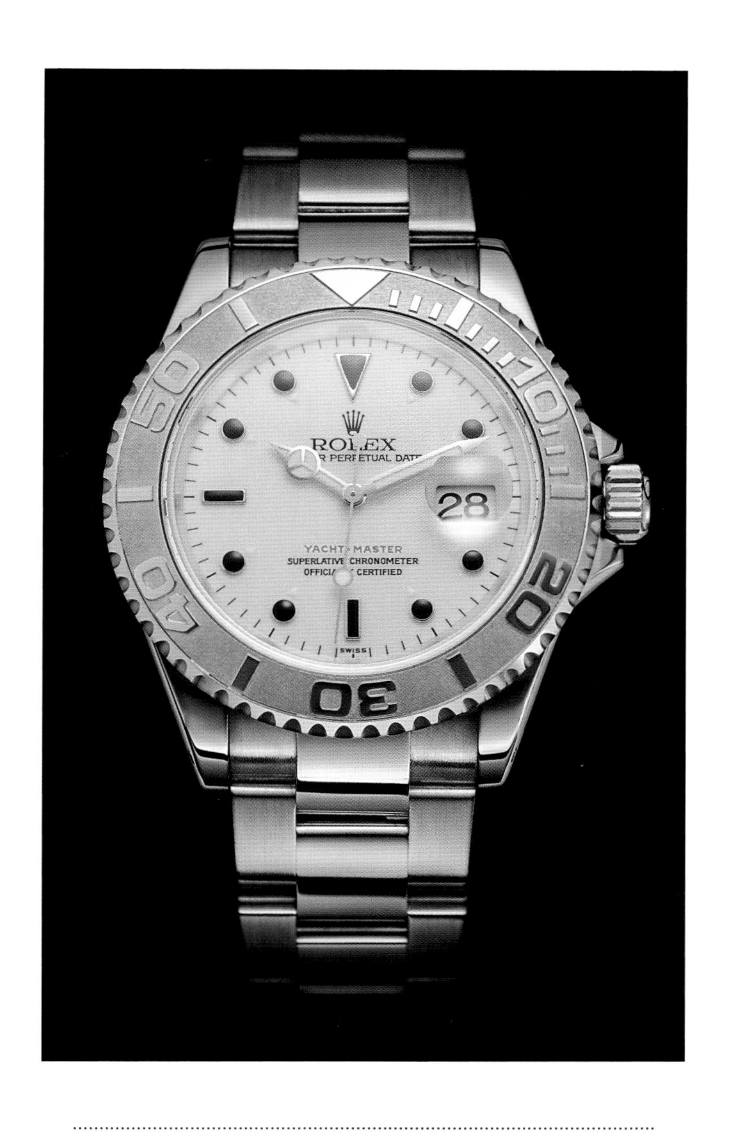

전체가 골드 소재로 제작된 요트-마스터 모델. 60분 눈금이 표시된 양방향 회전 베젤이 장착되어 있다.

요트-마스터의 베젤은 귀금속으로 제작된다. 60분 눈금이 새겨져 있고 양방향으로 회전할 수 있다. 양각으로 새겨 광택 처리한 눈금과 숫자가 샌드블라스트 마감(모래 입자 등의 연마재를 고압으로 분사하여 표면을 다듬거나 표면 질감에 변화를 주는 마감 기법. 오염 물질을 제거하거나 무광 처리할 때에도 사용한다-옮긴이) 처리한 무광택 배경 위에서 선명하게 돋보인다. 시간 간격(예: 두 부표 사이를 이동하는 데 걸리는 시간)을 측정할 수 있도록 설계된 이 기능적 베젤은 요트-마스터만의 정체성을 구성하는 핵심 요소다.

가지 헤어스프링은 자기장에 별다른 영향을 받지 않으며 온도 변화에도 높은 안정성을 자랑한다. 칼리버 2236에 사용된 실록시 헤어스프링의 기하학적 구조는 어떤 위치에서도 무브먼트가 일정하게 작동하는 규칙성을 보장해주며, 칼리버 3235의 블루 파라크롬 헤어스프링에는 롤렉스 오버코일이 장착되어 그와 동일한 수준의 규칙성을 실현한다.

칼리버 2236에는 상자성 니켈-인 합금 소재로 만든 이스케이프 휠이 장착되어 있으며, 칼리버 3235에는 동일한 소재로 특허를 받은 크로너지 이스케이프먼트가 장착되어 있다. 이 이스케이프먼트는 높은 에너지 효율과 뛰어난 신뢰성을 동시에 실현하며, 자기장의 영향을 받지 않는다. 두 칼리버 모두 퍼페추얼 로터를 장착한 셀프-와인딩 모듈이 탑재되어 있어, 손목의 움직임에 따라 메인스프링이 지속적으로 감기고 에너지가 계속 공급된다. 칼리버 2236은 약 55시간, 칼리버 3235는 배럴 구조와 이스케이프먼트의 뛰어난 효율성 덕분에 약 60시간의 파워 리저브를 제공한다. 모든 롤렉스 시계와 마찬가지로 요트-마스터는 최상급 크로노미터 인증을 획득했다.

ROLEX
SUPERLATIVE CHRONOMETER
10
20
30
40
50

위: 요트-마스터의 와인딩 크라운.
아래: 요트-마스터 오이스터플렉스 브레이슬릿. 예기치 않은 열림을 방지하는 오이스터록 세이프티 클라스프가 장착되어 있다.

다이얼: 롤렉스의 모든 프로페셔널 워치와 마찬가지로 요트-마스터 40에는 크로마라이트 디스플레이가 적용되어 있어, 어두운 곳에서도 최적의 가독성을 보장한다. 삼각형, 원, 직사각형 등 단순한 모양으로 디자인한 대형 인덱스와 폭이 넓은 핸즈는 야광 소재로 채우거나 코팅하여 오래도록 빛을 발한다.

케이스: 요트 스키퍼와 승조원을 위한 이 시계는 개성과 성능을 두루 갖췄다. 롤렉스의 프로페셔널 카테고리 시계로는 유일하게 세 가지 직경(37, 40, 42mm)으로 제공된다.

브레이슬릿: 요트-마스터 37 및 40은 롤레지움(오이스터스틸과 플래티넘의 조합) 또는 롤레조 에버로즈(오이스터스틸과 에버로즈 골드의 조합)로 제작하고, 3열 링크 구조의 오이스터 브레이슬릿과 조합한다. 이 브레이슬릿에는 이지링크 컴포트 익스텐션 링크가 장착되어 있어 브레이슬릿의 길이 5mm 정도를 쉽게 조절할 수 있다. 에버로즈 골드 소재의 요트-마스터 37과 40, 옐로 골드 또는 화이트 골드 소재의 요트-마스터 42에는 오이스터플렉스 브레이슬릿을 조합하고, 롤렉스 글라이드록 익스텐션 시스템을 적용한다. 이 시스템에는 약 2.5mm 간격으로 6개의 노치가 있어 길이를 약 15mm까지 쉽게 조절할 수 있다. 요트-마스터 모델의 오이스터 브레이슬릿과 오이스터플렉스 브레이슬릿에는 오이스터록 세이프티 클라스프를 장착하여 의도치 않은 열림을 방지한다.

요트-마스터 모델을 착용한 축구 선수 리오넬 메시.

HT-MASTER
TIVE CHRONOMETER
ICIALLY CERTIFIED

요트-마스터 II

Yacht-Master II

2007년에 공개된 이 고정밀 크로노그래프는 기계식 메모리를 사용하는 카운트다운 설정 기능을 갖추었으며, 시간을 즉각적으로 동기화할 수 있다.

레가타(요트 경주)처럼 속도를 다투는 경기에서는 시계의 정밀성과 동기화가 매우 중요한 요소다. 오이스터 퍼페추얼 요트-마스터 II는 세계 최초로 기계식 메모리를 사용하는 카운트다운 설정 기능과 실시간 동기화 기능을 갖춘 시계다. 기술적으로는 매우 복잡하지만 사용하기는 아주 간단한 기능으로, 레가타 시작 전 중요한 단계에서 필요한 정확성을 제공한다. 요트-마스터 II는 1분에서 10분 사이로 설정 가능한 카운트다운 기능을 갖추고 있어, 레가타의 유형에 따라 특정한 출발 절차에 맞게 카운트다운 시간을 동기화할 수 있다. 출발 절차는 일반적으로 세 단계로 구분되며 다양한 시각 및 음향 신호를 사용한다.

출발 순서에 따라 요트-마스터 II의 관련 기능을 활용하는 방법을 예로 들면 다음과 같다. 먼저 레가타 시작 전, 스키퍼는 참여하는 레가타의 규칙에 맞게 요트-마스터 II의 카운트다운 시간을 설정한다(예: 10분). 링 커맨드 시스템(회전 베젤, 크라운, 무브먼트 간의 상호작용 시스템)을 통해 베젤을 돌려 무브먼트를 설정한 다음, 이를 잠글 수 있다. 이렇게 해서 카운트다운 시간이 한번 설정되면 메커니즘이 이를 기억하기 때문에, 착용자가 크라운을 눌러 카운트다운을 리셋(초기화)하면 앞서 설정된 시간으로 자동 재설정된다. 물론 카운트다운은 1분에서 10분 사이의 시간으로 언제든지 재설정할 수 있다.

레가타 시작 10분 전, 총성이 울리고 깃발이 게양되며 요트 경주의 공식 카운트다운이 시작된다. 스키퍼는 요트-마스터 II의 카운트다운(미리 설정해둔 10분)을 시작하기 위해 2시 방향에 자리한 푸셔를 누른다. 크로노그래프의 초침(중앙 초침)이 즉시 움직이기 시작하여 경과한 초를 표시하며, 끝부분이 삼각형인 카운트다운 분침은 다이얼 위에 10~0분으로 표시된 눈금을 따라 움직이면서 남은 분을 표시해준다.

레가타 시작 5분 전, 총성과 함께 새로운 깃발이 게양되고 첫 번째 준비 신호가 울린다. 이때 스키퍼는 요트-마스터 II의 카운트다운을 레가타의 공식 카운트다운과 동기화할 수 있다. 4시 방향에 자리한 푸셔를 누르면 크로노그래프 초침이 즉시 초기화되며('플라이백' 기능), 푸셔에서 손을 떼는 즉시 초침이 다시 움직이기 시작한다. 이와 동시에 카운트다운 분침이 가장 가까운 분 눈금(5분)에 맞춰 동기화되어, 처음에 크로노그래프를 시작했을 때 생긴 시간 차이를 보정해준다(10분 전 신호가 울렸을 때 스키퍼가 2시 방향의 카운트다운 시작 푸셔를 누르긴 했지만, 레가타 주최 측에서 공식 카운트다운을 알린 시점과 완벽히 동시에 누르지는 못했을 것이다. 이때 시계 카운트다운과 공식 카운트다운 사이에 앞뒤로 시간 오차가 생겼을 수 있다. 하지만 5분 전 신호가 울릴 때 4시 방향의 리셋 푸셔를 눌러 시계를 동기화하면 시계와 공식 카운트다운을 정확히 맞출 수 있다-옮긴이).

요트-마스터 II 모델, 골드 버전.

레가타 시작 1분 전, 두 번째 준비 신호로 나팔 소리가 울리고 5분 깃발이 내려간다. 스키퍼는 요트-마스터 II의 카운트다운이 공식 시간과 잘 동기화되었는지 확인한다. 시계가 출발선을 통과하기까지 남은 시간을 초 단위까지 정확히 알려준다.

드디어 경주가 시작되는 순간, 마지막 총성과 함께 10분 깃발이 내려가며 출발 신호가 울린다. 요트-마스터 II의 카운트다운을 활용해 마지막 순간까지 요트 조작을 최적화할 수 있었던 스키퍼는, 신호 직후 출발선을 통과할 수 있는 최상의 위치에 자리를 잡아 완벽하게 출발할 수 있다.

바로 이러한 유연성이 요트-마스터 Ⅱ의 가장 큰 장점이다. 그리고 카운트다운 설정이 기계식 시스템으로 기억되기 때문에, 다음 구간에서 새로운 카운트다운을 시작해야 하거나 다음 레가타의 규칙에 동일한 타이밍이 적용되는 경우에는 카운트다운을 새로 설정할 필요가 없다. 카운트다운을 시작한 후, 착용자는 시계를 공식 카운트다운과 동기화할 수 있다(플라이백 기능으로 초침이 즉각 초기화되고 분침은 가장 가까운 분으로 조정된다).

카운트다운 타이머의 기능은 아주 간편하게 조작할 수 있도록 설계되어 있다. 카운트다운은 최대 10분까지 설정 가능하며, 회전식 베젤로 카운트다운을 활성화하거나 잠글 수 있다. 이는 롤렉스가 개발하고 특허를 획득한 링 커맨드 시스템(회전 베젤, 크라운, 무브먼트 간의 상호작용 시스템) 덕분에 가능하다. 요트-마스터 Ⅱ의 양방향 회전 베젤에는 블루 세라믹으로 만든 모노블록 세라크롬 인서트가 장착되어 있다. 이 인서트도 롤렉스가 특허를 얻은 부품으로, 매우 단단하고 긁힘에 강한 첨단 세라믹 소재로 만들어졌으며 자외선에 변색되지 않는다. 또 안정적인 화학 성분으로 조성되어 다른 화학 물질에 반응하지 않으며 부식되지 않는다. 베젤의 숫자와 문구는 세라믹에 성형한 후에 PVD 공법을 사용하여 골드나 플래티넘을 입힌 것이다.

요트-마스터 Ⅱ는 롤렉스의 독창적인 크로마라이트 디스플레이 덕분에 어두운 환경에서도 뛰어난 가독성을 보장한다. 인덱스와 핸즈는 각각 오래 지속되는 파란색 야광 소재로 채워지거나 코팅되어 있으며, 이는 기존의 인광성 소재보다 최대 두 배 더 오래 빛을 낸다. 요트-마스터 Ⅱ의 오이스터 케이스는 직경 44mm이며 수심 100m까지 방수를 보장한다. 삼중 방수 시스템을 갖춘 트리플록 와인딩 크라운은 스크루-다운 방식으로 케이스에 단단히 고정되어 있다. 미들 케이스에 통합된 특수 가드가 크라운을 보호해준다. 시계 크리스털은 긁힘에 강한 사파이어 소재이며 반사 방지 코팅 처리를 거쳤다.

요트-마스터 Ⅱ에 탑재되어 있는 칼리버 4161은 롤렉스가 독자적으로 개발 및 제작한 셀프-와인딩 기계식 크로노그래프 무브먼트다. 이 무브먼트의 구조와 제조 방식, 그리고 혁신적인 기능 덕분에 요트-마스터 Ⅱ는 정밀성과 신뢰성 측면에서 뛰어난 성능을 발휘한다. 칼리버 4161은 오이스터 퍼페추얼 코스모그래프 데이토나에 사용된 크로노그래프 무브먼트인 4130을 기반으로 설계되었다. 트래버싱 컬럼 휠과 수직 클러치를 갖추고 있어, 카운트다운 기능이 즉각적이고 매우 정확하게 시작되도록 해준다. 칼리버 4161의 오실레이터는 가변 관성 밸런스 휠을 갖추고 있으며, 휠 가장자리에 있는 골드 마이크로스텔라 너트를 조정하여 시계의 진동 속도와 정밀성을 아주 정교하게 제어할 수 있다. 높이 조절이 가능한 트래버싱 브리지로 오실레이터를 단단히 고정하기 때문에 안정성이 뛰어나고 충격 저항성도 한층 향상된 것이 특징이다.

칼리버 4161에는 롤렉스가 상자성 합금으로 제작한 블루 파라크롬 헤어스프링이 장착되어 있다. 이 헤어스프링은 자기장에 민감하지 않으며 온도 변화에도 높은 안정성

크로마라이트 디스플레이를 적용한 요트-마스터 II 모델.

ROLEX
YACHT-MASTER II

ROLEX
7
8
9
10
60
50
10

을 발휘한다. 또 롤렉스 오버코일이 장착되어 있어 시계의 위치와 관계없이 무브먼트가 규칙적으로 움직이도록 보장한다. 칼리버 4161에는 퍼페추얼 로터가 장착된 자동 와인딩 모듈이 탑재되어 있어, 손목의 움직임에 따라 메인스프링이 지속적으로 감기고 에너지가 계속 공급된다. 파워 리저브는 약 72시간에 달한다. 모든 롤렉스 시계와 마찬가지로 요트-마스터 II 또한 최상급 크로노미터 인증을 받았다.

다이얼: 요트-마스터 II의 디자인은 화이트와 블루가 조화를 이룬 다이얼, 그리고 블루 베젤을 특징으로 한다. 다이얼에는 10부터 0까지의 숫자가 시계 방향으로 배열된 호가 새겨져 있고, 끝부분이 삼각형인 작은 바늘이 이 호를 따라 움직이며 카운트다운의 남은 시간을 표시한다. 베젤에는 10부터 0까지의 숫자와 함께 '요트-마스터 II'라는 문구가 새겨져 있다. 큰 숫자에서 작은 숫자로 가는 배열을 보면 일반적인 시간이 아니라 카운트다운을 측정한다는 것을 즉시 알 수 있다. 중앙의 시침, 분침, 초침 외에, 다이얼의 6시 방향에 있는 서브 다이얼에 작은 초침이 따로 있다.

케이스: 직경 44mm의 오이스터 케이스를 갖춘 요트-마스터 II는 케이스와 무브먼트 사이의 상호작용 메커니즘인 링 커맨드 시스템을 탑재하고 있다. 이 시스템은 착용자가 회전 베젤과 크라운을 사용하여 카운트다운 시간을 조정하도록 해준다.

브레이슬릿: 요트-마스터 II에는 3열 링크 구조의 오이스터 브레이슬릿을 결합한다. 이 브레이슬릿에는 오이스터록 세이프티 클라스프가 장착되어 있어 예기치 않게 잠금이 풀리는 일을 방지해준다. 또 롤렉스에서 개발한 이지링크 컴포트 익스텐션 링크가 장착되어 있어 착용자가 길이 5mm 정도를 쉽게 조절할 수 있기 때문에, 어떤 상황에서도 편안하게 착용할 수 있다.

딥씨

Deepsea

**2008년에 탄생한 딥씨는
수중 압력 저항, 정확성, 신뢰성에 대해
프로 다이버들이 품고 있는 가장 높은 기대치를 충족하는 시계다.**

북극을 정복한 지 약 한 세기가 지난 2010년, 익스트림 다이버 8명이 북극해에 잠겨 있는 지역을 정복하고자 극지 탐험에 도전했다. 그들의 임무는 해빙 아래에 숨겨진 세상을 발견하고 이를 다른 사람들에게 알리는 것이었다. 탐험대는 캐나다 북극권에서 45일 동안 스키를 타고 지구 끝까지 이동했으며, 여러 번의 잠수 탐험을 통해 풍요롭던 생태계가 지구 온난화의 희생양이 되었음을 목격했다. 탐험대원들이 가져간 장비에는 동영상과 사진을 촬영할 카메라와 오이스터 시계 다섯 개가 포함되었다. 탐험대원 중 유일한 여성인 에마뉘엘 페리에는 탐험이 끝날 무렵 이렇게 말했다. "항상 제 성능을 발휘한 유일한 다이빙 장비는 롤렉스 시계였습니다. 오이스터 퍼페추얼 롤렉스 딥씨 모델이요."

딥씨는 롤렉스의 역사, 그리고 심해 탐험을 향한 도전을 떠올리게 한다. 이 모델은 앞으로 설명할 링록(Ringlock) 시스템과 헬륨 배출 밸브라는 두 가지 특징 덕분에 심해에서 높은 수압을 견딜 수 있다. 특히 1960년에 자크 피카르와 돈 월시가 마리아나 해구로 잠수할 때 함께했던 시계인 딥씨 스페셜을 연상시킨다.

딥씨는 롤렉스가 개발하여 특허를 얻은 링록 시스템을 채용했다. 이 시스템은 시계가 3,900m 깊이에서 발생하는 엄청난 압력(시계 크리스털에 약 3톤의 무게가 실리는 것과 마찬가지)을 견딜 수 있도록 해주는 케이스 구조다. 링록 시스템은 다음 세 가지 부품의 조합에 기반을 둔다.

첫 번째 요소는 살짝 돔 형태를 띤 5.5mm 두께의 사파이어 크리스털로, 반사 방지 코팅 처리를 거쳤다. 두 번째는 질소 합금강 소재로 만든 고성능 압축 링으로, 미들 케이스 내부(유리와 케이스 백 사이)에 위치하며 자체적으로 수압을 견딜 수 있다. 세 번째는 RLX-티타늄 소재로 만든 케이스 백으로, 오이스터스틸 소재의 스크루-다운 링을 사용하여 압축 링에 고정된다.

이 세 가지 부품은 미들 케이스 내부에 중첩되어 있다. 미들 케이스는 부식에 강한 합금인 오이스터스틸 소재를 통으로 깎아 제작한 것이다. 트리플록 와인딩 크라운은 일체형 크라운 가드로 보호되고 케이스에 스크루-다운 방식으로 고정되어 있어 시계의 방수 성능에 기여한다.

롤렉스 딥씨의 오이스터 케이스는 직경 44mm이며 1967년에 특허를 받은 헬륨 배출 밸브가 장착되어 있다. 이 밸브는 심해 다이빙을 위해 설계된 딥씨의 안전밸브 역할을 한다. 포화 잠수 시 고압실에서 감압 과정을 거칠 때 이 밸브가 작동하여, 시계 케이스 내부에 축적된 과도한 압력이 시계의 방수 성능을 손상시키지 않고 안전하게 배출되도록 해준다.

롤렉스 딥씨의 단방향 회전 베젤에는 블랙 세라믹으로 만든 모노블록 세라크롬 인서트가 장착되어 있다. 베젤에 60분 눈금이 표시되어 있어 다이버가 잠수 시간을 쉽게 측정할 수 있다. 특허를 받은 이 인서트는 긁힘에 강한 고강도 세라믹으로 제작되었고 자외선에 변색되지 않는다. 또 안정적인 화학 성분으로 조성되어 다른 화학 물질에 반응하지 않으며 부식되지 않는다. 베젤의 눈금과 숫자는 음각으로 새긴 다음 PVD 공법을 사용하여 플래티넘으로 코팅했다. 베젤 가장자리를 널링 처리하여 미끄럼 없이 손에 잘 잡히고 장갑을 착용한 상태에서도 쉽게 조작할 수 있다.

'딥씨 언더 더 폴'은 롤렉스가 2010년에 북극의 수중 지역을 탐사하기 위해 실시한 선구적인 탐험이다.

프로페셔널 다이빙 워치인 딥씨는 뛰어난 가독성으로 많은 주목을 받아왔다. 다이얼의 크로마라이트 인덱스와 핸즈는 야광 소재로 채워지거나 코팅되어 있는데, 이는 기존의 인광성 소재보다 최대 두 배 더 오래 푸른빛을 낸다. 베젤의 눈금에서 0을 표시하는 삼각형 마커에도 동일한 야광 물질이 적용되어 어둠 속에서도 잘 보인다.

스쿠버 다이빙에 사용되는 시계라면 반드시 신뢰성과 안전성을 갖춰야 한다. 모든 딥씨 시계는 다이빙 시계로서의 기준에 따라 매우 엄격한 방수 테스트를 거친다. 롤렉스는 이를 위해 수중 엔지니어링 및 고압 기술 전문 기업인 프랑스의 코멕스와 협력하여 특수 고압 탱크를 개발했다. 이 탱크는 롤렉스 딥씨의 방수 기능을 수심 3,900m까지 테스트하고 보증하는 데 사용되며, 25%의 안전 마진을 추가로 설정하여 조금 더 깊은 곳에서도 견딜 수 있도록 여유를 두고 설계되었다.

딥씨 챌린지 모델.

딥씨는 실험용 시계 모델인 딥씨 챌린지에 영감을 주었다. 딥씨 챌린지는 2012년 3월 26일 탐험가이자 영화 제작자인 제임스 캐머런이 태평양 해저 10,908m에 단독 잠수할 때, 그의 잠수정 딥씨 챌린저호의 조정 팔에 장착된 채로 캐머런의 여정을 함께했다. 12,000m라는 극한의 깊이에서도 방수 성능을 보장하는 이 시계에는 방수와 관련된 롤렉스의 모든 혁신 기술이 적용되었다. 딥씨 챌린지는 테스트 단계에서 해저 15,000m의 압력을 성공적으로 견뎌냈다. 이 깊이에서는 링록 시스템의 중앙 링이 20톤의 무게에 해당하는 압력을 받는다.

2014년에 롤렉스는 딥씨의 기념 모델을 선보였다. 미드나잇 블루에서 가장 짙은 블랙까지 섬세한 그러데이션 색조가 돋보이는 'D-블루' 다이얼은 해수면을 통과하는 마지막 한 줄기 빛마저 사라지고 심해의 어둠만이 남게 되는 수중 세계를 떠올리게 한다. 이 다이얼은 제임스 캐머런이 롤렉스와 내셔널 지오그래픽 소사이어티의 후원을 받아 해양의 가장 깊은 곳에 도달했던 딥씨 챌린지 탐험을 기념한다. 'Deepsea' 문구가 제임스 캐머런의 잠수정에서 영감을 받은 그린 컬러로 새겨져 있는 것은 이 파트너십을 기리는 의미다.

롤렉스 딥씨 역시 다른 롤렉스 시계와 마찬가지로 최상급 크로노미터 인증을 받았다. 그리고 롤렉스가 완성된 시계에 허용하는 오차 범위인 하루 -2/+2초 이내의 정밀성을 자랑한다. 롤렉스 딥씨에는 롤렉스가 자체 개발 및 제작한 셀프-와인딩 기계식 무브먼트인 칼리버 3235

ORIGINAL GAS ESCAPE VALVE
ROLEX
SEA-DWELLER
36090ft = 11000m
10
20
30
40
50

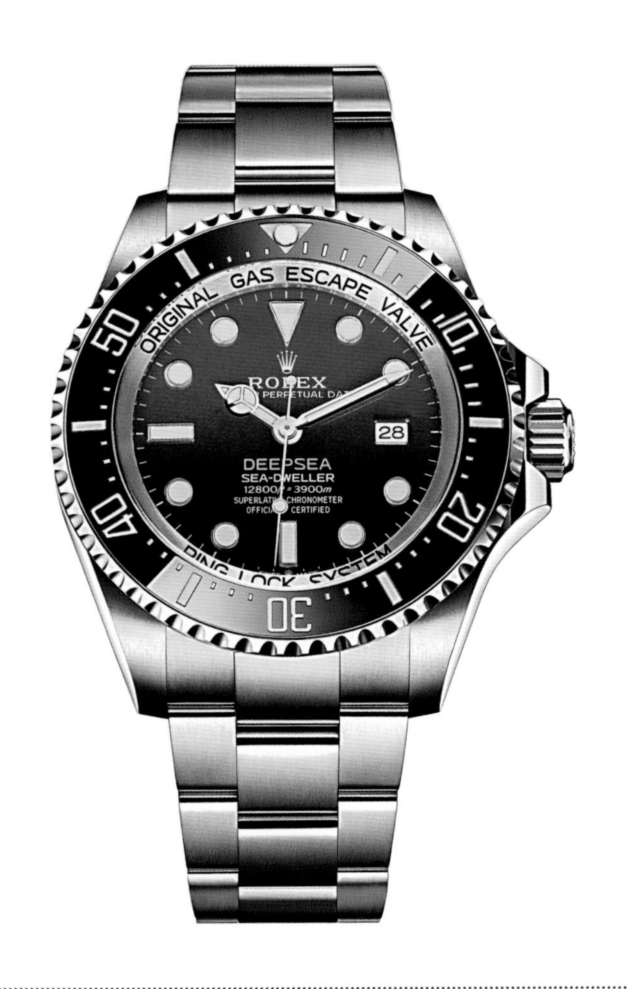

오이스터스틸 소재로 제작된 오이스터 퍼페추얼 딥씨. 블랙 세라믹 세라크롬 베젤 인서트와 오이스터 브레이슬릿을 결합한 버전이다. 독특한 'D-블루' 다이얼과 큼직한 야광 아워 마커가 특징이다.

가 탑재되어 있다. 롤렉스 기술의 정수를 보여주는 이 무브먼트에는 여러 가지 특허가 적용되어 있으며 정밀성, 자율성(지속 시간), 충격 저항성, 편의성, 신뢰성 등의 측면에서 뛰어난 성능을 보장한다. 칼리버 3235에는 퍼페추얼 로터를 장착한 셀프-와인딩 모듈이 탑재되어 있어, 손목의 움직임에 따라 메인스프링이 지속적으로 감기고 에너지가 계속 공급된다. 배럴 구조와 이스케이프먼트의 뛰어난 효율성 덕분에 약 70시간의 파워 리저브를 제공할 수 있다.

롤렉스 딥씨에는 3열 링크 구조의 오이스터 브레이슬릿을 조합한다. 브레이슬릿에는 롤렉스가 개발하고 특허를 얻은 잠금장치인 오이스터록 세이프티 클라스프가 장착되어 있어 의도치 않은 열림을 방지할 수 있다. 또한 클라스프에는 롤렉스 글라이드록 시스템이 적용되어 있다. 이 역시 롤렉스가 개발하여 특허를 얻은 장치로, 도구를 사용하지 않고도 브레이슬릿의 길이를 미세하게 조절할 수 있다.

다이얼: 딥씨의 블루 크로마라이트 아워 마커와 핸즈는 오랫동안 발광을 유지하며, 극도로 어두운 환경에서도 가독성이 뛰어나다.

케이스: 딥씨의 혁신적인 요소들 중에서 가장 눈에 띄는 특징은 904L 스테인리스 스틸로 제작된 직경 44mm의 케이스다.

브레이슬릿: 딥씨의 오이스터 브레이슬릿에 적용된 글라이드록 시스템에는 약 2mm 간격으로 10개의 노치가 있어 브레이슬릿의 길이를 약 20mm까지 쉽게 조절할 수 있다. 따라서 최대 3mm 두께의 잠수복 위에 딥씨를 착용할 수 있다.

영화감독이자 탐험가인 제임스 캐머런은 역사적인 업적을 달성한 후에 이렇게 말했다.
"제가 잠수하는 내내 롤렉스 딥씨 챌린지는 믿음직한 동반자였습니다."

스카이-드웰러

Sky-Dweller

**2012년에 출시된 스카이-드웰러는
롤렉스 최초로 연간 캘린더를 탑재한
타임피스다.**

롤렉스는 전통적으로 시계에 컴플리케이션(시간을 표시하는 기본 기능 외에 시계가 추가로 제공하는 복잡한 기능. 컴플리케이션이 많고 수준이 높을수록 시계 제작도 정교하고 까다롭다 - 옮긴이)을 굳이 덧붙이지 않는다. 그러나 오이스터 퍼페추얼 스카이-드웰러는 롤렉스가 제조한 가장 복잡한 손목시계일 것이다. 이 시계에는 연간 캘린더 기능이 탑재되어 있는데, 30일까지 있는 달과 31일까지 있는 달을 자동으로 인식하여 정확한 날짜를 표시할 수 있다. 단, 2월만 예외로 28일까지 또는 29일까지인지에 따라 사용자가 날짜를 조정해야 한다.

롤렉스 스카이-드웰러는 날짜와 연동하여 움직이는 메커니즘인 사로스 연간 캘린더를 채택하여 정확한 달과 날짜를 표시한다. 이 이름은 18.03년을 주기로 태양, 지구, 달의 상대적인 위치가 비슷하게 정렬되는 현상(사로스)에서 유래했다.

14가지 특허가 적용된 스카이-드웰러는 여러 시간대

를 자주 이동하는 여행자들에게 시간을 쉽게 파악할 수 있는 정보를 제공한다. 연간 캘린더 외에도 두 가지 시간대의 시간을 동시에 확인할 수 있다. 기준 시간(또는 본국 시간)은 다이얼 가운데에 자리한 원형 디스크를 통해 24시간 형태로 확인할 수 있으며, 현지 시간은 전통적인 방식과 마찬가지로 중앙 시곗바늘로 읽을 수 있다. 'Rolex' 글자 바로 아래에 위치한 빨간 삼각형의 아래 꼭짓점이 24시간 디스크에서 기준 시간을 가리키며, 낮 시간과 밤 시간을 구분한다. 연간 캘린더는 다이얼 가장자리를 따라 배치된 12개의 창을 통해 표시된다. 이 창은 아워 마커와 연결되어 있어서 1시 방향의 창이 빨간색으로 표시되면 1월을, 2시 방향의 창이 빨간색이면 2월을 가리키며, 이런 식으로 12월까지 표시된다. 현재 월을 해당 창에 색깔로 표시하기 때문에 직관적으로 읽을 수 있는 것이 장점이다.

스카이-드웰러는 회전 베젤, 와인딩 크라운, 무브먼트 간의 상호작용 메커니즘인 링 커맨드 시스템을 사용하며, 이를 통해 착용자는 각 기능을 간단하고 빠르고 안전하게 선택 및 조정할 수 있다.

스카이-드웰러에는 플루티드 베젤이 적용된다. 플루티드 베젤은 데이-데이트 및 다양한 데이트저스트 모델을 비롯하여 다른 시계 디자인에도 적용된다. 그러나 다른 시계에서 플루티드 베젤이 순전히 미학적 요소임에 반해, 스카이-드웰러에서 이 베젤은 매우 중요한 기능을 수행한다. 베젤을 회전하여 다양한 컴플리케이션에 접근하고 이를 조정할 수 있기 때문이다. 베젤을 돌리면 베젤이 기능 선택기 역할을 하며, 와인딩 크라운으로 해당 기능을 세부 조정하면 된다. 베젤을 시계 방향으로 돌려 세 가지 위치에 놓을 수 있으며, 각 위치에서 캘린더, 현지 시간(시침과 분침), 기준 시간(다이얼 중앙에 있는 디스크)을 설정할 수 있다.

스카이-드웰러 모델 중 스틸 브레이슬릿을 장착한 버전.

스카이-드웰러는 2012년에 출시된 이후 여러 버전으로 등장했다. 브레이슬릿 버전은 스틸, 옐로 골드, 핑크 골드, 스틸-옐로 골드 조합, 스틸-화이트 골드 조합으로 제공된다. 스트랩 버전은 옐로 골드 또는 핑크 골드 케이스와 제공된다. 케이스 크기는 모두 직경 42mm이고 다양한 색상의 다이얼과 조합된다.

ROLEX
SWISS
MADE
28

2020년에 롤렉스는 옐로 골드 버전에 오이스터플렉스 브레이슬릿을 조합하여 선보였다(레퍼런스 326238). 롤렉스가 개발하여 특허를 얻은 이 혁신적인 브레이슬릿은 티타늄-니켈 합금으로 제작된 두 개의 유연한 메탈 블레이드(밴드의 양쪽에 각각 장착)로 구성된다. 내구성이 뛰어나고 환경적 영향에 강한 소재인 고성능 블랙 엘라스토머가 이 블레이드를 감싸고 있다. 브레이슬릿 안쪽 표면에는 '쿠션'이 있어 손목에 최적의 편안함을 준다. 최신 버전의 스카이-드웰러에는 롤렉스가 디자인하고 특허를 획득한 옐로 골드 소재의 폴딩 오이스터 클라스프가 장착되어 있다. 또 롤렉스가 개발하여 특허를 획득한 글라이드록 익스텐션 시스템도 갖추었다. 클라스프 커버 아래에 노치(홈)가 여러 개 파인 랙이 있는데, 이 랙을 따라 슬라이딩 링크를 밀어 넣거나 잡아당겨 원하는 위치에 있는 노치에 고정하면 브레이슬릿을 원하는 길이로 맞출 수 있는 장치다. 오이스터플렉스 브레이슬릿의 롤렉스 글라이드록에는 약 2.5mm 간격으로 6개의 노치가 있어, 별도의 도구 없이 브레이슬릿 길이를 약 15mm까지 쉽게 조절할 수 있다.

클래식 시계가 고성능 엘라스토머 브레이슬릿을 채택

오이스터플렉스 브레이슬릿과 조합한
2020년 버전의 스카이-드웰러 모델.

한 경우는 이 2020년 버전이 처음이다. 선레이 마감으로 처리한 선명한 블랙 다이얼에는 옐로 골드 핸즈 및 인덱스를 조합했다. 크로마라이트 디스플레이를 적용한 인덱스와 핸즈는 야광 소재로 코팅되거나 채워져 있어 오래도록 빛을 발하며, 어두운 곳에서 푸른빛을 낸다.

스카이-드웰러는 롤렉스가 자체 제작한 셀프-와인딩 기계식 무브먼트인 칼리버 9001로 작동한다. 여러 특허를 보유한 이 무브먼트는 브랜드 역사상 가장 복잡한 무브먼트로 꼽히며, 설계와 제조 과정에서 혁신적인 기술과 아이디어가 결합되어 정밀성과 신뢰성 측면에서 탁월한 성능을 자랑한다. 이중 방수 시스템을 갖춘 트윈록 와인딩 크라운은 케이스에 나사 방식으로 단단히 고정되어 있다. 시계 크리스털은 긁힘에 강한 사파이어 소재로 제작되었고, 날짜를 쉽게 읽을 수 있도록 크리스털 윗면의 3시 방향에 사이클롭스 렌즈가 장착되어 있다. 칼리버 9001은 퍼페추얼 로터가 장착된 셀프-와인딩 모듈로 구동되며 70시간의 파워 리저브를 제공한다. 롤렉스의 모든 시계와 마찬가지로, 오이스터 퍼페추얼 스카이-드웰러는 최상급 크로노미터 인증을 받았으며, 이는 시계와 함께 제공되는 초록색 씰과 국제 5년 보증서를 통해 확인할 수 있다.

다이얼: 기준 시간(본국 시간)은 다이얼 가운데 부근에 자리한 원형 디스크에서 24시간 형태로 읽을 수 있으며, 현지 시간은 전통적인 방식과 마찬가지로 중앙 시침과 분침으로 확인할 수 있다. 월은 다이얼 가장자리의 12개 창에 표시되며, 현재 월이 빨간색으로 강조 표시된다.

케이스: 최신 버전의 오이스터 케이스가 수심 100m 방수를 보장한다. 미들 케이스는 옐로 골드를 통으로 깎아 제작했다.

브레이슬릿: 스카이-드웰러의 옐로 골드 에디션에는 오이스터플렉스 브레이슬릿을 조합한다. 메탈 브레이슬릿의 견고함과 신뢰성에 엘라스토머 스트랩의 유연함, 편안함, 미학적 아름다움이 결합되어 특별한 조화를 보여준다.

오이스터 퍼페추얼 스카이-드웰러 모델을 착용한 로저 페더러.

오이스터:
일관성 있는 프로젝트

·················

오이스터 퍼페추얼 컬렉션의 시계들은 네 가지 주요 특징을 공유한다. 방수, 자동 와인딩, 정밀성, 그리고 신뢰성이다.

롤렉스 성공의 토대에는 높은 품질을 지닌 동시에 시장에서 오랫동안 존재감을 유지할 수 있는 제품을 생산하려는 노력이 깔려 있다. 롤렉스의 컬렉션은 세월이 흐름에 따라 기술과 스타일 면에서 수정을 거치며 개선되어왔지만, 디자인에는 급격한 변화가 없었다. 이로 인해 롤렉스의 모든 모델은 세월이 흘러도 그 정체성을 유지한다.

분석가들의 추정에 따르면 롤렉스는 연간 약 100만 개의 시계를 생산한다. 롤렉스는 제품을 개선하고자 끊임없이 노력한다. 시대의 미적 요구에 따라 케이스 크기를 조정하고, 새로운 무브먼트를 도입하며, 혁신적인 소재를 개발한다.

하지만 오이스터 케이스 디자인의 전형적인 특징(플루티드 베젤, 섬세한 플루팅으로 장식된 케이스 백, 케이스에 밀폐되도록 나사 방식으로 고정되는 와인딩 크라운 등)이라든지 메르세데스 핸즈와 사이클롭스 렌즈 같은 요소는 롤렉스의 다양한 모델에서 언제나 찾아볼 수 있으며, 롤렉스만의 본질적인 요소가 갑자기 변경되는 경우는 거의 없다. 오늘날의 데이트저스트나 서브마리너는 초기 모델과 매우 유사하다. 롤렉스 시계를 한눈에 알아볼 수 있는 이유는 바로 이러한 형식적 일관성 덕분이다.

일관성은 브랜드의 정체성뿐만 아니라 경제적·재정적 전략을 기반으로 하는 사업 계획에서도 필수적인 요구 사항이다. 롤렉스라는 기업은 한편으로는 지속적인 역사의 일부에 속하지만, 다른 한편으로는 기업이 보유한 뛰어난 산업 도구를 통해 항상 혁신을 지향한다.

모델을 구상하고 발전시키는 동안, 롤렉스는 항상 시계를 전체적인 관점에서 고려해왔다. 이러한 접근 방식은 롤렉스의 수직적 통합을 가능하게 했으며, 덕분에 롤렉스는 비기계적인 부품부터 무브먼트에 이르기까지 시계의 모든 주요 부품을 자체 생산한다. 이러한 사실은 롤렉스 시계가 안정적이고 점진적으로 진화할 수 있는 이유를 설명해준다.

또 특정 모델용으로 개발된 기술 혁신이 다른 모델에도 적용되는 규모의 경제도 실현할 수 있다. 규모의 경제를 보여주는 예로 2005년에 롤렉스가 특허를 출원한 세라크롬을 들 수 있다. 세라크롬은 변형이 거의 없고 내구성이 뛰어난 첨단 세라믹 소재다. 처음에는 GMT-마스터 II의 베젤 인서트에 사용되었지만 이후 다이빙 워치와 요트-마스터 모델로 확대 적용되었으며, 코스모그래프 데이토나 모델의 모노블록 버전에도 사용되었다. 무브먼트에 포함되는 상자성 블루 파라크롬 헤어스프링도 규모의 경제를 보여주는 또 다른 예다. 롤렉스가 개발하여 특허를 받은 이 헤어스프링은 2000년 이후 다양한 모델에 점차적으로 도입되었다.

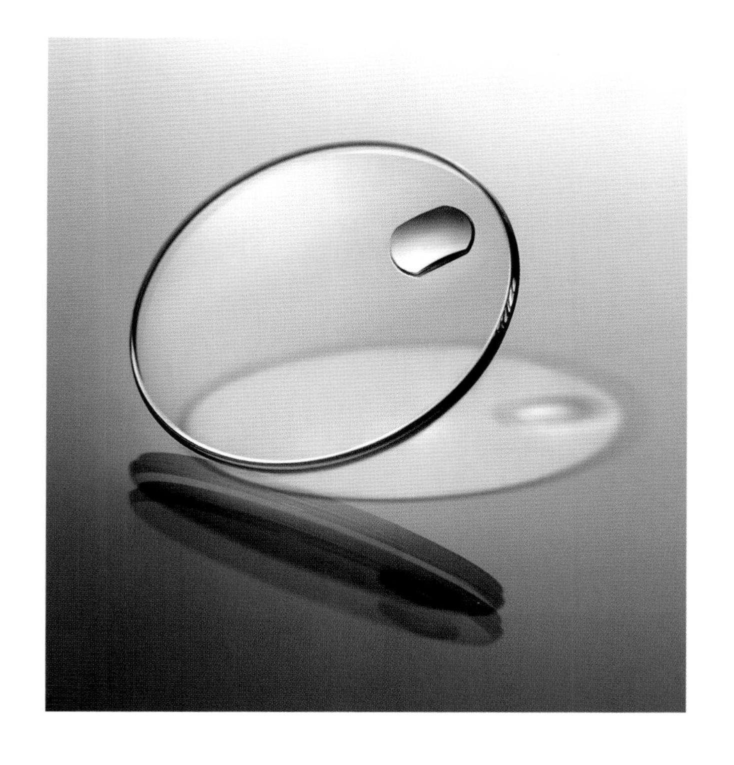

GMT-마스터에 적용되는 투톤 베젤(위)과 사이클롭스 렌즈를 장착한 시계 크리스털(아래).

오이스터 시계의 두 가지 범주

오이스터 케이스는 현대 시계 제작 역사에서 중요한 이정표를 상징한다. 1926년 롤렉스가 세계 최초로 발명한 방수 손목시계 케이스다. 베젤, 케이스 백, 그리고 와인딩 크라운을 미들 케이스에 나사처럼 돌려 잠그는 특허 시스템이 오이스터 케이스를 탄생시켰다. 롤렉스가 오이스터 케이스를 적용하여 1926년에 출시한 오이스터 시계는 정밀하고 신뢰할 수 있으며 실용적인 손목시계였다. 1931년 퍼페추얼 로터를 활용한 자동 와인딩 시스템을 도입하면서, 오이스터 시계는 더 발전된 형태의 오이스터 퍼페추얼 시계로 완성되었다. 이후 오이스터 케이스는 새로운 기능과 혁신적인 기술을 점진적으로 통합하며 다양한 시계 컬렉션으로 확장되었다.

롤렉스는 수십 년에 걸쳐 오이스터 퍼페추얼을 기반으로 현대인의 역동적인 라이프스타일에 맞는 다양한 시계를 선보여왔다. 이 새로운 모델들은 신뢰할 수 있고 정밀하며 견고한 시계를 필요로 하는 특정 용도와 요구를 제대로 충족해주었다.

1945년에 롤렉스는 창립 40주년을 기념하여 새로운 오이스터 퍼페추얼 시계를 출시했다. 다이얼의 3시 방향에 혁신적인 날짜 표시 기능을 갖춘 이 모델의 이름은 데이트저스트였다. 이때부터 오이스터 시계는 두 가지 범주로 나뉘게 되었다. 첫 번째 범주는 캘린더 기능을 갖춘 우아하고 고급스러운 시계다. 날짜를 표시하는 오이스터 퍼페추얼 데이트저스트, 날짜와 요일을 표시하는 오이스터 퍼페추얼 데이-데이트(1956), 연간 캘린더와 두 번째 시간대를 표시하는 오이스터 퍼페추얼 스카이-드웰러(2012) 같은 모델이 여기에 포함된다. 두 번째 범주는 특정 활동에 맞는 기능과 특징을 갖춘 프로페셔널 워치, 즉 전문가용 시계다. 여기에 속하는 모델들은 오이스터 퍼페추얼 사용자가 각자의 전문 분야에서 경험한 피드백을 바탕으로 개발된 경우가 많다.

이 두 번째 범주는 1953년 탐험가와 등산가를 위한 모델인 오이스터 퍼페추얼 익스플로러와 수심 100m 방수 기능을 갖춘 최초의 다이빙 워치인 오이스터 퍼페추얼 서브마리너가 동시에 출시되며 막을 열었다. 이 카테고리에 속하는 다양한 모델들은 전문가와 여행자(GMT-마스터 및 GMT-마스터 II), 과학자와 엔지니어(밀가우스), 요트 애호가와 스키퍼(요트-마스터 및 요트-마스터 II)의 특정 요구를 충족하고자 개발되었다. 롤렉스는 역사적으로 400건 이상의 특허를 등록했으며, 시계 성능을 끊임없이 향상하기 위해 혁신을 거듭하고 있다.

위: 익스플로러 모델.
오른쪽: 1926년 출시된 최초의 오이스터 모델.

ROLEX
OYSTER
ULTRA PRIMA
60
10
20
30
40
50
SWISS
MADE

오이스터 퍼페추얼의 개념

오이스터 퍼페추얼 컬렉션에 속하는 시계들의 특징은 밀폐 케이스다. 최신 오이스터 케이스는 수심 100m까지 방수를 보장하며, 특정 시계 모델들에는 추가 기술이 적용된다. 예를 들어 서브마리너와 서브마리너 데이트는 수심 300m, 씨-드웰러는 수심 1,200m, 롤렉스 딥씨는 수심 3,900m, 그리고 딥씨 챌린지는 수심 1만 1,000m까지 방수 성능을 제공한다. 오이스터 케이스는 오이스터스틸, RLX 티타늄, 골드 또는 950 플래티넘을 통으로 깎아 제작된다. 가장자리에 미세한 홈이 새겨진 케이스 백은 전용 도구를 사용하여 스크루-다운 방식으로 고정하기 때문에 케이스에 완전히 밀폐된다. 이중 방수 시스템을 갖춘 트윈록 와인딩 크라운과 삼중 방수 시스템을 갖춘 트리플록 크라운(다이빙 워치 모델 전용) 역시 스크루-다운 방식으로 케이스에 견고하게 고정된다. 모든 오이스터 퍼페추얼 모델에는 퍼페추얼 로터를 장착한 셀프-와인딩 기계식 무브먼트가 탑재되어 있다. 오늘날 'Oyster Perpetual'이라는 문구는 다이얼에 다이아몬드를 파베 세팅한 모델을 제외하고 모든 시계의 다이얼에 표시된다. 오이스터 퍼페추얼 컬렉션의 모든 시계는 스위스 공식 크로노미터 인증기관(COSC)에 제출되고, COSC의 테스트를 성공적으로 통과한 무브먼트는 공식 크로노미터 인증을 받는다. 그러나 롤렉스는 공식 인증보다 더 엄격한 롤렉스만의 기준에 따라 완성품의 정밀도를 평가한다. 롤렉스의 기준에 따르면 시계의 정밀도가 하루에 −2/+2초를 넘어서는 안 되는 반면, COSC는 무브먼트 자체의 정확도를 하루 −4/+6초까지 허용한다. 그래서 롤렉스 시계는 2015년에 브랜드가 새롭게 정의한 '최상급 크로노미터' 인증을 자랑스럽게 내보인다. 이 독점적인 타이틀은 작업장에서 출고되는 모든 시계가 첨단 장비를 사용하는 완전 자동화 체인 위에서 일련의 테스트를 성공적으로 통과했음을 증명한다. 이 테스트는 무브먼트를 케이스 안에 장착한 후 시계 전체를 테스트하므로, 시계의 성능과 정확성, 방수 기능, 자동 와인딩, 자율성(지속 시간)을 보장한다. 최상급 크로노미터 인증은 롤렉스 시계와 함께 제공되는 녹색 씰로 확인할 수 있다.

오이스터 퍼페추얼 컬렉션의 시계들은 엄격한 설계와 세심한 소재 선택으로도 유명하다. 롤렉스는 케이스, 다이얼, 브레이슬릿에 귀하거나 매우 견고한 소재만을 사용한다. 자체 공장에서 주조하고 자체 공방에서 성형 및 가공한 18캐럿 골드, 950 플래티넘, 부식에 매우 강한 오이스터스틸, RLX 티타늄(5등급 티타늄 합금으로 변형과 부식에 강함), 세라크롬 베젤과 인서트에 사용하는 하이테크 세라믹 등이 여기에 포함된다. 오이스터 퍼페추얼 모델이 지닌 신뢰성은 롤렉스가 개발 및 제작한 브레이슬릿과 클라스프에도 반영되어, 착용자에게 최고의 편안함과 안전성을 보장한다.

롤렉스는 창립자 한스 빌스도르프의 비전을 오랫동안 이어왔다. 시계는 무엇보다도 모든 상황에서 기능과 신뢰성을 우선시해야 한다는 비전 말이다.

오이스터의 플루티드 베젤에는 원래 명확한 기능이 있었다. 베젤을 나사 조이듯이 돌려 케이스에 고정하여 시계의 방수 기능을 보장하는 데 사용되었다. 이때 플루팅(홈)이 베젤을 돌리는 특수 도구와 정확히 맞물리도록 만들었다. 케이스 백을 케이스에 나사 방식으로 고정한 것도 방수 기능을 보장하기 위해서였고, 이때도 동일한 특수 도구를 사용했기 때문에 결과적으로 베젤의 플루팅

코스모그래프 데이토나에는 칼리버 4130이 탑재되어 있다. 칼리버 4130은 롤렉스가 자체 개발 및 제작한 셀프-와인딩 기계식 크로노그래프 무브먼트로, 약 72시간의 파워 리저브를 제공한다. 이 무브먼트는 더 적은 수의 부품으로 크로노그래프 기능을 구현하여 신뢰성을 한층 향상했다. 크로노그래프는 컬럼 휠과 수직 클러치를 갖춘 메커니즘으로 작동하므로, 시간 측정 기능이 즉각적이고 매우 정확하게 시작되도록 해준다.

은 케이스 백의 플루팅과 똑같은 형태였다. 그러다 시간이 흐르면서 베젤의 플루팅은 미적 요소로 변했고, 이제는 금이나 플래티넘으로 제작된 고급 모델에서만 볼 수 있는 롤렉스의 상징이 되었다.

롤렉스 오이스터 케이스는 완벽한 방수 성능으로 혁신을 일으켰다. 출시 몇 년 후에는 유명한 극지 탐험가 헨리 조지 '지노' 왓킨스가 이를 테스트했다. 왓킨스는 1930~1931년에 그린란드 해안을 따라 긴 탐험을 떠날 때 다양한 오이스터 퍼페추얼 시계를 가져갔다. 탐험을 마친 후, 왓킨스는 시계들이 물속에 여러 번 잠겼음에도 완벽하게 작동한 점에 깊은 인상을 받아 롤렉스에 찬사를 보냈다.

1933년에 휴스턴 탐험대의 조종사들은 롤렉스 시계를 착용한 채로 해발 1만 m 이상의 고도에서 에베레스트산 상공을 처음으로 비행했다. 탐험에 참여했던 스튜어트 블래커 중령은 후에 이렇게 전했다. "지금까지 그 어떤 시계도 실제 조건에서 이처럼 극한의 상황을 견딘 적은 없을 것입니다. 그런데도 이 시계들은 놀라운 정확도를 유지하며 계속 작동했습니다. […] 사소한 결함도 발견할 수 없었습니다."

재능 있는 젊은 산악인 아넬리스 로너는 베른 알프스의 명봉인 융프라우의 기슭에 자리한 작은 마을 그린델발트 출신이다. 로너는 전쟁 이후 스위스 최초의 히말라야 원정대를 조직하겠다는 결심으로 놀라운 강인함을 보여주었다. 모험을 사랑하고 최고봉을 개척하는 선구자였던 로너는 스위스 알프스 연구 재단을 설득하여 인도 북부 가르왈 히말라야에 속하는 강고트리 산군(山群)으로의 원정을 계획했다. 로너가 참여한 이 원정은 1947년 5월부터 9월까지 약 5개월 동안 진행되었다. 원정대는 케다르나트, 사토판트, 칼린디(북동쪽 능선에서), 발발라, 난다 귄티 산을 차례로 등정했고, 차우캄바 대산괴를 정찰하는 일도 소홀히 하지 않았다. 모두 해발 6,000m를 넘는 산들이었다. 롤렉스는 이들의 노력을 지원하고자 원정대원 다섯 명 모두에게 오이스터 퍼페추얼 시계를 제공했으며, 시계들은 원정 내내 대원들의 손목에 자리했다. 시계들은 하루 종일 대원들의 모든 활동을 함께했고, 극한의 환경 속에서도 결코 고장 나지 않았다. 원정에서 돌아온 후 대원들은 오이스터 퍼페추얼 시계의 방수 성능, 정밀성, 그리고 편리함(셀프-와인딩 시스템)을 특히 강조했다. 원정대장 앙드레 로슈는 1947년 7월 7일 강고트리 베이스 캠프에서 이렇게 적었다. "우리 각자가 착용하고 있는 롤렉스 시계는 놀라울 정도로 정확한 시간을 유지한다. 매우 유용하고, 우리 모두 만족하고 있다. 특히 태엽을 감을 필요가 없다는 점이 마음에 든다."

재능 있는 젊은 등반가인 아넬리스 로너는 오이스터 퍼페추얼 시계를 착용한 채 역사에 남을 등반에 성공했다.

viii PUNCH, OR THE LONDON CHARIVARI.—October 15, 1930.

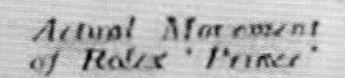

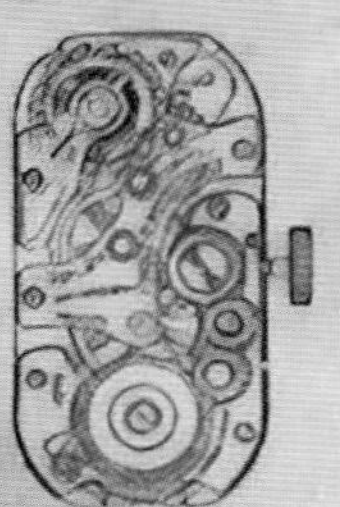

Pure Solid Platinum, Government Hall-marked
£65.0.0

18 carat, White and Yellow Inlaid
£21.0.0

9 carat Plain Yellow Gold
£14.14.0

Non-tarnishable Sterling Silver
£8.8.0

These prices include a Swiss Government Observation Certificate of Super-Excellence, a spare strap, and a spare glass.

A WORTHY GIFT—*for services rendered*

- - - - - - The Rolex 'Prince' is no ordinary wrist watch—it is a *supergrade* production of outstanding merit and distinction. The 'Prince' is the only wrist watch in the world known to horological science as "Observatory Grade" and its perfect accuracy is verified by Swiss Government Scientists.

It is a watch for men of distinction . . . . a presentation watch in recognition of exceptional service rendered to art, science, or industry . . . . the highest mark of esteem to men of special talents or achievements.

Beautifully curved to the wrist—separate "seconds" dial—set in 15 fine rubies—58 hours with one winding—accuracy not affected by change of climate or temperature.

Manufacture of the 'Prince' wrist watch is limited to a comparatively small number—such fine watches cannot be produced quickly or in large quantities.

25 WORLD'S RECORDS FOR ACCURACY.

The Rolex 'PRINCE'

The watch for Men of Distinction

25 WORLD'S RECORDS FOR ACCURACY AT KEW (ENGLAND), GENEVA AND NEUCHATEL OBSERVATORIES.

See name on Dial and Movement.

Manufactured by the—

ROLEX WATCH CO., LTD. (H. Wilsdorf, *Managing Director*), GENEVA & LONDON

Stocked by good Jewellers throughout the British Empire.

Sole Agents for India: J. Boseck & Co., Calcutta; Lund and Blockley, Bombay; P. Orr & Sons, Ltd., Madras and Rangoon.

Garland Ad.

수집 가치가 높은 시계들

한정된 기간 동안 소량 생산된 일부 타임피스는
현재 수집가들 사이에서 높은 인기를 누린다.

1900년대 초에 남성들이 회중시계를 주머니에 넣는 대신 손목시계를 착용하기 시작했을 때, 이 새로운 시계는 훨씬 더 '험한' 환경을 견뎌야 한다는 점이 분명해졌다. 회중시계는 옷 안에서 보호받기 때문에 비와 습기뿐만 아니라 먼지와 충격으로부터도 안전했지만, 당시 활동적인 라이프스타일이 인기를 끌기 시작하면서 손목시계는 비, 습기, 먼지, 충격을 감당해야 했다.

1920년대와 1930년대 초에 롤렉스가 방수 시계 케이스와 셀프-와인딩 무브먼트를 선보이면서 시계 제조의 역사는 완전히 바뀌었고, 현대 시계의 기준이 확립되었다. 오늘날에도 롤렉스가 생산하는 모델 중 다수는 이러한 초기 프로토타입에서 유래되었고 시장에서 널리 알려져 있다. 하지만 일부 모델들은 한정판 또는 개인 맞춤용으로 소량 제작되었고 현재 수집가 시장에서 높은 가치를 인정받고 있다.

희귀한 기술적 특징과 디자인을 보여주는 이러한 예 중 하나가 1926년에 출시된 최초의 오이스터다. 유럽에서 유행하던 아르데코 양식에 대한 오마주로 팔각형 케이스 디자인을 적용한 시계였다. 몇 년 후인 1931년에 출시된 첫 번째 오이스터 퍼페추얼은 조금 더 매끄럽게 빠진 술통 모양 케이스를 선보였고 이후로는 크게 변하지 않은 형태로 자리 잡게 되었다.

아르데코 스타일을 반영한 프린스 모델은 직사각형 모양의 듀얼 다이얼 시계였다. 시와 분을 표시하는 다이얼

빈티지 롤렉스 프린스의 광고 문구. "뛰어난 남성을 위한 시계."

프린스 모델.

과 초를 표시하는 다이얼이 분리되어 있어 '닥터스 워치'라고도 불렸다. 이 시계를 사용하면 의사가 심박수와 맥박을 쉽게 측정할 수 있었기 때문이다. 오이스터와는 달리 방수 케이스가 없었지만, 프린스 모델의 무브먼트는 높은 정밀도를 실현했다. 초기의 롤렉스 프린스 모델들로는 프린스 클래식과 프린스 브랜카드가 있었다. 두 모델의 주요 차이점은 케이스 양옆의 디자인에 있었다. 클래식 모델은 케이스 양옆이 직선으로 뻗은 반면, 브랜카드 모델은 중앙에서 위아래로 갈수록 넓어지는 디자인이었다. 롤렉스는 이 두 가지 모델을 기반으로 다이얼 디자인과 케이스 소재를 바꾸어 다양한 변형 버전을 내놓았다. 대표적인 변형 모델로 케이스 옆면이 계단형 입체 구조인 레일웨이 프린스가 있었다. 또 '점프 아워' 기능을 갖춘 프린스 모델도 있었는데, 분침은 다이얼 상단에서 아날로그 방식으로 회전하는 반면에 시간을 나타내는 숫자는 내부의 회전 디스크를 통해 다이얼 창에 표시되면서 정각마다 숫자가 '점프'하듯 바뀌었다.

1930년 광고를 보면, 프린스가 천문대의 인증을 받을 정도로 정확성을 보장한다고 자랑한 것 외에도 '뛰어난 인물을 위한 시계'라는 문구를 넣은 점이 흥미롭다. 이 광고는 프린스가 예술, 과학, 산업 분야에서 탁월한 능력을 지닌 사람들에게 어울리는 프리미엄 시계임을 강조했다. 또 이러한 수준의 시계는 소량으로만 생산되며 대량 생산에 적합하지 않다고도 언급했다. 1932년의 광고에서도 롤렉스는 프린스가 시중에 나와 있는 다른 많은 시계처럼 단순히 미적 가치만을 지닌 '보석'과는 다르다고 공언했다. 단순하고 세련된 우아함을 자랑하면서도 그동안 받은 인증서에서 알 수 있듯이 극도로 정밀한 도구라고 주장했다. 광고는 프린스 시계와 마찬가지로 여성용 시계인 프린세스와 오이스터 역시 엘리트층을 위한 제품임을 홍보했으며, 이들이 시계 판매점에서도 엘리트를 위한 시계로 판매되고 있다는 점을 부각했다. 이후 이 제품들은 시장에서 독점적인 지위를 차지하게 되었다.

1935년에 롤렉스는 조지 6세의 영국 국왕 즉위를 기념하기 위해 스페셜 주빌리 에디션을 출시했다. 한정판으로 500점만 제작한 후, 오직 500가구만이 후손에게 물려줄 수 있는 특별한 물건이라고 광고했다. 미래를 내다볼 줄 아는 고객의 자녀와 손주는 이 시계를 통해 역사와 연결되는 행운을 얻었다. 고객이 '완벽한 정밀성'을 갖춘 이 시계를 편리하게 소유할 수 있도록, 롤렉스는 몇 가지 특별한 서비스를 고안하여 3년 동안 제공했다. 여기에는 도난이나 분실에 대비한 보험, 수리, 케이스 뒷면의 글자 각인 등이 포함되었다.

프린스 모델은 1940년대 후반에 단종되었다. 그리고 그로부터 50년 이상 흐른 2005년에 첼리니 라인의 일부로 부활했다.

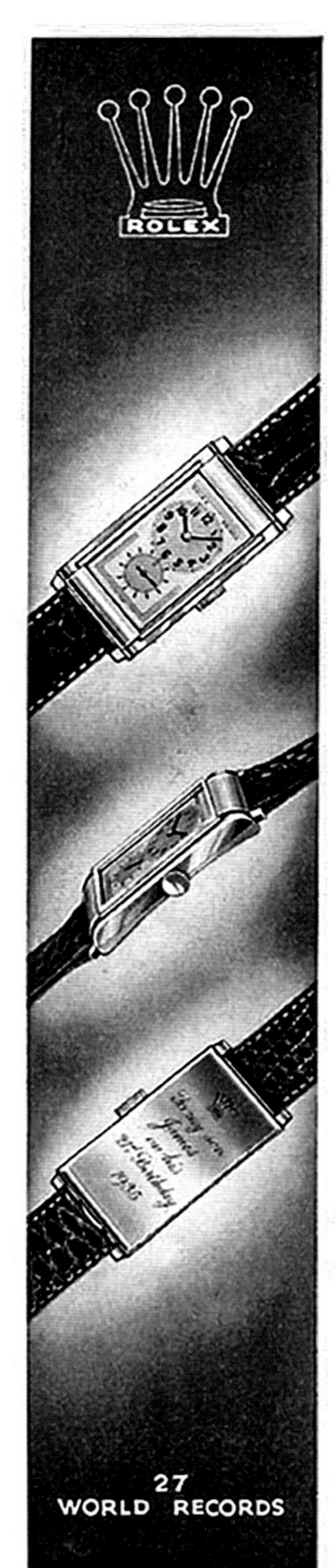

In exactly Five Hundred Families . . .

generation after generation will boast about this watch!

The Rolex Jubilee Prince that *you* bought — in 1935

To help perpetuate the memory of King George's brilliant Jubilee Year and Reign, the Rolex Watch Company decided to make *five hundred* special Rolex Prince watches — and to make them not only as beautiful as the occasion demanded but *more accurate and more enduring than ever before.*

In five hundred fortunate families, and five hundred only, this watch will become an heirloom in years to come — valued ten times beyond the price that will make you its owner to-day.

The science of watch-making has reached its utmost height in each of these watches: they are, in simple words, the best watches that have yet been made - at any price — in any country — at any time.

To *your* great-great-grand-children, one of these watches will be more than a link with history — almost the hero of a family legend, "the famous Jubilee watch" — the watch of perfect precision.

SPECIAL PRICE £21
(there are 500 only)

Every one of these 500 watches has been officially tested in five positions and three varying temperatures during 14 days by Swiss Government Scientists. Each has been certified and endorsed for unusual merit "*Especially Good*".

THE SPECIAL FEATURES ARE:—

(1) *Free Insurance against Loss & Theft:* Each Rolex Jubilee Prince is insured against loss and theft for 3 years under a Lloyds' Policy.

(2) *Free Repairs & Replacements:* For 3 years, the Rolex Factory will repair free any damage or breakage.

(3) *Free Service:* The Rolex Factory will clean, oil and re-adjust them to original precision.

(4) *Free Engraving:* Your own signature, initials, or any inscription desired, will be engraved — without charge.

This means that for 3 years not one penny of expense is incurred by the owner of a Rolex Jubilee Prince.

The strong and exquisitely fashioned Gold and Platinum Cases are particularly pleasing to the masculine eye. They are extremely comfortable to wear: there is no pressure, they fit the wrist exactly.

ROLEX JUBILEE PRINCE WATCH

TO BE OBTAINED FROM LEADING JEWELLERS THROUGHOUT GT. BRITAIN

If you have any difficulty when ordering the Rolex Jubilee Prince Watch, write for name of nearest distributor.

ROLEX WATCH CO. LTD
(Managing Director: H. Wilsdorf)
40-44 HOLBORN VIADUCT, E.C.1
LONDON · GENEVA · PARIS

1935년 주빌리 프린스 모델 광고.

'버블백'

1931년 롤렉스는 '퍼페추얼 로터'를 장착한 세계 최초의 셀프-와인딩 메커니즘을 도입하고 이를 특허 등록했다. 이 장치는 모든 현대 자동 시계의 원형이 되었다. 오이스터 케이스와 퍼페추얼 와인딩의 결합으로 다양한 모델들이 오랫동안 생산되며 판매에서도 성공을 거두었다. 이 모델들의 선조는 레퍼런스 1858로, '버블백'이라고 불렸다. 이는 로터가 무브먼트에 고정되어 있어, 이를 수용하기 위해 케이스 백이 더 넓어지고 볼록한 형태를 띠었기 때문이다. 오이스터 퍼페추얼 '버블백' 제품군에는 다양한 장식 처리가 된 베젤과 다양한 모양의 핸즈(바늘)가 등장했다. 다이얼 역시 색상과 그래픽 면에서 빠르게 발전했다. 이 초기 모델들은 방수성과 신뢰성을 강조하는 광고를 통해 대중에게 소개되었다. 이와 함께 롤렉스는 탐험가들, 개척가들, 운동선수들에게 오이스터 시계를 제공하기 시작했다. 이는 시계의 기술적 특징을 시험하고 개선하는 동시에, 브랜드와 브랜드를 상징할 만한 뛰어난 인물들 간의 관계를 강화하려는 전략이었다.

첫 번째 인물은 1927년에 영국 해협을 수영으로 횡단한 메르세데스 글릿즈였다. 글릿즈는 오이스터 시계의 방수성을 가장 설득력 있는 방식으로 테스트했다. 한편 '공중 테스트'는 찰스 더글러스 버나드가 맡았다. 버나드는 1930년 영국에서 남아프리카공화국 케이프타운까지 약 1만 4,500km를 100시간에 걸쳐 비행하는 등 수많은 기록을 보유한 조종사다. 1933년에 휴스턴 탐험대가 수행한 에베레스트 상공 첫 비행은 오이스터 시계가 새로운 극한을 시험하는 기회가 되었다. 1935년에는 말콤 캠벨이 손목에 오이스터를 착용한 채 블루 버드 레이스카를 '날아가듯' 타고 시속 약 480km의 지상 속도 기록을 최초로 달성했다.

1945년 롤렉스는 방수 기능을 갖춘 셀프-와인딩 모델인 '빅 버블백'을 출시했다. 이 모델은 대형 로터를 수용하기 위해 오리지널 버블백과 마찬가지로 볼록한 모양의 케이스 백을 채용했다. 하지만 직경은 그보다 4mm 더 큰 36mm였으며, 다이얼 3시 방향에 날짜 표시창을 갖추고 있었다. 이 모델이 바로 데이트저스트의 전신이다.

1949년부터 오이스터는 새로운 형태와 메커니즘으로 진화했다. 약간 더 넓고 슬림한 케이스를 갖게 되면서 오늘날 모델의 디자인에 매우 가까워졌다.

오이스터 퍼페추얼 '버블백' 모델 중 하나. 앞뒤 케이스가 볼록하여 '버블백'이라는 별명이 붙었다.

크로노그래프

롤렉스 크로노그래프의 초기 모델들은 1930년대 중반에 탄생했다. 이 모델들은 1963년 코스모그래프 데이토나가 출시될 때까지 진화를 거듭했다. 시간 측정 기능이 있는 크로노그래프 시계는 전문가를 위한 프로페셔널 워치로 여겨졌기 때문에 아주 소량만 생산되었고, 그 덕에 오늘날에는 롤렉스의 아이콘으로 여겨진다. 1930년대 후반에는 푸셔가 두 개인 모델도 등장했다. 1937년부터는 다이얼에 맥박을 측정하는 펄소미터 눈금과 거리를 측정하는 텔레미터 눈금을 갖춘 크로노그래프가 처음 판매되기 시작했다. 1930~1940년대의 크로노그래프에는 오이스터 케이스가 없었기 때문에 방수 기능도 없었다. 하지만 1960년대 초반에 출시된 레퍼런스 6234와 6238 크로노그래프에는 오이스터 케이스가 적용되었다. 특히 6238은 소위 '프리-데이토나(pre-Daytona)' 모델로 여겨진다. 이 모델은 단순하고 미니멀한 디자인이 특징으로, 한창 전성기를 누리던 때에는 희귀한 개인 맞춤형 다이얼 버전도 존재했다. 당시 광고는 크로노그래프 시계의 기술적 우수성을 강조했다. 그중에서 희소성이 높고 인기 있는 모델은 1942년에 생산된 라트라팡트(초침 두 개가 독립적으로 움직여, 동시에 시작하지만 지속 시간이 다른 두 개의 이벤트를 측정할 수 있는 기능. 스플릿-세컨즈라고도 불린다. 두 초침이 함께 움직이다가 버튼을 누르면 한 개는 정지하고 한 개는 계속 움직이므로, 두 개의 시간 간격을 비교하거나 특정 시점의 시간을 기록할 때 사용할 수 있다-옮긴이) 크로노그래프 12점이다. 크로노그래프 초침을 즉시 초기화하는 플라이백 기능도 갖춘 이 시계는 레퍼런스 4113으로, 롤렉스 역사상 매우 특별한 모델이지만 상업적으로 판매되지는 않았다. 롤렉스가 레이싱 드라이버들과 그들의 팀에 명예의 선물로 준 것이기 때문이다.

롤렉스 '전쟁 포로 시계'도 한정 수량으로 생산되었다. 제2차 세계대전 당시 독일군에게 포로로 잡힌 영국 군인들이 구입할 수 있었다. 롤렉스는 포로로 잡혀 수용소로 보내진 군인들에게 그들의 압수된 시계를 롤렉스 시계로 교체해주겠다고 제안했으며, 전쟁이 끝난 후에 대금을 지불하도록 했다. 시계를 받으려면 군인들은 시계를 잃어버린 상황을 설명하고 자신이 어디에 수용되었는지 롤렉스에 알려주기만 하면 되었다. 시계는 보통 적십자를 통해 수용소로 전달되었다. 이러한 신용 공여는 연합군 포로들의 사기를 크게 북돋아주었다. 이는 롤렉스가 '나치가 전쟁에서 승리하는 일은 결코 없으리라' 믿는다는 의미였기 때문이다. 만약 전쟁의 결과가 달랐다면, 롤렉스는 시계 값을 보상받지 못했을 것이다. 한스 빌스도르프는 시계를 요청한 군인들에게 직접 편지를 쓰고 서명했다. 롤렉스가 제공한 시계는 레퍼런스 3525로, 오이스터 케이스를 장착한 최초의 크로노그래프 중 하나였다. 1930년대 말 또는 1940년대 초에 제작된 것으로 보인다.

전쟁 중에 제작된 또 다른 희귀 시계들로는 롤렉스와 파네라이(Panerai)의 협업으로 탄생한 모델들이 있다. 1930년대 중반에 이탈리아 해군은 피렌체의 시계 회사 파네라이에 다이버용 시계 제작을 의뢰했다.

이탈리아 해군의 요구에 맞춰 파네라이가 설계하고 제작한 다이빙 워치가 탄생했다. 가독성을 높이기 위해 야광 물질인 라디오미르로 처리한 특수 다이얼을 사용한 시계였다. 그리고 케이스, 무브먼트, 크라운에는 롤렉스의 서명이 들어갔다. 위에서 소개한 시계들 모두 수집품으로서 엄청난 가치를 지니고 있다.

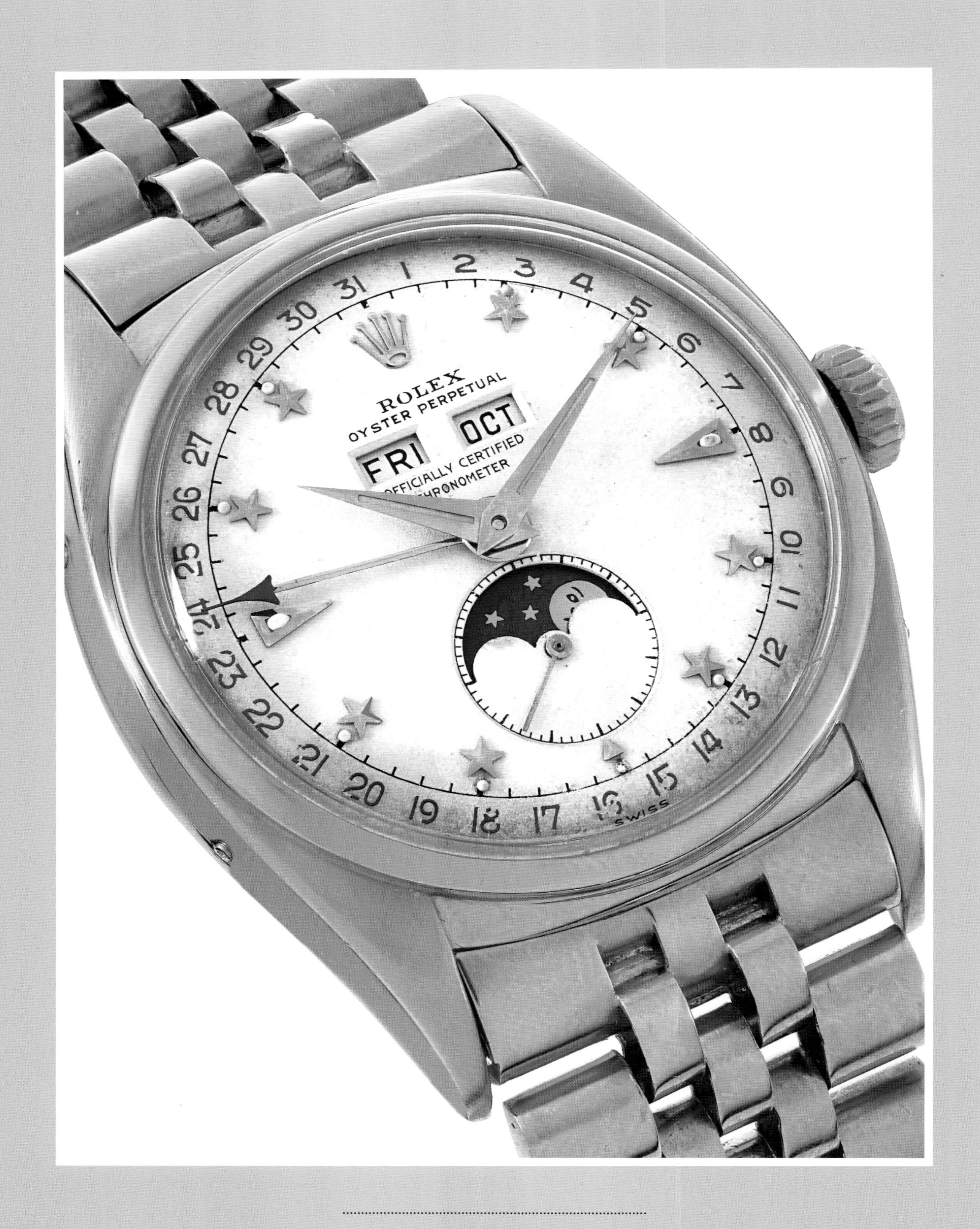

인덱스가 별 모양이어서 '스텔리네'라 불리는 모델.
롤렉스가 생산한 몇 안 되는 컴플리케이션 모델 중 하나다.

컴플리케이션

롤렉스는 전통적으로 컴플리케이션 기능이 있는 시계를 제작하지 않았다. 그러나 1947년에 등장한 모델들은 예외였다. 이는 날짜, 요일, 월을 모두 알려주는 완전한 날짜 표시 기능과 크로노그래프 기능을 갖춘 모델들로, 다토-콤팍스(Dato-Compax)라 불렸다. '다토'는 날짜 표시 기능을 의미했다. 12시 방향에 있는 창 두 개는 요일과 월의 이름을 표시하고, 중앙의 화살표 모양 바늘은 날짜를 표시했다. '콤팍스'는 크로노그래프 기능을 지닌 3시 방향의 카운터(분)와 6시 방향의 카운터(시)를 의미했다. 9시 방향의 카운터는 초침의 연속적인 움직임을 표시했다. 이 시계들은 상당히 높은 가격에 판매되었고 제작 수량도 매우 적었다.

1951년에는 수집가들이 '장 클로드 킬리'라고 부르는 다토-콤팍스 모델이 등장했다. 장 클로드 킬리는 1960년대의 유명한 스키 챔피언으로, 열렬한 롤렉스 애호가였고 다토-콤팍스를 즐겨 착용했다.

1950년 롤렉스는 레퍼런스 6062를 제작했다. 날짜, 요일, 월을 알려주는 캘린더 기능과 달의 위상을 표시하는 문페이즈 기능을 갖춘 이 시계는 단순함과 견고함을 바탕으로 끊임없이 혁신을 추구하는 롤렉스의 전통적인 철학과는 완전히 다른 접근법을 보여준다. 별 모양의 인덱스가 특징인 독특한 다이얼 때문에 수집가들 사이에서 '스텔리네(Stelline)'라는 별명을 얻었다. 1950년부터 1953년 사이에 생산되었으며 옐로 골드로 제작된 것은 350점, 핑크 골드는 50점, 스틸 소재는 극소수다. 희소성 덕분에 전 세계적으로 높은 인기를 자랑한다.

기술

1953년에 롤렉스는 50m 방수 기능을 갖춘 턴오그래프 모델인 레퍼런스 6202를 출시했다. 다른 모델처럼 심해에서 사용할 수 있도록 특화된 시계는 아니었지만, 특정 기간 동안 시간을 측정할 수 있도록 눈금이 새겨진 회전 베젤이 특징이었다. 디자인 면에서는 생산 주기 전반에 걸쳐 약간의 변화만 있었다.

당시 광고 캠페인에서는 비행기 승객이 손목에 턴오그래프 모델을 착용한 모습을 보여주면서 이 시계를 이상적인 여행 동반자로 내세웠다. 눈금이 새겨진 베젤을 이용해 이동 시간이나 전화 통화 시간 등을 측정할 수 있어서 일상생활에 실용적이라는 점을 부각했다.

서브마리너가 급부상하고 GMT-마스터가 등장하면서 턴오그래프의 인기는 쇠퇴했고, 1950년대 후반에 생산이 중단되었다. 턴오그래프의 자리는 데이트저스트 턴오그래프 시리즈가 차지했다. 이 시리즈의 첫 번째 모델은 레퍼런스 6309로 '썬더버드'라는 별명으로도 알려져 있다. 미국 공군 곡예 비행팀인 썬더버드가 이 모델을 공식 시

스테인리스 스틸 소재의 롤렉스 레퍼런스 6202 턴오그래프 모델.

데이트저스트 모델.

트루-비트 모델, 레퍼런스 6556.

계로 채택하면서 붙여진 이름이다.

1977년에는 몇 가지 중요한 변화를 겪었다. 새로운 칼리버 3035와 퀵-셋 데이트 기능을 도입했으며 더 넓은 베젤과 평평한 다이얼, 그리고 정사각형에 더 가까워진 인덱스와 숫자를 적용했다. 다섯 자리 숫자로 된 레퍼런스, 이를테면 스틸 케이스와 화이트 골드 베젤의 레퍼런스 16250, 스틸 케이스와 옐로 골드 베젤의 레퍼런스 16523, 옐로 골드 케이스와 옐로 골드 베젤의 레퍼런스 16528은 1988년까지 카탈로그에 남아 있다가, 이후 사파이어 크리스털이 적용된 모델들로 대체되었다.

데이트저스트 턴오그래프의 마지막 레퍼런스 중에는 그레이 롤레조 소재의 레퍼런스 116264, 옐로 롤레조의 레퍼런스 116263, 그리고 핑크 롤레조의 레퍼런스 116261 등이 있었다. 데이트저스트 턴오그래프는 2011년에 단종되었으며, 이후 중고 시장에서 큰 인기를 누리고 있다.

1950년대에 탄생한 또 다른 시계는 롤렉스 카탈로그에 등장했다가 곧 사라진 트루-비트(Tru-Beat)다. 1954년에 출시된 트루-비트는 레퍼런스 번호 6556으로 구분되었다. 일반적인 34mm 오이스터 퍼페추얼과 미학적으로 유사하며, 정교한 무브먼트인 칼리버 1040을 탑재하여 '데드 세컨즈'라는 독특한 컴플리케이션을 제공했다. 초침이 연속적으로 움직이는 대신 1초에 한 번 점프하듯 움직여 초를 더 쉽게 읽을 수 있는 기능이었다. 스틸, 옐로 골드, 핑크 골드로 제작되었으며, 핸즈는 도핀 스타일(시곗바늘 형태 중 하나. 전체적으로 기다란 삼각형 모양이며, 끝으로 갈수록 날렵하게 뾰족해진다-옮긴이)이었고, 일부 모델에서는 초침이 빨간색이었다.

하지만 시장에서의 반응이 미지근하자 롤렉스는 1959년쯤에 트루-비트의 생산을 중단했다. 생산된 수량이 적기 때문에 오늘날에는 수집품으로서의 가치가 높다.

쿼츠 실험

1960년대 후반 일본과 미국 시계 회사들의 경쟁으로 발생한 '쿼츠 위기'를 극복하기 위해, 스위스의 시계 제조사들은 컨소시엄을 결성하고 시장에 출시할 만한 전자식 무브먼트를 개발했다. CEH라 불리는 이 컨소시엄은 쿼츠에 기반하는 칼리버 '베타 21'을 개발했다.

1970년에 롤렉스는 이 무브먼트를 레퍼런스 5100에 탑재했다. 오이스터와 비교해 더 직선적이고 기하학적인 디자인에 인상적인 크기의 40mm 골드 케이스를 적용한 이 모델은 '텍산(Texan)'이라는 별명을 얻었다. 사파이어 크리스털을 사용하고 퀵-셋 데이트 기능을 갖추었으며, 브레이슬릿 디자인은 프레지던트 브레이슬릿을 연상시키면서도 당시의 기하학적 미학을 반영한 새로운 해석을 담고 있었다. 이 시계는 약 1,000점만 제작된 것으로 알려져 있다. 비공식적인 소문에 따르면 900점은 옐로 골드, 100점은 화이트 골드로 제작되었다. 일부에서는 두 번째 에디션이 출시되어 총 2,000점이 생산되었다고 전한다. 롤렉스는 브랜드의 위상을 강조하는 마케팅 캠페인을 펼쳤다. 레퍼런스 5100을 구입한다는 것은 단순히 시계를 구매하는 것이 아니라 고급스러움과 편안함의 상징을 구매하는 것이라는 메시지를 전달했다. 그리고 이 고가 모델을 구매하는 고객에게는 '롤렉스 쿼츠 클럽'이라는 독점적인 클럽 멤버십을 제공했다. 레퍼런스 5100을 위해 특별히 만든 멤버십으로, 이 모델을 구입하면 자동으로 가입되었다. 클럽 회원은 제네바 본사에 자유롭게 방문하여 프라이빗 투어를 즐기고 롤렉스의 특별한 명부인 '롤렉스 골든 레지스터'에 서명하는 혜택을 누릴 수 있었다. '텍산'은 처음에 대중의 열광적인 반응을 불러일으켰지만 기대한 만큼의 성공을 거두지는 못했다. 롤렉스는 단 2년 만에 생산을 종료했다.

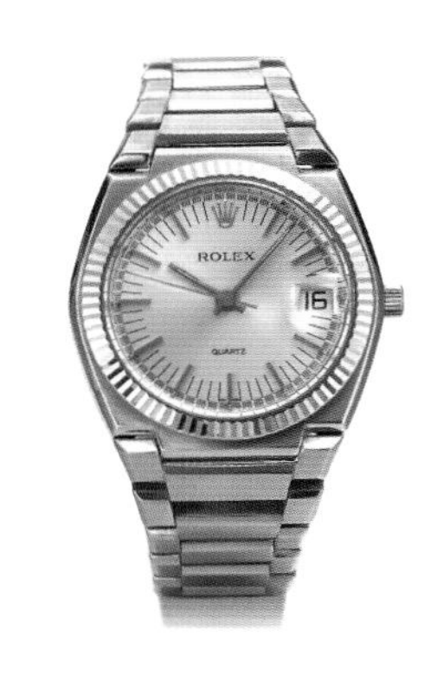

'텍산' 쿼츠 골드 모델, 레퍼런스 5100.

'텍산' 쿼츠 스틸 모델, 레퍼런스 5100.

CEH 컨소시엄에 참여하긴 했지만, 롤렉스는 자사에서 직접 설계하지 않은 무브먼트를 사용하길 꺼린 것으로 보인다. 1977년에 롤렉스는 쿼츠 칼리버 5035를 탑재한 데이트저스트 오이스터쿼츠 레퍼런스 17000을 선보였다.

데이트저스트 오이스터쿼츠 모델, 레퍼런스 17000.

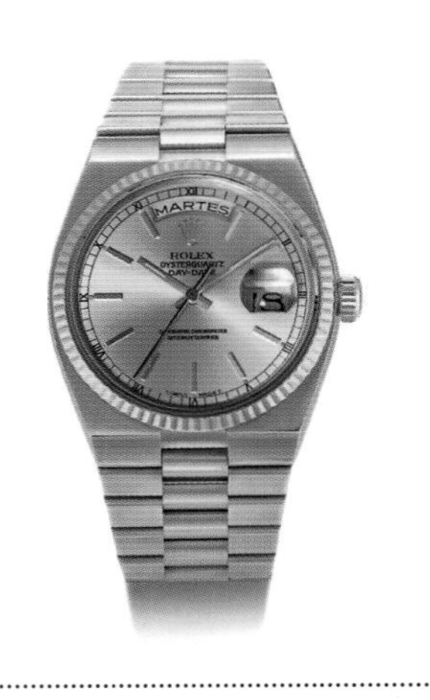

쿼츠 무브먼트를 탑재한 데이-데이트 모델.

주변 온도에 따라 쿼츠 크리스털(수정 진동자)의 주파수를 조절하는 자체 조절 시스템을 갖춘 전자기계식 무브먼트였다. 쿼츠 칼리버 5035는 1978년에 권위 있는 COSC 인증을 획득했다. 그 후, 롤렉스 로고와 'Oysterquartz(오이스터쿼츠)'라는 글자만 새겨져 있던 다이얼에 'Superlative Chronometer, Officially Certified(최상급 크로노미터, 공식 인증)'라는 문구가 추가로 표시되기 시작했다. 시계 디자인 역시 기존 롤렉스의 클래식 라인과 완전히 차별화되었다. 당시의 유행을 반영하여 각진 케이스, 새틴과 광택 마감이 조화를 이룬 일체형 브레이슬릿, 그리고 사파이어 크리스털을 적용했다. 이 모델은 오이스터쿼츠 전체 라인의 기반이 되었으며, 쿼츠 칼리버 5035를 탑재한 일부 데이트저스트 모델과 칼리버 5055를 탑재한 일부 데이-데이트 버전도 여기에 포함되었다. 1977년부터 2001년까지 롤렉스는 이 쿼츠 모델을 스틸, 옐로 골드, 화이트 골드, 또는 스틸-골드의 투톤 조합으로 제작했다. 귀중한 보석과 특별한 가공을 더한 리미티드 에디션 버전도 다수 선보였다. 약 25년 동안 롤렉스 가격표에 이름을 올린 오이스터쿼츠 모델은 연간 약 1,000점씩, 총 2만 5,000점 정도가 생산된 것으로 추정된다. 유럽 수집가들 사이에서는 최근 인기를 얻기 시작했으며, 특히 미국과 아시아 시장에서 높은 평가를 받고 있다.

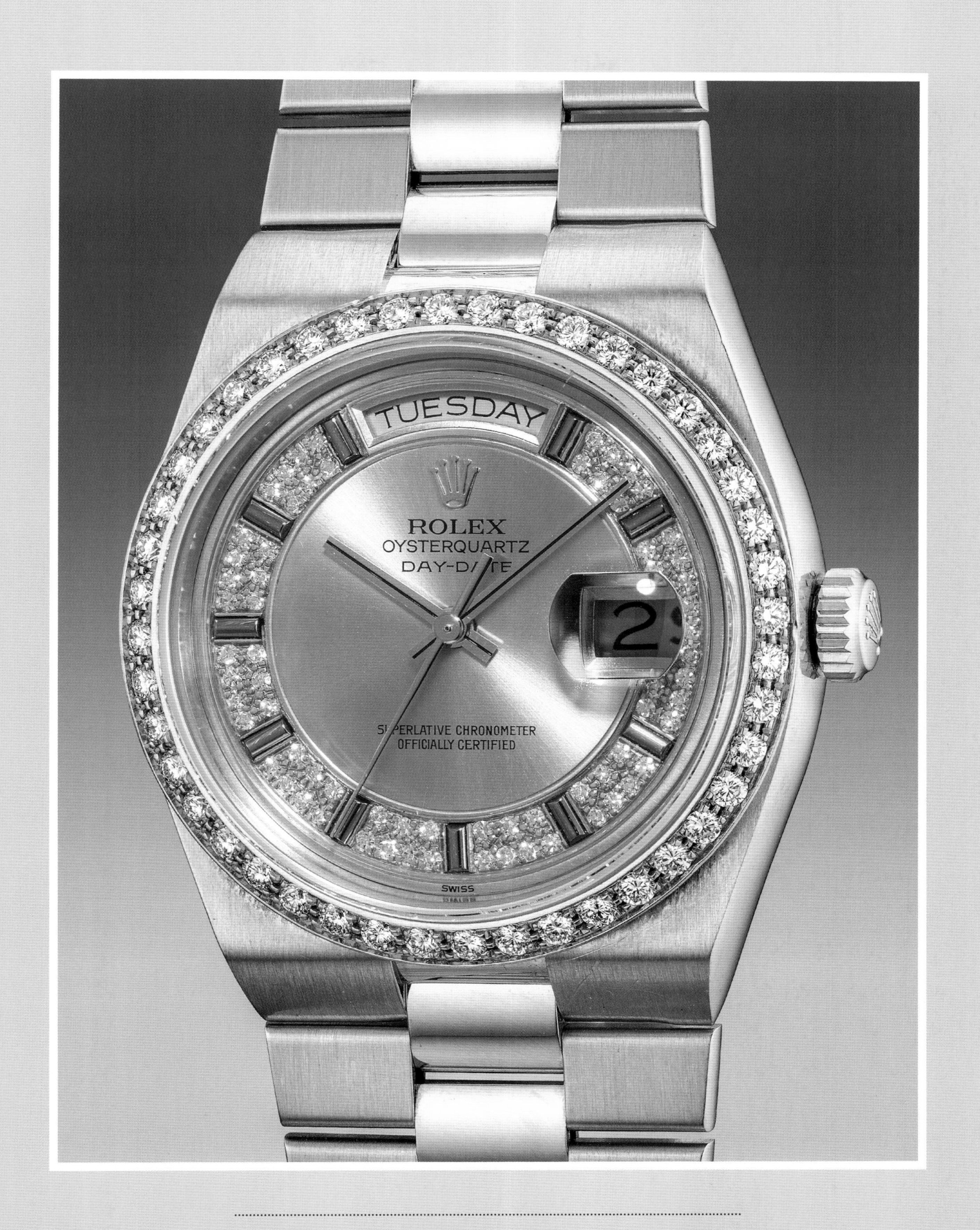

희귀 모델인 오이스터쿼츠 레퍼런스 19048. 옐로 골드와 다이아몬드로 제작되었다.

ROLEX

오피니언

오스발도 파트리치 Osvaldo Patrizzi

이름(또는 별명)이 지닌 힘

저명한 시계 전문가 오스발도 파트리치는 롤렉스가 모델, 케이스, 브레이슬릿에 부여한 이름의 중요성을 분석한다. 한편, '파트리치 다이얼' 같은 별명을 비롯하여 롤렉스의 특정 레퍼런스 및 특징에 붙은 이름이나 애칭은 수집가들이 붙인 것이다.

롤렉스가 초기부터 현대적인 정체성을 형성할 수 있었던 요인 중 하나는, 다른 시계 제조사들이 전통적으로 사용해온 레퍼런스 번호 대신 이름을 사용하는 방식이다. 파트리치는 이렇게 말한다. "이름은 시간이 지나면서 매우 중요한 역할을 하게 되었습니다. 대부분의 대형 브랜드보다 늦게, 20세기 초가 되어서야 출발한 롤렉스에게는 이름이 브랜드를 상징하는 요소가 된 것이죠. 다른 메종들이 여전히 회중시계 제작에 몰두하고 있을 때, 한스 빌스도르프는 손목시계를 제작하고 새로운 고객층을 개척하는 데 주력했습니다." 롤렉스가 내놓은 최초의 방수 케이스에는 오이스터라는 이름이 붙었으며, 이는 물속에서 사용할 수 있다는 특징과 함께 기술적인 '진주'로서의 가치를 떠올리게 한다. 한편, 퍼페추얼은 시계 태엽을 자동으로 감을 수 있는 기계식 무브먼트에 붙인 이름이었다. 이후에는 시계의 독창성, 특별함, 정밀성을 강조하는 개념에 기반한 모델명들이 등장했다. 이를테면 프린스, 데이트저스트, 서브마리너, 익스플로러, GMT-마스터, 요트-마스터 등이다. 그중에서 가장 눈에 띄는 이름은 모터 레이싱의 스피드를 연상시키는 데이토나다. 브레이슬릿에도 주빌리나 프레지던트라는 이름이 붙었다. 롤렉스 모델들에서 볼 수 있는 흥미로운 특징은 별명을 얻을 가능성이 유독 높다는 점이다.

롤렉스 시계의 특정 모델에 다른 업계의 상품명이나 영화 캐릭터 이름을 붙이기 시작한 것은 수집가들이었다. 수집가들은 각 모델의 개별적인 특징을 고려하여 그에 어울리는 별명을 지었다. 이에 대해 파트리치는 다음과 같이 이야기한다. "수집가들이 자발적으로 이름을 만들었든 의도적인 마케팅 전략에 따른 것이든 간에, 별명은 롤렉스 브랜드의 신화를 강화하는 데 도움이 되었습니다. 애칭이 있다고 해서 시계를 더 쉽게 구입할 수 있는 것은 아니었죠. 하지만 시계 모델과 구매자 사이에 정서적 친밀함을 심어준 것은 분명합니다."

시계 업계의 전문가이자 컨설턴트인 오스발도 파트리치.

다양한 색상 변형

빨간색과 파란색이 어우러진 베젤을 갖춘 롤렉스 GMT-마스터는 '펩시'라는 애칭으로 불린다. 시계 베젤의 색상이 유명한 탄산음료 브랜드 펩시의 로고 색상과 유사하다는 데서 유래했다. 빨간색과 검은색을 조합한 베젤 인서트를 가진 GMT-마스터는 또 다른 거대 탄산음료 브랜드인 코카콜라의 로고와 비슷하다는 이유로 '코크'라고 불린다. 또 검은색과 파란색 베젤을 가진 롤렉스 GMT-마스터는 '배트맨'이라 불리는데, DC 코믹스의 슈퍼히어로 배트맨이 검은색과 파란색을 조합한 독특한 의상을 입은 점과 연결된다. 한편, GMT-마스터 Ⅱ 레퍼런스 16713은 흔히 '타이거스 아이(Tiger's Eye)'라고 불리는데, 다이얼 색상이 다양한 갈색빛을 띠며 호랑이의 눈처럼 빛나는 보석인 호안석을 연상시키기 때문이다. 하지만 루트비어라는 음료가 지닌 특유의 갈색과 비슷하여 '루트비어'라는 별칭도 함께 얻었다.

세라믹 다이얼과 베젤이 모두 초록색인 서브마리너 모델은 마블의 슈퍼히어로 이름을 따서 '헐크'라 불린다. 하지만 2003년에 서브마리너 출시 50주년 기념으로 출시된 녹색 베젤 버전은 짐 헨슨이 만든 〈세서미 스트리트〉의 녹색 개구리 캐릭터 이름을 따서 '커밋'이라고 불린다.

GMT-마스터 모델의 '배트맨' 에디션.

모양과 크기가 지닌 특징

일부 롤렉스 모델은 그 모델만이 지닌 특징에서 별명을 따왔다. 1933년에 롤렉스는 오이스터 케이스와 퍼페추얼 무브먼트를 갖춘 모델을 선보였는데, 로터를 넣을 공간을 확보하기 위해 케이스 백을 볼록하게 만들었기 때문에 '버블백'이라 불리게 되었다. 이탈리아 수집가들 사이에서는 32mm 케이스의 경우 작은 달걀을 뜻하는 '오베토', 36mm 케이스의 경우 큰 달걀을 뜻하는 '오베토네'라 불린다.

레퍼런스 8171은 '파델로네'라 불린다. 1948년부터 1952년까지 단 4년 동안 생산된 모델로, 케이스가 당시로서는 드물게 큰 38mm였기 때문에 이탈리아어로 큰 프라이팬을 뜻하는 이름이 붙은 것이다. 이 모델은 롤렉스 최초의 컴플리케이션 워치로, 연간 캘린더 기능과 자동 무브먼트를 탑재했다. 날짜, 요일, 월을 모두 표시하는 캘린더 기능과 문페이즈 기능을 갖춘 모델은 1952년에 제작되었으며 롤렉스 기술의 걸작으로 평가받는다. 이 모델은 시간을 표시하는 아워 마커가 별 모양이어서 이탈리아어로 작은 별들을 뜻하는 '스텔리네'라는 별명을 얻었다. 한편, 익스플로러 II 모델 중 일부는 오렌지색 화살 모양 핸드(바늘)가 있어, 이탈리아어로 큰 화살을 뜻하는 '프레치오네'라는 이름을 얻었다. 1971년부터는 유명 배우의 이름을 따 '스티브 맥퀸'으로도 불렸지만, 실제로 스티브 맥퀸이 이 모델을 착용했다는 기록은 없다. 씨-드웰러 중에는 '폴리페토'라는 별칭을 얻은 버전이 있다. 폴리페토는 이탈리아어로 작은 문어라는 뜻인데, 다이얼을 보면 그 의미를 쉽게 이해할 수 있다. 이탈리아 경찰 다이버 부대의 50주년을 기념하여 제작된 버전이기 때문에, 이 부대를 나타내는 문어 엠블럼이 새겨져 있다.

데이토나와 변형 버전

데이토나는 가장 유명한 롤렉스 모델로 꼽힌다. 이 모델이 성공을 누린 데에는 헐리우드 스타 폴 뉴먼과의 연관성도 한몫했다. 사실 그 연관성은 오스발도 파트리치가 만들어낸 것이다. "미국 배우 폴 뉴먼이 롤렉스 데이토나 레퍼런스 6239를 착용한 사진을 봤습니다. 그래서 그 모델에 '폴 뉴먼'이라는 이름을 붙여야겠다고 생각했죠. 다른 클래식 다이얼과는 다르게, 아주 독특한 투톤 다이얼을 가진 코스모그래프였어요. 뉴먼의 아내인 조앤 우드워드가 선물한 시계였습니다. 뉴먼은 그 시계를 자주 착용했고, 심지어 뉴먼이 출연한 영화 〈영광이여 영원히〉(1969)의 이탈리아 포스터에도 등장했습니다." 이 시계는 1990년 4월 바젤 경매에서 '폴 뉴먼'이라는 이름으로 대중에게 공개되며 뜨거운 반응을 불러일으켰다. 데이토나 폴 뉴먼이 하나의 아이콘으로 탄생하는 순간이었다.

파트리치가 구현한 '감성' 커뮤니케이션의 또 다른 사례는 레퍼런스 4767, 6036, 6236 등에 올림픽 스키 챔피언 장 클로드 킬리의 이름을 붙인 것이다. 롤렉스를 사랑했던 킬리는 세 가지 날짜 표시 기능이 있는 이 크로노그래프 모델을 즐겨 착용했다. '킬리' 크로노그래프는 롤렉스 수집 역사에서 중요한 위치를 차지하게 되었다. 파트리치는 이렇게 정리한다. "레퍼런스 번호 대신 이름을 붙이기로 한 결정은 확실히 성공을 거두었습니다. 각 모델을 쉽게 식별하도록 해주었으니까요. 단순한 기술적 측면이나 스타일을 넘어 신화, 욕망, 그리고 특별함이라는 개념이 전면에 등장하게 되는 거죠."

파트리치 다이얼

롤렉스 데이토나 레퍼런스 16520은 데이토나 파트리치라고 불린다. 검은색 다이얼에 있는 흰색 카운터가 시간이 지나면서 다양한 갈색 톤으로 변하는 것이 특징이다. 파트리치는 다음과 같이 설명한다.

"시간이 지나면서 알게 되었습니다. 레퍼런스 16520의 일부 다이얼에서 색이 점차 변하는 이유를 말입니다. 그건 롤렉스가 다이얼을 보호하기 위해 '자폰'이라는 투명 바니시를 사용했기 때문이에요. 그 바니시가 지닌 유기적 특성 때문에 카운터가 자연 산화에 노출되고, 시간이 흐르면서 색이 변한 것이죠. 자연의 작용이 아주 독특하고 가치 있는 작품을 만들어낸 겁니다. 영광스럽게도 수집가들이 이 모델에 제 이름을 붙여주었습니다."

이렇게 애칭이 붙은 롤렉스 시계들은 오늘날 수집가들의 사랑을 한몸에 받고 있으며, 다른 모델들에 비해 평가 가치도 훨씬 높다.

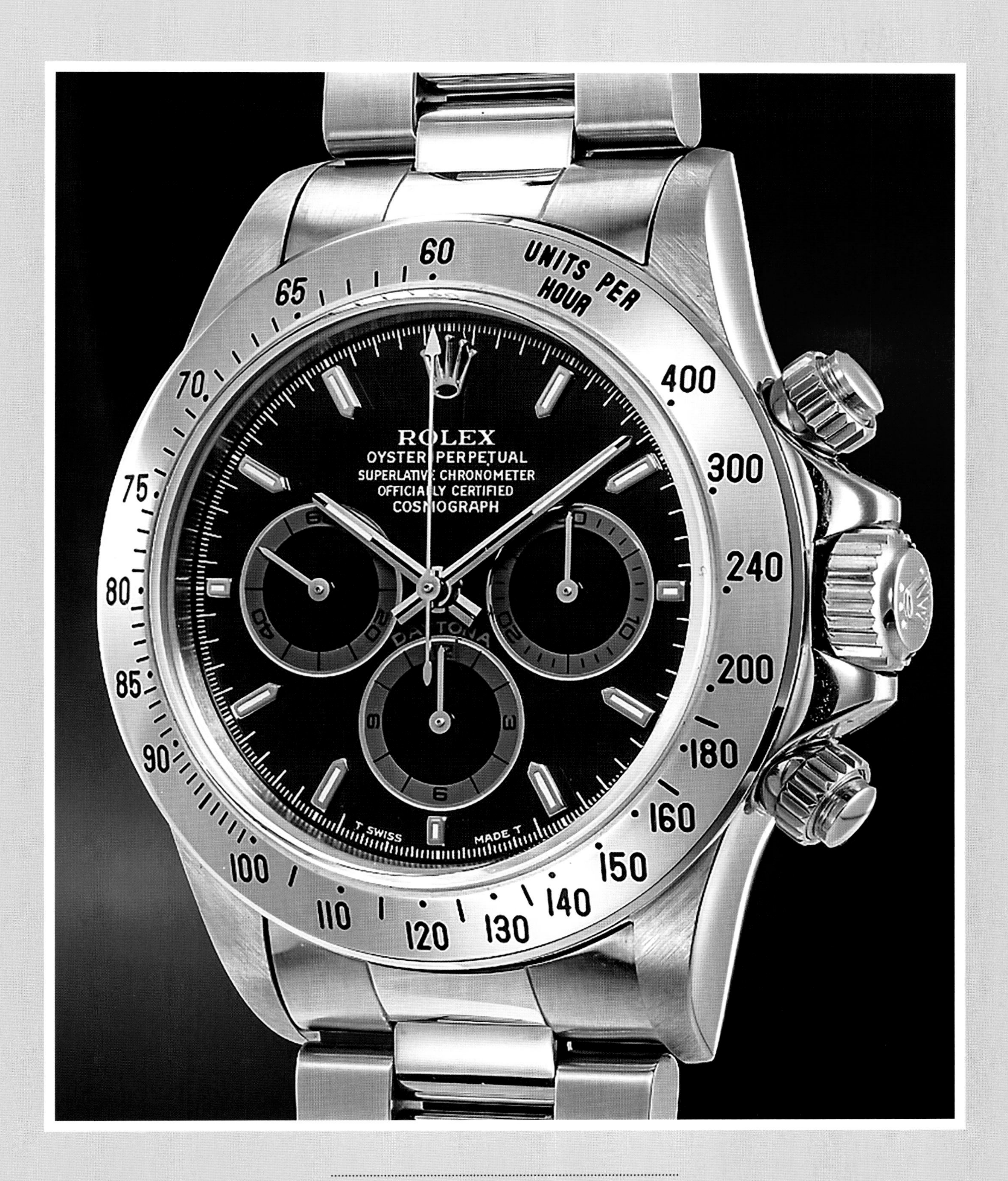

롤렉스 데이토나 파트리치 모델(데이토나 레퍼런스 16520).

알렉산드르 고트비 Alexandre Ghotbi

성배(聖杯)를 판매하다

필립스옥션의 유럽 대륙 및 중동 지역 시계 부문 책임자 알렉산드르 고트비는 롤렉스가 경매 시장에서 입지를 다져온 과정에 대해 이야기하며, 역사적인 폴 뉴먼 데이토나 판매 사례를 회고한다.

컨설팅 회사 맥켄지 & 컴퍼니에 따르면 중고 시계 시장은 럭셔리 산업에서 가장 빠르게 성장하는 분야가 될 것으로 예상되며, 2025년까지 그 가치가 290억~320억 달러에 이를 것으로 보인다.

이러한 맥락에서 롤렉스가 어떤 역할을 할 것인지에 관해 세계적인 경매 회사 필립스옥션의 알렉산드르 고트비는 이렇게 말한다.

"우선, 중고 시장에 두 가지 유형이 있다는 점을 이해해야 합니다. 첫 번째 유형은 현재 소매 부문에서 판매 중인 시계를 더 간소화된 접근 경로로 구입할 수 있는 시장입니다. 하지만 그러한 시계는 즉시 구할 수 없는 경우가 많기 때문에, 누구나 쉽게 살 수 있다는 뜻은 아닙니다. 두 번째 유형의 중고 시장에 비해서는 가격이 안정적이고, 고객의 욕구는 주로 1차 시장의 욕구를 그대로 반영합니다. 두 번째 유형은 역사적인 가치를 지닌 시계를 위한 시장, 즉 수집가들이 관심을 갖는 빈티지 또는 앤티크 시계 시장입니다. 이 시장에서는 가격과 선택이 다양한 논리를 따릅니다. 예술 분야와 유사하죠. 시계는 예술 작품에 비유할 수 있고, 그 미학적 아름다움과 기술적 천재성을 인정받을 수 있습니다. 이러한 맥락에서 롤렉스는 중심적인 역할을 합니다. 롤렉스 브랜드의 시계는 과거에도 그랬듯이 현재도 상당한 수요가 꾸준히 유지되고 있기 때문입니다."

롤렉스는 오랜 기간 시장에 영향을 미칠 수 있는 혁신을 도입해왔다. 특히 1950년대에는 전문적인 용도를 위한 프로페셔널 워치 모델을 잇달아 제작했는데, 이 모델들은 이후 시계 제작의 아이콘이 되었으며 스포츠 시계 시장에서 하나의 기준점으로 자리 잡았다.

게다가 롤렉스 시계에는 항상 특정한 디자인 요소가 들어 있어서 다른 브랜드와 차별화되는 고유의 매력이 있다.

알렉산드르 고트비. 필립스옥션의 유럽 대륙 및 중동 지역 시계 부문 책임자다.

"일관된 형식과 스타일을 유지하는 것은 기업의 전체적인 브랜딩 가치를 높이는 데 중요한 역할을 합니다. 롤렉스는 브랜드의 가치를 뒷받침하는 일관성을 갖추었다는 점에서 인정받고 있습니다."

일관성을 강화하고 추구하는 것은 롤렉스가 100년이 넘는 기간 동안 지속적으로 유지해온 전략이다. 이 기간 동안 소수의 고위 경영진만이 회사를 이끌었으며, 그들은 롤렉스의 철학을 특징짓는 초기의 결정 사항들을 공고히 다지는 데 헌신해왔다.

"경영을 이어받은 CEO들은 롤렉스와 연관된 무형의 가치를 발전시켜왔습니다. 품질, 아름다움을 향한 추구, 성공적인 삶에 대한 열망 같은 가치를 불러일으켰죠. 롤렉스 브랜드는 명품과 연관되어 있지만, 동시에 다양한 사람들을 매료시킵니다. 학생부터 소위 '성공한 사람'에 이르기까지, 누구나 왕관 로고가 새겨진 시계를 소유하고 착용하길 꿈꿉니다."

명품 산업의 피라미드 꼭대기에 군림하는, 그래서 누구나 접근할 수는 없는 브랜드임에도 롤렉스는 구매자들이 소속감을 느끼게 만든다. 마치 '성공한 사람들의 모임'에 들어가 환영받는 느낌을 주는 것이다. 실제로 롤렉스는 다른 브랜드처럼 상반된 두 가지 반응을 일으키지는 않는다. 예를 들어 중국에서는 점점 더 많은 여성이 루이비통 가방을 구매할 수 있게 되자, 더 높은 사회 계층의 여성들은 지나치게 대중화되어버린 루이비통과 거리를 두기 위해 에르메스를 구매하기 시작했다. "롤렉스와 관련해서는 이러한 일이 일어나지 않습니다. 롤렉스에서는 이상, 라이프스타일, 그리고 제품에 대한 열정을 공유하는 것이 무엇보다 우선시되기 때문입니다."

유럽과 중동 지역 시계 부문 책임자로서, 고트비는 세계 여러 지역의 시장에 대해 폭넓은 시각을 가지고 있다.

"우리 고객들은 유럽, 미국, 아시아에 고르게 분포되어 있습니다. 하지만 이 세 대륙의 취향이 크게 다르다고 보지는 않습니다. 중동 시장은 확실히 가장 젊은 시장입니다. 불과 5년 전만 해도 중동 국가들에서는 중고 시장이라는 개념이 존재하지 않았습니다. 중동의 고객들은 28~35세 사이의 연령대에 속하며, 1970년대 시계나 좀 더 현대적인 시계 등 최신 모델을 구매하는 경향이 있습니다. 레인보우 모델 같은 보석 에디션도 인기가 많죠. 하지만 그런 트렌드가 앞으로도 계속될지는 장담하기 어렵습니다. 취향이란 변하기 마련이고, 오늘 관심을 두지 않았던 시계를 내일 선택할 수도 있죠. 반면에 품질과 희소성을 추구하는 경향은 변하지 않습니다."

폴 뉴먼이 소유했던 '폴 뉴먼 코스모그래프 데이토나'는 확실히 희귀한 시계였다. 이 시계는 2017년에 필립스옥션에서 1,780만 달러에 낙찰되었다. 코스모그래프 데이토나 시계

데이토나 레퍼런스 6263은 데이토나가 출시된 해인 1963년부터 1970년경까지 생산되었다. 폴 뉴먼의 아내인 조앤 우드워드는 롤렉스가 '이그조틱'이라고 표현한 다이얼을 갖춘 데이토나를 남편에게 선물했다. 모든 빈티지 시계 중에서도 특히 인기 있는 버전으로 꼽힌다.

는 원래 롤렉스가 1963년에 레이싱 드라이버를 위해 제작한 모델이다. 그래서 이름도 플로리다에 위치한 모터 레이싱 서킷인 데이토나 인터내셔널 스피드웨이에서 따왔다. 롤렉스는 코스모그래프를 위해 여러 가지 다이얼 옵션을 제공했으며, 여기서 나온 독특한 다이얼들을 '이그조틱' 다이얼이라 불렀다. 이후 이그조틱 다이얼은 '폴 뉴먼' 다이얼이라는 별명을 얻게 되었다. 폴 뉴먼이 이그조틱 다이얼을 적용한 시계를 착용했기 때문이다.

데이토나는 처음엔 소수만을 위해 만들어진 시계였지만 오늘날에는 많은 이들이 원하는 모델이 되었으며, 폴 뉴먼의 인기에 힘입어 특별한 이야기를 담은 시계가 되었다. 폴 뉴먼은 스피드에 대한 열정을 지니고 있었고 1968년 영화 〈영광이여 영원히〉를 촬영할 때에도 모든 장면을 직접 연기했다. 뉴먼의 아내 조앤 우드워드는 이를 진심으로 걱정했고, 케이스 백에 "DRIVE CAREFULLY—ME(운전 조심해요—나로부터)"라는 문구를 새긴 코스모그래프 데이토나를 남편에게 선물했다. 마지막 단어 'ME'가 부부간의 깊은 애정과 친밀함을 잘 드러낸다. 이 진심 어린 선물은 그 자체만으로 특별한 가치를 지니지만, 선물받은 사람을 고려하면 수천만 달러의 가치가 있었다.

"폴 뉴먼 다이얼이 달린 코스모그래프 데이토나, 그것도 폴 뉴먼이 실제로 소장했던 시계. 그런 시계를 판매하는 건 시계 수집의 원천을 눈앞에 둔 것과 같았습니다. 일반적인 관점에서 봐도 역사적 의미가 있지만, 수집 자체에 있어서 중요한 의미를 지닌 물건이었죠. 1980년대에 들어 빈티지 손목시계의 가치가 상승하기 시작했습니다. 특히 이야기를 담고 있거나 유명 인물과 연관된 독특한 모델을 찾는 사람들이 늘어나면서 수집 시장이 크게 성장했습니다."

필립스옥션을 통해 경매에 나온 또 다른 전설적인 시계는 레퍼런스 6062 '바오 다이'다. 베트남의 마지막 황제 바오 다이가 소유한 시계라는 이유로 이 별명을 얻었다. 1954년 봄, 제1차 인도차이나 전쟁 이후 베트남의 미래를 논의하기 위해 세계열강이 제네바에 모였다. 이 회의에는 '위대함의 수호자'라 불리는 베트남 황제 바오 다이도 참석했다. 회의가 열리는 기간에 바오 다이는 필립 베갱(Philippe Beguin)이라는 유명한 롤렉스 판매업자를 찾아가, 그동안 롤렉스가 만든 시계 중 가장 드물고 값진 것을 구매하고 싶다고 밝혔다. 바오 다이는 베갱이 보여준 몇 가지 모델들을 정중히 거절했고, 베갱은 롤렉스 본사에 직접 연락을 취했다. 그러자 본사에서는 사람을 보내 황제의 취향에 딱 맞는 시계를 전해왔다. 레퍼런스 6062는 1950년부터 1953년까지 단 몇백 점만 생산되었다. 연간 캘린더 기능을 갖추었으며 롤렉스가 제작한 시계 중 가장 복잡한 모델로 평가받는다. 오늘날에도 수집 시장에서 특별한 위치를 차지한다.

2002년에 원소유주의 가족이 필립스옥션을 통해 '바오 다이'를 경매에 부쳤고 23만 5,000달러에 낙찰되었다. 그러나 15년 후인 2017년에 다시 경매에 나왔을 때는 예상가 약 150만 스위스프랑을 훨씬 웃도는 500만 스위스프랑에 낙찰되었다.

기록을 경신한 롤렉스 시계들 중에는 1979년 영화 〈지옥의 묵시록〉 촬영장에서 말론 브란도가 착용한 GMT-마스터도 있다. 당시 필리핀에서 촬영하던 중 한 스태프가 브란도에게 롤렉스를 착용하지 않는 것이 좋겠다고 조언했다. 브란도가 정글에서 길을 잃은 육군 대령을 연기하는데, 사람들이 쉽게 알아볼 수 있는 시계를 착용하면 현실감 있는 캐릭터를 살리기 힘들다는 이유였다. 이에 브란도는 롤렉스를 계속 착용하는 대신 눈에 띄는 회전 베젤을 제거하고, 그 아래 광택이 나는 금속 부분만 남겨두기로 했다. 그렇게 독특한 특징을 갖게 된 이 시계는 브란도가 전기 각인 펜을 사용하여 케이스 백에 직접 새긴 'M. Brando'라는 문구까지 더해져 세상에 하나밖에 없는 작품이 되었고, 2019년에 자그마치 190만 달러에 거래되었다.

또 다른 기록적인 사례는 '유니콘'이라는 별명을 가진 화이트 골드 데이토나다. 1970년에 독일 소매업체의 특별 주문으로 제작된 것으로, 경매에서 593만 스위스프랑에 낙찰되었다. 2019년에는 레퍼런스 4113 스플릿-세컨즈 크로노그래프가 약 240만 스위스프랑에 판매되었다. 레퍼런스 4113은 롤렉스가 제작한 최초이자 유일한 스플릿-세컨즈 시계로, 매우 희귀하고 손에 넣기 어려운 모델이다.

레퍼런스 6062는 날짜, 요일, 월을 표시하는 트리플 캘린더 기능과 문페이즈 기능을 갖춘 시계다. 그중에서 베트남 황제 바오 다이를 위해 제작한 버전은 '바오 다이'라는 별명을 얻었다. 블랙 다이얼과 다섯 개의 다이아몬드 인덱스가 특별한 분위기를 선사한다. 롤렉스는 레퍼런스 6062 중 단 세 점에만 블랙 다이얼과 다이아몬드 인덱스를 적용했다. 그러나 '바오 다이'의 다이아몬드 배치는 나머지 두 점과 다르기 때문에 모든 면에서 하나뿐인 타임피스다. 래커 마감한 블랙 다이얼과 다이아몬드가 어우러져 독보적인 매력을 지니며, 이 모든 특징이 36mm 옐로 골드 오이스터 케이스에 담겨 있다.

WED
ROLEX
AUG
OFFICIALLY CERTIFIED
CHRONOMETER

얀 스호르만스 Jan Schoormans

롤렉스 애호가의 심리적 특성

인간의 경험은 깊고, 개인적이며, 잠재적으로 무한하다. 갓난아이의 첫 울음소리에서부터 노인이 세상을 떠나며 내쉬는 마지막 한숨에 이르기까지, 자기 가까이에 있는 의미 있는 사물들을 통해 개인적인 세계를 창조하는 것은 바로 그 사람 자신, 즉 유일무이한 개인이다.
- 얀 발지너, 『문화심리학으로의 초대(An Invitation to Cultural Psychology)』

사치품 소비를 뒷받침하는 심리적 동기는 다양하고 복잡하다. 1899년에 사회과학자 소스타인 베블런은 미국 중상류층의 '과시적 소비'를 신랄하게 비판했다. 그는 부유한 사람들이 사회적 지위에 집착한 나머지, 지위를 과시하기 위해 무엇이든 할 것이라고 언급했다. 보다 최근에 철학자 티에리 파코는 사치품 소비를 인류 진화의 자극제이자, 진보와 경제 변혁을 이끄는 원동력으로 보았다. 그리고 사치품 소비를 통해 사람들은 지위를 상징하는 무의미한 것들을 축적하려는 생각에서 벗어나 독창성을 추구하고 자신만의 개성을 표현한다고 해석했다. 개성은 개인적인 취향에 기반한 스타일을 정의하는 핵심 요소이고, 따라서 개성은 유행을 초월하여 자유로운 선택을 가능하게 한다. 작가 오스카 와일드에서부터 사회학자 게오르그 짐멜에 이르기까지, 유행은 '폭군'이자 과잉이며 덧없는 것으로 여겨져왔다. 따라서 개인이 시대의 유행을 무조건 따르는 것은 이치에 맞지 않는다. 개인의 스타일이 개인적일 수 없다면, 그것은 결코 우아하지 않을 것이다. 자신만의 스타일을 추구하는 것은 개성을 표현하는 일이며, 착용할 물건을 선택하는 것은 자신의 개성을 확장하는 일이다.

네덜란드 델프트공과대학교의 소비자행동 전문가인 스호르만스가 제시하는 이론에 따르면, 인간에게 성격을 부여하듯이 사물에도 성격을 부여할 수 있다. 언어학 전문가 페테르 판데르벨과 함께 스호르만스는 OCEAN이라는 제품 정의 모델을 적용하여 롤렉스를 포함한 대형 브랜드의 성격을 정의했다. 이 모델에 따르면, 브랜드의 성격은 다섯 가지(일명 '빅 파이브') 특성으로 나눌 수 있다. 바로 경험에 대한 개방성, 성실성, 외향성, 친화성, 신경질적 경향이다.

얀 스호르만스는 네덜란드 델프트공과대학교의 소비자행동학 명예교수다. 그의 연구는 제품의 성격이라는 개념을 개발하고 이를 시각적으로 평가하는 데 초점을 맞춰왔다. 스호르만스는 연구를 통해 인간의 성격과 제품의 성격 사이에 상관관계가 있음을 밝혔다. 이러한 통찰을 바탕으로 스호르만스는 2011년에 페테르 판데르벨과 함께 응용 제품 성격 연구소(CAPPR)를 설립했다. 이 연구소는 시각적 평가 방법을 설계하고 사용하여 인간, 제품, 서비스의 성격을 평가한다.

첫 번째 특성인 경험에 대한 개방성은 새로운 기술적·사회적 현상에 대한 개인의 행동뿐 아니라 삶의 미적 측면에 대한 민감도를 측정한다. 스호르만스는 다음과 같이 설명한다. "이 특성에서 높은 점수를 받은 사람은 호기심이 많고, 다면적이고, 창의적이고, 독창적이며, 인습에 얽매이지 않는 성격이라는 의미입니다. 반대로 낮은 점수를 받은 사람은 틀에 박힌 사고를 하고, 실용적이며, 현실적이고, 관심사가 적은 사람입니다. 두 번째 특성인 성실성은 충동을 통제하고 지시하는 방식과 관련됩니다. 높은 점수는 조직적이고 규율적인 성격을 나타내며, 낮은 점수는 충동적인 성격을 의미합니다."

세 번째 특성인 외향성은 개인이 외부 세계와 상호작용하는 성향을 평가한다. "외향적인 사람은 사교적인 성격이고, 사회적 관계를 즐깁니다. 이야기하길 좋아하고 다른 이들에게 자신을 잘 드러내죠. 반대로, 낮은 점수를 받은 사람은 온화하고 차분한 성격을 가진 경우가 많습니다. 외향성 점수가 낮다는 건 반사회적이라는 뜻이 아니라, 단지 관계에 있어서 사적인 공간을 선호한다는 의미입니다." 네 번째 특성인 친화성은 개인이 조화를 얼마나 중요하게 여기며 다른 사람의 입장을 얼마나 잘 이해할 수 있는지를 파악하는 데 유용하다. 이 특성에서 높은 점수를 받은 사람은 동정심이 많고, 친절하며, 온화하다. 반대로 낮은 점수를 받은 사람은 경쟁심이 강하다. 다섯 번째 특성인 신경질적 경향은 감정적 안정성을 나타낸다. "이 특성에서 높은 점수를 받은 사람은 신경질적이고 스트레스를 받기 쉬운 반면에, 낮은 점수를 받은 사람은 감정적으로 안정적이고 자존감과 자신감이 높습니다." 스호르만스와 판데르벨의 연구는 OCEAN 모델을 적용한 것으로, 특정 제품을 구매하는 사람들의 성격 분석에 바탕을 두고 있다.

스호르만스와 판데르벨의 분석에 따르면 제품의 성격은 인간의 성격 특성과 연관 지을 수 있으며, 특정 제품을 설명하고 다른 제품과 차별화하는 데 사용할 수 있다. 소비자는 자신과 비슷한 성격을 지닌 제품을 선택하는 경향이 있기 때문에, 제품의 성격은 고객의 선호도 표현과 관련이 있다.

스호르만스와 판데르벨이 개발한 모델은 개인의 심리적 특성과 개인이 선호하는 제품(예: 상품 또는 경험) 유형 사이에 일관성이 있음을 보여준다. 롤렉스 시계의 경우에도 고객의 성격과 제품의 성격 사이에 유사성이 있다.

스호르만스는 OCEAN 모델을 소비자 샘플에 적용하여 롤렉스 시계와 롤렉스 애호가들의 성격을 특징짓는 다섯 가지 특성을 정의했다. 그 결과에 따르면 롤렉스의 첫 번째 특성은 무엇보다도 '전통적'이라는 점이다. 롤렉스 브랜드는 주로 전통과 관련된 가치를 표현하기 때문이다. 롤렉스의 두 번째 특성으로는 '정확성'과 '정밀성'이 도출되었는데, 이는 시계라는 제품 카테고리를 고려할 때 예측 가능한 특성이며, 동시에 사람들이 롤렉스에 기대하는 당연한 특성이다. 사람들은 롤렉스 시계가 본래의 기능, 즉 뛰어난 정밀도와 품질을 바탕으로 시간을 알려주는 역할을 충실히 수행하리라 기대한다. 하지만 이러한 특성은 또한 '단순함과 일관성'이라는 가치와도 결합된다. 이는 브랜드의 일관된 메시지, 그 메시지를 통해 표현되는 조화로운 미학, 그리고 시간이 지나도 변함없이 유지되어온 기업의 유산과도 밀접한 관련이 있다.

세 번째로 롤렉스는 '활기'와 '겸손' 사이의 중간 점수를 받았다. 사람들이 생각하기에 롤렉스는 너무 외향적이지도 않고 지나치게 자기중심적이지도 않은 고객이 선호하는 시계라는 의미다. 사교적이면서도 개인적인 공간의 가치를 아는 사람들이 착용하는 시계로 인식한다는 것을 보여준다.

네 번째로 롤렉스는 '관용적'이라고 정의할 수 있다. 롤렉스 브랜드의 가치는 '대담함'과 '타인에 대한 배려' 사이에서 균형을 유지하고 있다. 롤렉스는 고유의 스타일을 확립하는 동시에 사용자의 요구를 충족하는 데 힘을 쏟고 있다.

마지막으로 롤렉스는 '구체적'이고 '자신감 있는' 브랜드로 정의할 수 있다. 롤렉스 브랜드는 평온함과 안정감을 느끼게 하며, 롤렉스를 선택하는 사람들은 쉽게 흔들리지 않는 강한 개성을 보여준다.

레미 기유맹 Remi Guillemin

소중한 가치를 지닌 희귀품들

클래식한 시계부터 전문가를 위한 프로페셔널 워치까지, 롤렉스는 모든 이의 손목에 어울리는 다양한 시계 모델을 제공한다. 롤렉스의 시계들은 기능성과 스타일을 겸비했으며, 오랜 세월 동안 상징적인 디자인을 유지하고 있다. 크리스티 경매 회사의 유럽 시계 및 손목시계 부문 책임자인 레미 기유맹이 수집가들이 어떤 시계를 찾는지에 관해 알려준다.

롤렉스는 오랜 시간 동안 다양한 채널과 방법을 통해 마케팅 전략을 성공적으로 실행해왔다. 목표는 단순히 시계 제조라는 맥락을 넘어, 보다 일반적인 맥락에서 최고의 명품으로 소비자들의 마음속에 자리 잡는 것이다. 롤렉스는 스포츠 분야에 많은 관심을 가지고 있으며 그랑프리 레이스, 골프 토너먼트, 테니스 그랜드슬램 대회, 승마, 요트 경기 등 특정 사회 계층이 즐기는 고급 스포츠 활동과 깊은 인연을 맺어왔다. 이러한 전략에는 스포츠, 경제, 사회 분야의 주요 인물들이 포함되어 있으며, 이들이 롤렉스 제품의 고급스러움을 정의하는 데 기여하고 있다. 여기에 더해, 브랜드를 대표하는 유명 인사들의 등장도 점점 더 빈번해지고 있다. 결국 롤렉스는 명품 업계에서 가장 높은 위치를 차지한 성공적인 브랜드로 대중의 마음속에 자리 잡을 수 있었다.

"롤렉스 메종의 시계는 매우 높은 명성을 누리고 있습니다"라고 기유맹은 말한다. "롤렉스 시계의 가치는 제조사가 보증하는 높은 품질에 기반을 두고 있습니다. 그러나 성공은 이 제품들을 정의하는 무형의 특성들에서 비롯됩니다. 정보를 제공하기보다는 감정에 호소하는 메시지 전략이 이러한 특성들을 오랫동안 지원해왔습니다."

롤렉스 시계는 문화유산을 대표하는 제품이며, 가족 내에서 세대를 이어 물려줄 수 있는 소중한 물건으로 여겨진다. 이는 롤렉스의 디자인이 누구나 한눈에 알아볼 수 있을 뿐 아니라, 세월이 흘러도 그 정체성과 가치를 유지하기 때문이다.

레미 기유맹. 크리스티의 유럽 시계 및 손목시계 부문 책임자다.

데이토나 레퍼런스 6263.
데이토나 시계가 출시된 해인
1963년부터 1970년경까지 생산된 모델이다.

"롤렉스 시계는 언제나 현대적입니다. 누구나 롤렉스임을 알아볼 수 있는 독특한 디자인에는 롤렉스가 지닌 창의성과 정교한 기술에 대한 이야기가 담겨 있습니다. 에르메스의 켈리 백이나 포르쉐의 카레라 모델처럼 말이죠."

롤렉스 시계에 대한 수요는 현대 모델과 '빈티지' 모델 모두에서 꾸준히 높게 유지되고 있으며 유럽, 아시아, 미국 등 다양한 시장 간에도 큰 차이가 없다. 수집가층은 매우 넓다. 그래서 다이빙 워치처럼 특정 종류의 시계를 콕 집어 찾는 사람도 있고, 다양한 모델을 찾고 구매하는 중에 서브마리너를 찾는 롤렉스 애호가도 있다.

"누구나 알고 있듯이, 시계가 지닌 독창성과 희소성이 시계의 가치를 정의합니다. 그 가치는 엄청나게 높은 금액에 이를 수도 있죠"라고 기유맹은 말한다. 이러한 시계 중 하나가 레몬옐로 다이얼을 갖춘 롤렉스 데이토나 폴 뉴먼 레퍼런스 6263이다. 2022년 크리스티 제네바 경매에서 341만 4,000스위스프랑에 낙찰되었다. 데이토나 폴 뉴먼 중에서 레몬옐로 다이얼을 갖춘 18캐럿 골드 에디션은 특히 '레전드'라는 별명으로 불리며 단 세 점뿐으로 알려져 있는데, 이때 낙찰된 시계가 그중 한 점이다. 레몬옐로 다이얼을 적용했기 때문에 '데이토나 레몬'으로도 불리는데, 이 모델에 일반적으로 적용하는 크림색이나 샴페인색 다이얼과 확연히 다르다. 또 서브 다이얼에 흰색 글자를 새긴 것도 특징이다. 롤렉스는 일반적으로 폴 뉴먼 코스모그래프 옐로 골드 버전을 제작할 때 서브 다이얼의 숫자와 인덱스에 샴페인 골드 또는 골드를 사용했으며, 이는 전체 다이얼의 색조와 조화를 잘 이루었다. 반면에 이 시계에서는 흰색 숫자가 어두운 배경과 선명한 대비를 이룬다.

기유맹은 이렇게 설명한다. "이 시계는 1969년에 제작되었습니다. 1960년대에 롤렉스 메종은 다이얼과 색상을 바꾸는 실험을 자주 했었죠. 그렇게 탄생한 시계들은 오늘날 아주 희귀한 수집품이 되어 높은 인기를 누리고 있습니다."

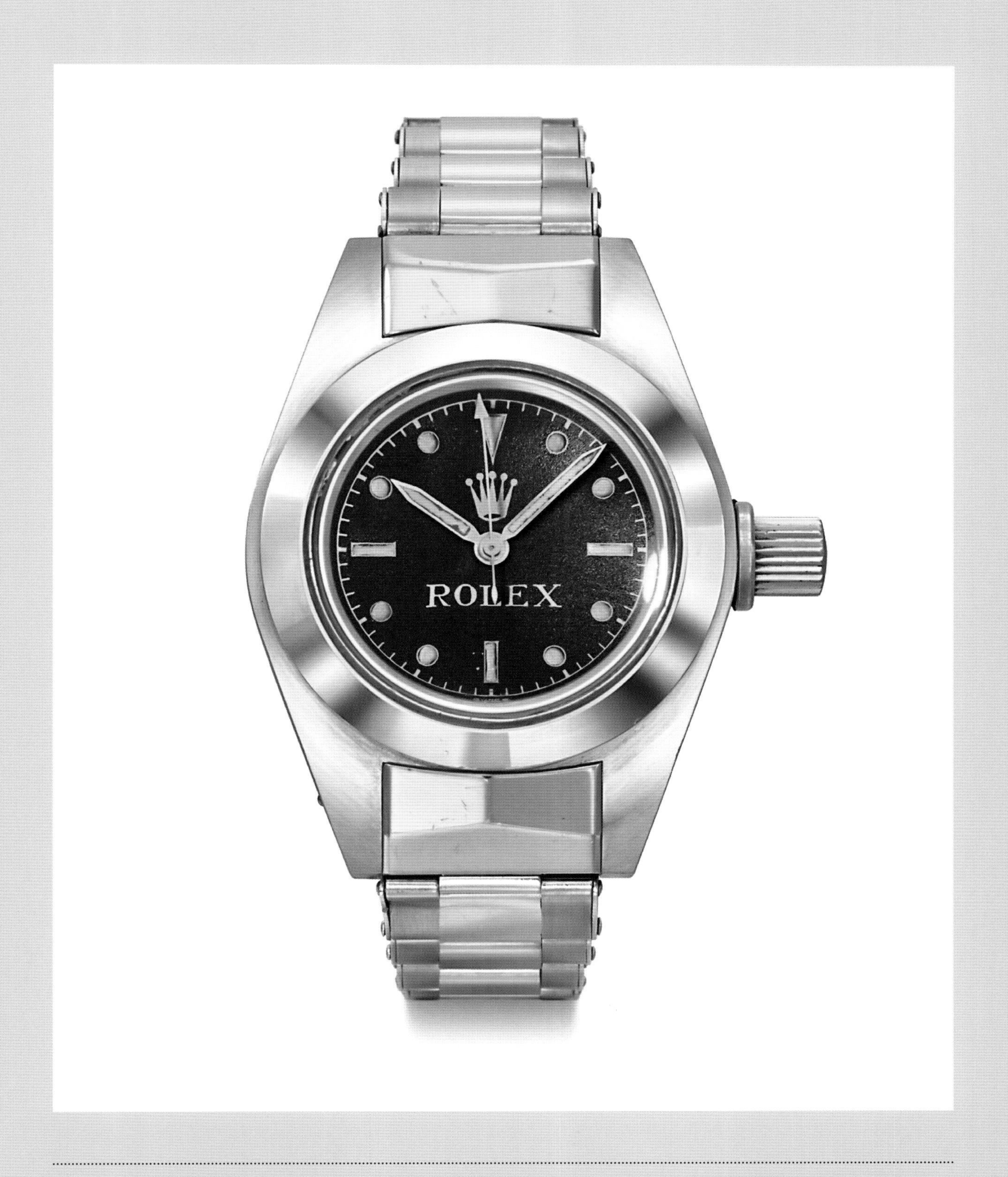

1960년에 롤렉스는 또 다른 프로토타입으로 두 번째 미션을 시작했다. 이 두 번째 '딥씨 스페셜'은 극한의 환경을 견딜 수 있도록 설계되었다. 실제로 이 시계는 자크 피카르 및 돈 월시와 함께 지구에서 가장 깊은 곳으로 알려진 마리아나 해구에서 해수면 아래 1만 m 이상의 깊이까지 잠수했다. 하지만 롤렉스가 다이빙 워치를 개발하는 데 중요한 출발점이 된 것은 첫 번째 딥씨 스페셜이었다.

실버 다이얼을 갖춘 레퍼런스 6062. 이 특별한 6062 '스텔리네(또는 '스타 다이얼')' 시계는 1950년에 출시되어 단 10년 동안만 생산되었다. 세월이 흐름에 따라 18캐럿 옐로 골드 케이스에 짙은 녹청이 생겨 독특한 특징을 갖게 되었고, 이로 인해 '다크 스타'라는 별명이 생겼다.

롤렉스 딥씨 스페셜 No. 1은 2021년 경매에서 189만 스위스프랑에 낙찰되었다. 이 시계는 최초의 프로토타입 중 하나로 특별한 의미를 지닌다. 1953년 9월 30일에 이 시계는 오귀스트 피카르의 잠수정인 트리에스트호의 선체에 부착되어, 수심 3,150m에서의 실험 잠수를 성공적으로 수행했다. 100만 유로 이상의 가격으로 거래된 또 다른 시계는 롤렉스가 제작한 몇 안 되는 컴플리케이션 모델 중 하나다. 바로 18캐럿 골드 소재에 트리플 캘린더(날짜, 요일, 월 표시) 기능과 문페이즈 기능을 갖춘 자동 손목시계인 레퍼런스 6062다. 세월이 흐르면서 케이스에 짙은 녹청이 생겨 세상에 하나뿐인 시계가 되었다. 그 결과 '다크 스타'라는 애칭을 갖게 된 이 시계는 2018년 뉴욕에서 157만 2,500달러에 낙찰되었다.

2018년에 크리스티에서 또 하나의 특별한 거래가 성사되었다. 바로 레퍼런스 6538 '빅 크라운' 서브마리너로, 106만 8,500달러에 낙찰되었다. 이 시계를 특별하게 만든 요소는 3시·6시·9시 방향에 아라비아 숫자가 있는 '길트(금박)' 익스플로러 다이얼인데, 이 레퍼런스에서는 진정 희귀한 디자인이다. 또 다른 특별한 요소는 다이얼에 방수 가능한 수심을 나타내는 문구가 흰색이 아니라 빨간색으로 표기된 점이다.

보석이 세팅된 데이토나가 시장에서 엄청나게 '핫'한 시계라는 사실은 널리 알려져 있다. 최초의 셀프-와인딩 데이토나가 등장한 이후 롤렉스가 고객들에게 좀 더 특별하고 고급스러운 에디션을 제공하려 시도하면서 루비, 에메랄드, 사파이어로 장식된 데이토나가 등장하기 시작했다. 보석 세팅 데이토나는 대부분 1990년대 이후에 제작되었지만, 롤렉스는 이미 보석 장식의 기술력을 입증하는 수동 와인딩 데이토나 레퍼런스를 두 가지 선보인 바 있다. 다이아몬드가 박힌 다이얼과 베젤이 특징인 레퍼런스 6269와 6270으로, 생산 수량은 극히 적어 두 레퍼런스를 합쳐도 50점 정도에 불과하다. 2022년에 크리스티 제네바에서 진행한 특별 경매에서 레퍼런스 6269는 161만 4,000스위스프랑에 낙찰되었다.

디테일이 차이를 만든다. 특히 롤렉스의 경우에 그렇다. 다이얼에 있는 지극히 사소한 결함조차도 가장 흔한 레퍼런스를 희귀한 명품으로 변모시킬 수 있다.

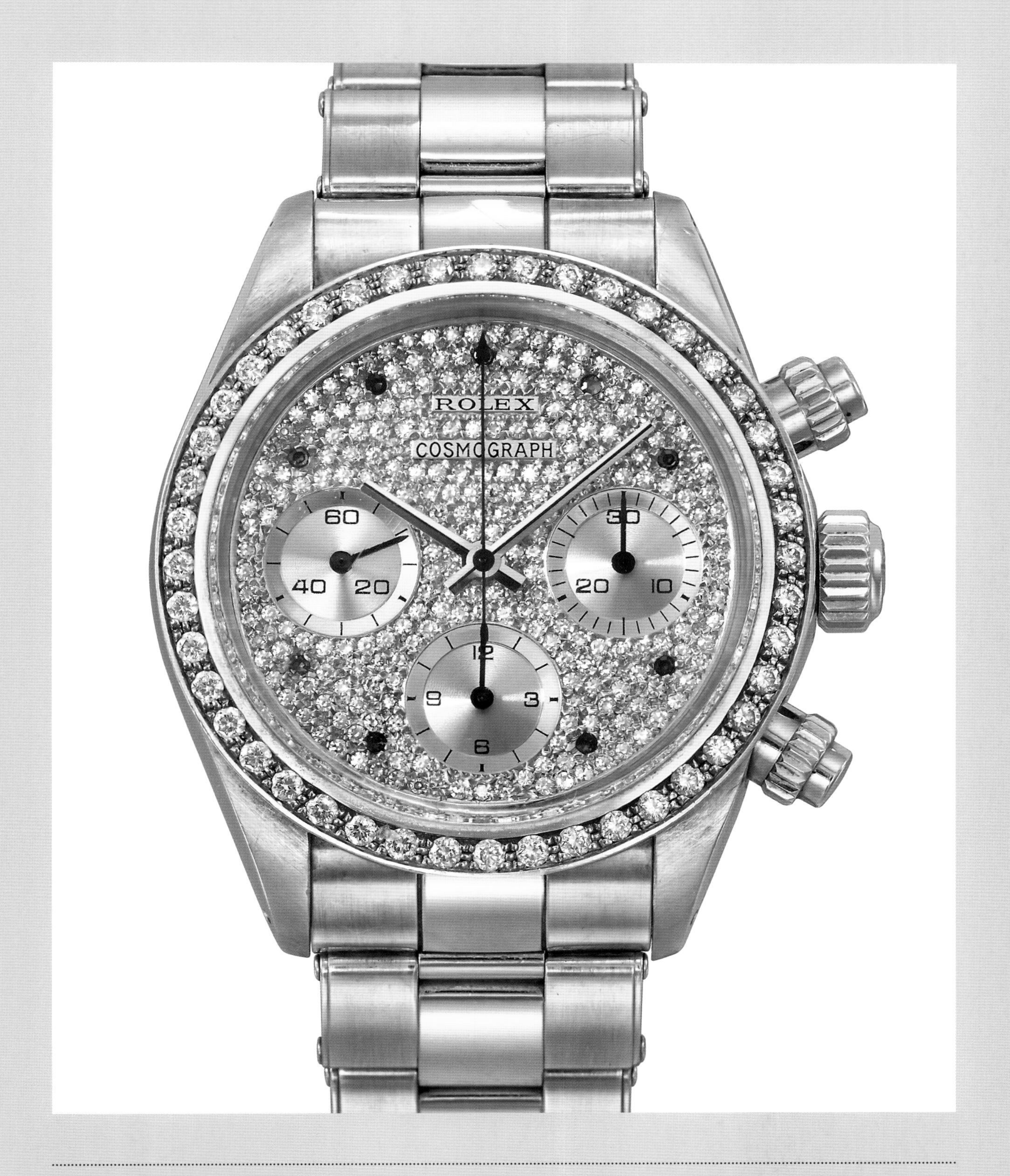

데이토나 레퍼런스 6269. 다이아몬드의 광채와 골드 케이스가 멋지게 조화를 이룬다. 다이얼은 240개의 브릴리언트 컷 다이아몬드와 9개의 인덱스용 사파이어가 세팅되어 있다.

베페 비첸티 Beppe Vicenti

통치자, 롤렉스의 원형

권위, 신뢰성, 그리고 힘을 전달하는 리더. 롤렉스는 그러한 브랜드로 자리 잡으려는 전략에 중점을 두고 있다. 롤렉스의 역사적인 광고들을 통해 이러한 가치들을 분석해본다.

20세기 초에 스위스 심리학자이자 분석가인 칼 구스타프 융은 원형(元型) 이론을 개발했다. 원형 이론에 따르면, 우리는 각자 집단적 무의식에서 비롯된 원초적 모델과 함께 세상에 태어난다. 이 집단 무의식의 영역은 수천 년에 걸쳐 축적된 인간의 경험에서 유래하며, 개인이 정체성을 형성하는 데 기초로 사용된다.

융의 원형은 인간 영혼의 유형을 나타내며, 개인 정체성의 특질을 식별하는 데 사용된다. 원형은 기본적인 특성에 따라 정의된 네 가지 주요 영역으로 나뉜다. 원형은 강력한 상징적 가치를 지니며 이야기, 신화, 우화 속에서 등장인물로 표현된다. 현실에서는 마음속 스키마로 작용하여 내재된 욕구, 동기, 목표, 두려움, 열망 등을 결합한다.

지배적인 원형을 이해하는 일은 브랜드에 매우 유용하다. 이상적인 고객을 끌어들일 브랜드 내러티브를 구축하고 정서적 공감대를 형성하며 전략을 정의하는 데 도움을 주기 때문이다.

브랜드와 광고업계에서의 의미 부여 과정을 연구하는 전문가 베페 비첸티에 따르면, 롤렉스의 지배적인 원형은 최고의 권력을 지닌 '통치자', 즉 왕, 여왕 또는 기타 주권자다. 통치자는 타고난 리더로, 통치하고 지배하려는 욕구를 지니고 있다. 통치자는 성공적인 비즈니스, 공동체 또는 가족과 같은 무언가를 창조하려고 하며, 권위를 발휘하고 절차를 정의한다. 원형으로서의 통치자는 질서와 통제, 정확성과 체계를 추구하는 존재다.

비첸티는 이렇게 설명한다. "통치자 원형은 왕관이라는 상징으로 표현됩니다. 이는 신성과 연결됨을 나타내는 동시에 물리적 세계에서 개인에게 권력을 부여하는 상징입니다."

베페 비첸티는 밀라노에서 심리학을 전공하여 철학 학위를 받은 후, 밀라노대학교 동적심리학과에서 수년간 강의와 연구를 진행했다. 같은 학과의 대학원 과정에서는 '면접 및 인터뷰 기술'에 관한 연례 강의를 담당했다. 25년 넘게 동기 부여 연구에 전념하며 다양한 기관과 협력해왔으며, 리서치 회사 입소스(IPSOS)의 정성 연구 부서에서 연구를 이끌기도 했다. 2001년에 넥스테스트(NEXTEST)라는 전략적 연구 전문 기관을 설립했다.

롤렉스 브랜드가 지닌 높은 가치는 회사 창립 당시부터 시작된 여정의 결과다.

롤렉스가 1950년대에 시행한 오이스터 퍼페추얼 광고 캠페인은 브랜드와 권력의 연결성을 정확히 보여준다.

"세상의 운명을 이끄는 사람들은 롤렉스를 착용합니다." 이것이 롤렉스 메종의 슬로건이었다. 이 문구는 권위를 나타내는 다양한 이미지들과 함께 사용되었다. 항로를 계획하는 선장, 청중 앞에서 연설하는 신사, 자동차 안에서 군중을 향해 손을 흔드는 남성, 사진기자들 앞에 앉은 세 인물의 뒷모습, 유엔 회의를 연상시키는 배경 앞에 있는 정치인, 국제 라디오 방송국에서 연설을 준비하는 사람, 훈장을 많이 받은 군인 등…. 이러한 상황들은 우리에게 무언가 익숙한 장면들을 떠올리게 한다. 모두 얼굴은 드러나지 않지만, 롤렉스는 다음과 같은 내용을 넣어 이들의 정체성을 간접적으로 드러냈다. "그들의 이름을 밝히거나 사진을 공개할 수는 없습니다. 왕족, 국가 원수, 위대한 군 지휘자도 포함되어 있기 때문에 공개는 적절치 않습니다. 하지만 그들의 사진에서 얼굴과 복장뿐만 아니라 손목에도 주목하시기 바랍니다. 대부분의 경우 이들은 손목시계를 착용하고 있을 것입니다. 그리고 그 시계는 아마도 제네바의 롤렉스에서 만든 제품일 것입니다." 광고에는 오이스터 퍼페추얼에 관한 제품 정보도 포함되었다. 1910년 손목시계 최초로 공식 인증 획득, 1926년 오이스터 케이스 발명, 1931년 셀프-와인딩 무브먼트 발명의 '세 가지 혁신이 집약된 결과물'이라고 소개한 것이다.

세월이 흐르면서 광고는 점점 더 시각적이고 간결해졌지만, 권력이라는 개념은 여전히 유지되었다. 몇 가지 헤드라인을 보면 알 수 있다. '내일 당신이 콩코드 비행기를 조종한다면 당신은 롤렉스를 착용할 것입니다', '내일 이곳에서 연설한다면 당신은 롤렉스를 착용할 것입니다', '내일 여기서 협상을 벌인다면 당신은 롤렉스를 착용할 것입니다', '유정(油井) 화재를 진압하는 것이 임무라면 당신은 롤렉스를 착용할 것입니다', '내일 혼자 케이프 혼을 항해한다면 당신은 롤렉스를 착용할 것입니다.' 이 광고 시리즈는 1960년대 후반과 1970년대에 등장했으며, 항상 '특별한' 상황에서 모험과 용기를 발휘한다는 공통의 아이디어를 담고 있었다. 이 시리즈에 실린 글은 롤렉스 시계의 신뢰성을 강조하면서 충실하고 가치 있는 도구임을 표현했다. '많은 공정이 수작업으로 이루어지기 때문에 롤렉스 시계를 완성하는 데 1년 이상이 걸립니다. 그런 만큼 롤렉스는 평생 동안 사용할 수 있는 시계입니다.'

롤렉스라는 이름이 지닌 권위와 우리 사회의 공동체 정신을 직접적으로 보여주는 메시지는 1950년대 초반 잡지에 등장했다. 이 메시지는 전쟁과 '정당화된 위조'라는 특별한 사건을 떠올리게 한다. 롤렉스는 세계에서 가장 많이 위조되는 브랜드로, 이러한 문제를 끊임없이 겪어왔다. 이는 분명히 경제적 손실을 안겨줌에도 불구하고 롤렉스의 성공을 더욱 부각하는 요소였다. 롤렉스는 단 한 번 위조 행위를 '용서'한 적이 있는데, 심지어 당시 사건을 광고 주제로 삼기도 했다. 이 광고는 영국군 병사인 에드워드 W. 포터가 롤렉스에 보낸 편지 한 통에서 비롯되었다. 포터는 1942년 적에게 포로로 잡혀 수용소에 갇혀 있었다. 포터는 편지에서 포로들이 혹독한 환경에서 살아남기 위해 혹은 약을 구하기 위해 소지품을 팔아야만 했었다고 말했다. 포터에 따르면, 어느 날 포로들은 수용소 경비병들이 소중히 여기는 소지품 중 하나가 롤렉스 시계임을 알게 되었다. 그러자 그림 그리는 솜씨가 제법 뛰어났던 포터는 모든 시계의 다이얼에 검은 잉크로 롤렉스의 이름을 그려 넣기 시작했다. 포터는 자신이 위조를 저지르고 있음을 알았지만, 그 시계들을 팔아 마련한 돈으로 많은 사람을 굶주림에서 구할 수 있었다고 이야기했다.

롤렉스는 해당 편지 일부를 공개하고, 원본은 제네바에 있는 본사에서 공개적으로 열람할 수 있다고 밝혔다. 롤렉스는 한편으로는 브랜드가 지닌 이름의 가치를 강조했고, 다른 한편으로는 실제로 전쟁 중 영국 포로들에게 시계를 제공했던 한스 빌스도르프의 관대함을 부각했다. 롤렉스 창립자는 그의 관대함과 자선 활동에 대한 헌신으로 '통치자' 원형의 이미지를 구현했다.

서브마리너에 관한 초기 광고는 주로 이 시계의 기술적 측면을 다루었지만, 이후 다른 형태의 광고들이 등장했다. 그중 하나는 '그 롤렉스 어디서 구입했어요?'라는 제목으로 두 명의 다이버가 질문을 주고받는 모습을 설정한 광고였다. 이어지는 문구는 다음과 같았다. "롤렉스를 소유한다는 자부심은 소유자들 사이에 유대감을 형성합니다. […] 롤렉스 크로노미터는 소유자들이 착용하는 '배지'와도 같습니다. 각자가 세련된 취향을 지닌 사람이며 자신의 분야에서 리더임을 보여주니까요." 여기에는 하나의 '공동체'에 속한다는 유대감이 드러나며, 이러한 유대감은 항상 권위와 리더십을 상징하는 통치자 원형을 통해 표현된다.

'그 롤렉스 어디서 구입했어요?' 광고 캠페인은 다른 모델과 다른 맥락에서도 사용되었다. 예를 들어, 오이스터 퍼페추얼 광고에서는 비행기 조종사와 일등석 승객이 대화를 나눈다. 광고 속 모든 상황에서 롤렉스 시계는 서로를 동등하게 여기는 사람들 사이에서 대화 주제로 등장한다.

롤렉스 광고에는 아이러니한 측면이 있다. 이러한 관점에서 보면, 광고가 단순히 시계의 기능을 강조할 뿐만 아니라 권력이 지닌 매혹적인 면모를 보여준다는 사실을 알 수 있다.

1960년대에 등장한 서브마리너 광고에는 시계를 착용한 남성의 손목을 여성의 손이 만지는 장면이 등장했다. 그리고 다음과 같은 문구가 실렸다. "우리는 해저 660피트에서도 완벽하게 작동하는 서브마리너를 발명했습니다. 어떤 환경에서든 잘 작동합니다." 이 광고는 매력적인 캐릭터인 제임스 본드를 참조했음이 분명해 보인다. 1964년 영화 〈골드핑거〉에서 숀 코너리가 연기한 제임스 본드는 서브마리너 시계를 착용하고 잠수복뿐만 아니라 깔끔하고 우아한 턱시도를 입은 모습으로 등장했다.

정치적으로 다소 부적절한 농담을 담은 광고도 있었는데, 그중 하나는 '스위스 종교 재판'이라는 제목의 광고였다. 이 광고는 롤렉스 시계가 크로노그래프 인증을 받기 위해 거치는 혹독한 테스트를 고문에 비유했다. 광고에 실린 글은 롤렉스가 스위스 시계 생산량 중에서 적은 비율만 차지하면서도, 크로노미터 인증에서는 전체의 절반을 획득할 정도로 품질이 뛰어나다는 점을 강조했다.

1970년대에 등장한 롤렉스 광고는 다양한 사회 분야의 중요한 인물들을 언급하는 데 그쳤으나, 이후 광고에는 실제 유명 인사들의 이미지와 이름이 등장하기 시작했다.

특히 롤렉스의 이미지를 혁명의 상징인 체 게바라와 연관 지으며 '혁명의 시간'이라는 문구를 사용한 광고는 매우 대담한 시도였다. 위험을 감수해야 했고 일부 고객을 브랜드에서 멀어지게 할 가능성도 있었지만, 위험을 두려워하지 않는 것 또한 '통치자'의 자질임을 보여주었다.

그다음에는 다양한 인종, 성별, 나이, 활동 분야에 속하는 유명 인사들이 롤렉스의 '테스티모니'가 되어 광고에 등장했다. 올림픽 스키 챔피언 장 클로드 킬리, 소설가 프레드릭 포사이드, 세계적으로 유명한 테너 플라시도 도밍고, 골프 황제 타이거 우즈 등이 있었다. 최근에는 테니스 선수 로저 페더러와 스테파노스 치치파스, 영화감독 제임스 캐머런, 가수 마이클 부블레가 롤렉스 브랜드의 홍보대사로 선정되었다. 이들이 공개적으로 롤렉스에 보내는 지지는 롤렉스가 겨냥하는 고객층 및 이미지에 잘 부합했으며, 이들이 각자의 분야에서 이룬 성공은 롤렉스의 상징적인 이미지를 확립하는 데 기여했다.

초기의 롤렉스 광고들은 고대비 흑백 그래픽을 통해 진지하고 극적인 분위기를 강조하곤 했다. 이 서브마리너 광고는 아이러니한 어조를 보여준다.

다린 슈니퍼 Daryn Schnipper

문화를 초월하는 브랜드

경매 회사 소더비의 국제 시계 부문 회장인 다린 슈니퍼가 데이토나의 희소한 버전들이 가진 매력을 알려준다.

럭스컨설트(세계적인 시계 제조의 중심지 스위스에 위치한 컨설팅 회사로, 모건 스탠리와 협력하여 스위스 고급 시계 산업에 관한 연례 보고서를 작성한다)가 2022년에 발표한 보고서에 따르면, 10년 내에 중고 명품 시계 판매량이 신제품 판매량을 능가할 것으로 전망된다. 최근 몇 년 동안, 특히 고급 시계 부문에서 신제품 공급이 시장의 수요를 충족하지 못하는 경우가 많아졌다. 이에 따라 소비자들은 점점 더 중고 시장으로 눈을 돌리고 있다. 최고급 브랜드의 중고 시계는 소매가를 훨씬 웃도는 가격에 거래되고 있으며, 중고 시장에서 브랜드 가치를 유지하는 능력은 브랜드의 매력을 나타내는 지표로 간주된다. 모건 스탠리의 애널리스트들은 최근 보고서에서 중고 시계 가격의 변화가 주식 투자자들에게도 흥미로운 요소임을 강조했다. 중고 시계 가격은 브랜드 선호도를 측정하는 일반적인 지표이자 궁극적으로는 미래의 가격 결정력에 대한 신호이기 때문이다.

이런 맥락에서 롤렉스가 어떤 역할을 할 수 있을지에 관해 슈니퍼는 이렇게 말한다.

"롤렉스는 시계 업계에서 늘 지배적인 위치를 차지해왔고, 한창 성장하는 중고 시계 시장에서도 주도적인 역할을 할 것으로 예상합니다. 무엇보다도 롤렉스는 세계에서 가장 유명한 시계 브랜드이며, 다양한 국가의 문화적 차이를 초월할 수 있는 역량을 갖추고 있습니다. 롤렉스는 실제로 전 세계 어느 곳에서나 인정받고 있죠."

그러나 사람들은 브랜드를 이름, 포장, 가격, 역사, 평판, 홍보와 같은 무형의 속성들이 모인 총합으로 인식한다. 대중은 롤렉스를 어떻게 평가할까?

다린 슈니퍼. 소더비 국제 시계 부문 회장이다.

데이토나, 서브마리너, GMT-마스터, 익스플로러와 같은 프리미엄 모델을 출시했을 때, 롤렉스는 이들을 '기술적' 시계로 마케팅하면서 특정한 전문직 그룹을 겨냥했다. 이러한 전략이 이어지면서 롤렉스는 레이싱 드라이버, 다이버, 조종사, 탐험가 등 다양한 분야의 전문가들에게 필수품으로 여겨지는 시계들을 잇달아 출시했다. 시간이 흐르면서 시계는 소수의 사람만이 가질 수 있는 단순한 시간 표시 장치를 넘어, 많은 사람이 소유하고 싶어 하는 욕망의 대상으로 진화했다.

롤렉스에 대한 긍정적 인식은 구매 선호도에서 구체적으로 드러나며, 브랜드와 제품에 대한 충성도 또한 매우 높다. 그 이유는 무엇일까?

"고객들이 롤렉스 브랜드에 충성하는 이유는, 롤렉스가 시장에 내놓는 모델에 대해 스스로 충실함을 지키고 또 스타일 면에서도 일관성을 유지하기 때문입니다. 롤렉스는 기존 모델의 미학적 측면과 기능적 측면을 모두 업데이트하되, 갑자기 바꾸기보다는 점진적으로 미묘한 변화를 줍니다. 기존의 스타일을 유지하면서도 브랜드의 정체성을 강화해가죠. 롤렉스의 이러한 방식은 잠재 고객에게도 매력적으로 작용합니다. 롤렉스를 소유하는 것이 곧 성공의 상징으로 여겨지게 되었죠."

슈니퍼에 따르면, 고객 선호도는 주로 코스모그래프 데이토나와 서브마리너 같은 모델에 집중된다.

실제로 소더비는 여러 데이토나 모델을 경매에 부쳐 기록적인 결과를 얻었다. 그중에는 폴 뉴먼 다이얼을 갖춘 '존 플레이어 스페셜' 레퍼런스 6264도 있다. 이 시계는 소더비 영국 지점에서 150만 달러에 낙찰되었다. 롤렉스 데이토나 폴 뉴먼 '존 플레이어 스페셜'은 1969년에 제작되었다. 이 별명은 1970년대에 포뮬러 원 레이싱 참가 팀인 로터스가 존 플레이어라는 기업의 상징 색으로 레이싱 카를 꾸민 데서 유래되었다(당시 영국 담배 회사인 존 플레이어가 로터스를 후원했고, 로터스는 존 플레이어의 담배 패키지 디자인을 따라서 검은색 바탕에 금색 포인트로 차량을 장식했다. 이 차량 컬러에서 영감을 받아 '존 플레이어 스페셜'이라는 별명이 붙게 되었다-옮긴이). 이 시계는 레퍼런스 6264의 여러 구성 중에서 가장 희귀한 것으로 꼽힌다. 레퍼런스 6264는 대부분 스틸 소재로 제작되었으며, 금으로 제작된 모델은 단 10점이었다. 그리고 그 10점 중 일부만이 블랙과 골드가 조화를 이룬 폴 뉴먼 다이얼을 갖추고 있었다. 바로 이 블랙-골드 버전이 '존 플레이어 스페셜'이라는 애칭을 얻게 되었다.

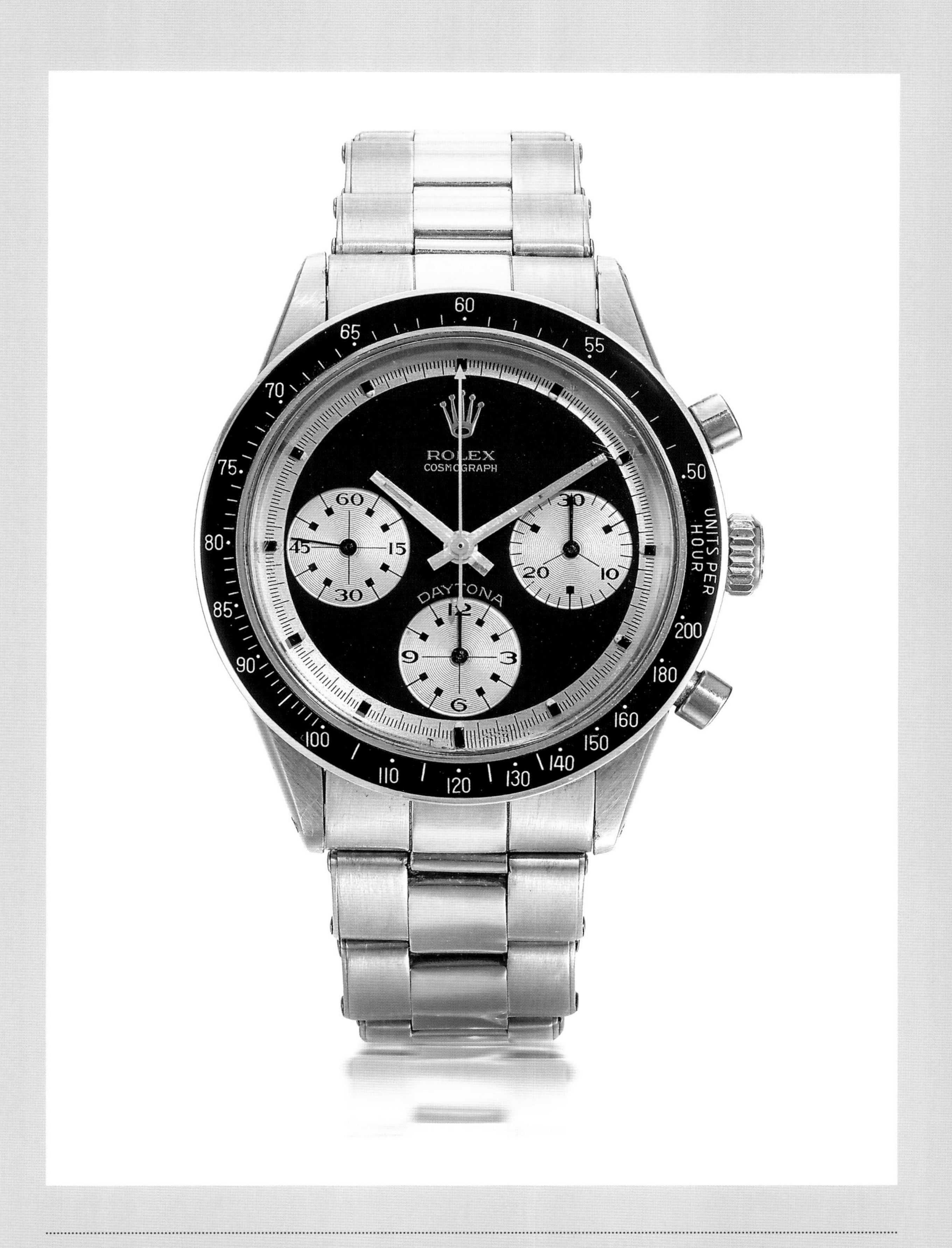

데이토나 '존 플레이어 스페셜'. 블랙 다이얼과 18캐럿 골드 브레이슬릿이 이 시계를 희귀하고 독특한 제품으로 만들어준다.

데이토나 라피스 라줄리.
플래티넘 소재의 데이토나 16516으로,
청금석 다이얼을 갖췄다.

데이토나의 최근 모델 두 점도 경매에서 놀라운 성과를 거두었다. 이들은 플래티넘 소재에 천연석 다이얼을 장착한 레퍼런스 16516이다. 첫 번째는 라피스 라줄리(청금석) 다이얼로 2020년 7월에 327만 달러에 판매되었다. 두 번째는 터콰이즈(터키석) 다이얼로 2021년 소더비 홍콩의 '중요 시계 경매'에서 310만 달러에 판매되었다. 두 시계 모두 1990년대에 제작되었고 칼리버 4030 무브먼트로 구동되며 다이얼에는 아라비아 숫자가 새겨져 있다.

데이토나가 스포츠 시계임을 감안하면 이러한 소재 조합은 매우 이례적이다. 데이토나는 주로 스포츠 환경에 더 적합한 금속인 스틸로 제작했기 때문이다. 몇 년 동안 옐로 골드와 화이트 골드로 제작한 변형 버전들이 생산되었고, 다이아몬드와 컬러 스톤을 세팅한 버전도 등장했다. 플래티넘으로 제작한 버전은 매우 드물다.

이 두 점의 데이토나는 세계에서 가장 비싼 시계 목록에 이름을 올렸을 뿐만 아니라 특별한 배경도 가지고 있다. 1990년대에 당시 롤렉스 CEO였던 패트릭 하이니거가 한정판 시계 다섯 점을 만들어 친구들과 사업 파트너들에게 선물했는데, 바로 그 다섯 점 중 두 점이기 때문이다. 다섯 점은 각각 40mm 플래티넘 케이스와 천연석 다이얼을 갖추었다. 제니스사의 엘 프리메로 무브먼트를 기반으로 했기 때문에 '제니스'라는 별명으로도 불린다. 지금까지 소더비 경매를 통해 다섯 점 중 세 점이 판매되었다(2018년에 타히티산 자개 소재의 블랙 다이얼 버전이 판매되었다). 이렇게 해서 세 점의 디자인 구성은 공개되었지만 나머지 두 점은 여전히 베일에 싸여 있다. 각각 고유한 구성으로 알려져 있는데, 언젠가 그 비밀이 밝혀질 날이 오지 않을까.

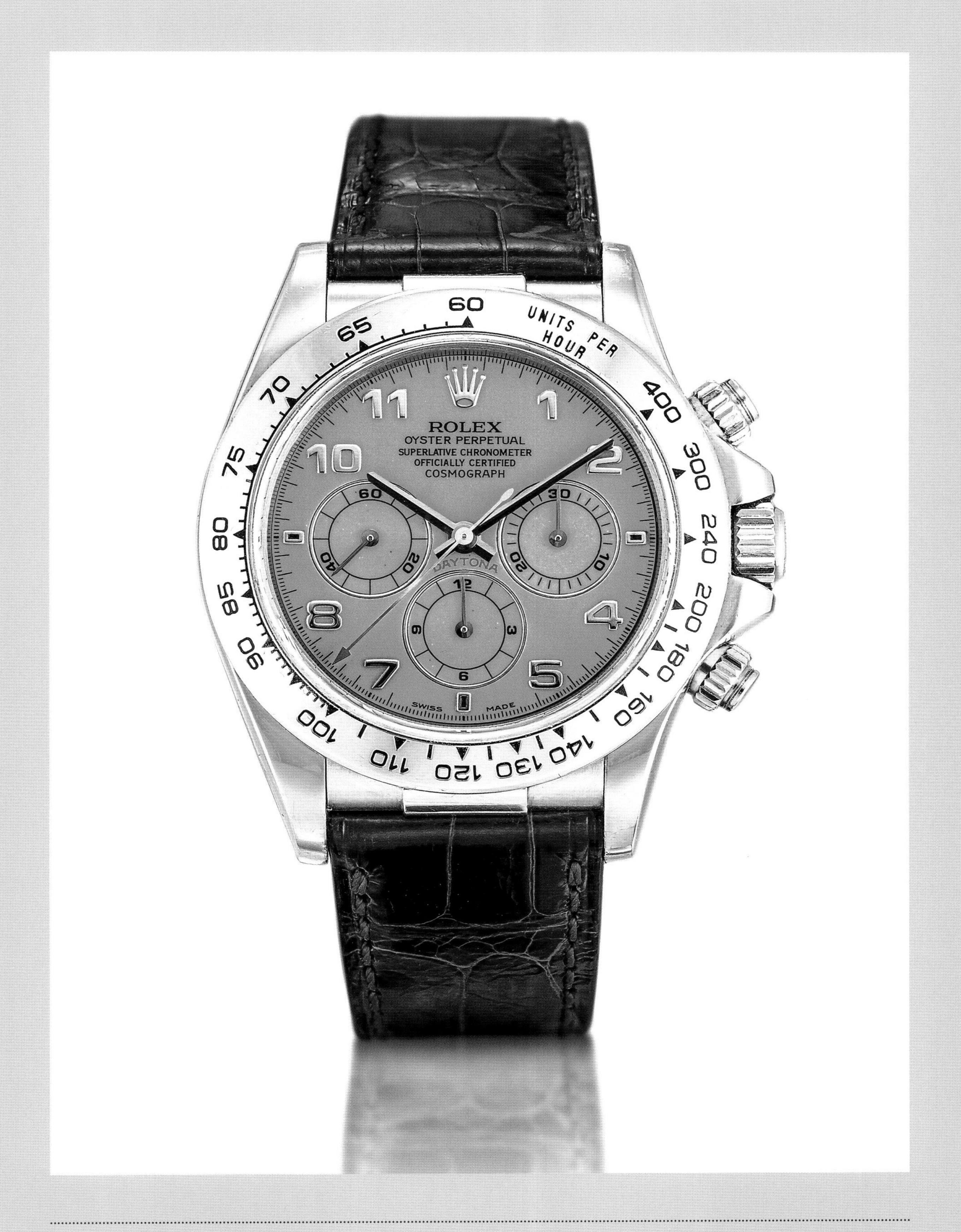

데이토나 터콰이즈. 반짝이는 터키석 다이얼이 생동감을 주는 특별한 모델이다. 플래티넘 버클이 달린 악어가죽 스트랩이 시계에 절제된 매력을 선사한다.

사진 출처

다음을 제외한 모든 이미지는
롤렉스에서 제공했습니다:

Pages 8-9, 60-61, 202-203 pio3/shutterstock.com
Page 12 VTR/Alamy Stock Photo
Page 16 VTR/Alamy Stock Photo
Page 19 Courtesy of Sotheby's
Page 32 Bettmann/Getty Images
Page 36 Courtesy of Sotheby's
Page 38 Courtesy of Sotheby's
Page 43 Keystone/Stringer/Getty Images
Page 44 The Advertising Archives
Page 46 Billy Farrell/Patrick McMullan/Getty Images
Page 48 Studio Borlenghi/ALeA/Getty Images
Page 49 Michael Kovac/Getty Images
Page 70 Matthew Bain Inc/Shutterstock.com
Page 72 Tobias A Dahlberg/Shutterstock.com
Page 79 Cls Graphics/Shutterstock.com
Page 83 The Chosunilbo JNS/Imazins/Getty Images
Page 85 George Lowe/Royal Geographical Society/Getty Images
Page 90 Wirestock Creators/Shutterstock.com
Pages 92-93 Duke University Rubenstein Library/Gado/Getty Images
Pages 94-95 Distinctive Shots/Shutterstock.com
Page 96 Bruce McBroom/Sygma/Getty Images
Page 97 Photo 12/Alamy Stock Photo
Page 99 Corbis Historical/Getty Images
Page 111 Ben Gabbe/Getty Images
Page 114 Levent Konuk/Shutterstock.com
Page 127 Adam Scull/Alamy Stock Photo
Page 130 Jitjaroen Channarong/Shutterstock.com
Page 145 Portal Satova/Shutterstock.com
Pages 152-153 i viewfinder/Shutterstock.com
Page 158 pio3/Shutterstock.com
Page 161 Matthieu Mirville/Icon Sport/Getty Images
Page 181 Rob Foldy/Stringer/Getty Images
Page 190 Private collection
Page 192 Courtesy of Sotheby's
Page 193 Private collection
Page 194 Courtesy of Sotheby's
Page 196 Private collection
Page 197 Courtesy of Sotheby's
Page 198 top Courtesy of Sotheby's
Page 198 bottom Collezione privata
Page 199 top Courtesy of Sotheby's
Page 199 bottom Courtesy of Sotheby's
Page 200 left Courtesy of Sotheby's
Page 200 right Courtesy of Sotheby's
Page 201 Courtesy of Phillips Fine Watches Limited 2019. All Rights Reserved
Page 205 Sergio Petrelli
Page 209 Private collection
Pages 210-215 Courtesy of Phillips Fine Watches Limited 2019. All Rights Reserved
Page 217 Courtesy of the interviewee
Pages 220-225 Courtesy of Christie's
Page 227 Courtesy of the interviewee
Page 231 The Advertising Archives
Pages 232-237 Courtesy of Sotheby's

참고문헌

ITALO CALVINO, *Lezioni americane. Sei proposte per il prossimo millennio [En. Six Memos for the Next Millennium],* Mondadori, Milan, 2015

MARA CAPPELLETTI, *Lo stile del tempo [En. The Style of Time],* White Star, Novara, 2022

PAOLO DE VECCHI and ALBERTO UGLIETTI, *Orologi da polso, tutti gli esemplari che hanno fatto la storia,* De Agostini, Novara, 2021

ROBERTO CALASSO, *L'innominabile attuale,* Adelphi, Milan, 2017

FRANZ-CHRISTOPH HEEL, *The Rolex Story,* Schiffer Pub Ltd, London, 2014

JENS HØY and CHRISTIAN FROST, *The Book of Rolex,* Acc Art Books, 2018

CARL GUSTAV JUNG, *Gli archetipi dell'inconscio collettivo [En. The Archetypes and the Collective Unconscious]* (1934-54), trad. Elena Schanzer and Antonio Vitolo, Bollati Boringhieri, Turin, 1977

JEAN-NOËL KAPFERER, *Kapferer on Luxury: How Luxury Brands can Grow Yet Remain Rare,* Kogan-Page, London, 2015

GISBERT L. BRUNNER, *The Watch Book Rolex,* teNeues, Krefeld, 2005

PHILIP KOTLER and KEVIN L. KELLER, *Il marketing del nuovo millennio [En. Marketing Management],* Paravia Bruno Mondadori Editore, Milan, 2007

PHILIP KOTLER and WALDEMAR PFOERTSCH, *B2B Brand Management,* Springer, Berlin, 2006

DAVID S. LANDES, *Storia del Tempo – L'orologio e la nascita del mondo moderno [En. Revolution in Time. Clocks and the Making of the Modern World]*, Arnoldo Mondadori Editore, Milan, 1984

FRANCO and GUIDO MONDANI, *100 anni di Rolex 1908 – 2008*, Guido Mondani Editore, Genoa, 2008

GIORGIA MONDANI and GUIDO MONDANI, *Rolex Encyclopedia*, Guido Mondani Editore, Genoa, 2015

THIERRY PAQUOT, *Elogio del lusso. Ovvero l'utilità dell'inutile [Fr. Eloge du luxe: De l'utilité de l'inutile]*, Alberto Castelvecchi Editore, Rome, 2007

OSVALDO PATRIZZI and MARA CAPPELLETTI, *Investing in wristwatches – Rolex,* ACC Art Books, Woodbridge, 2021

OSVALDO PATRIZZI and MARA CAPPELLETTI, *Rolex – History, Icons and Record-Breaking models*, ACC Art Books, Woodbridge, 2015

OSVALDO PATRIZZI, *Oyster Perpetual Cosmograph Daytona*, Patrizzi & Co. Edition, Ginevra, 2011

OSVALDO PATRIZZI, *Cosmograph Daytona Manual Winding,* Action Group Editore, Milan, 2010

OSVALDO PATRIZZI, *Collezionare orologi da polso moderni e d'epoca Rolex/Collecting Rolex Wristwatches (Vol. I and II),* Guido Mondani Editore, Genoa, 2006

AL RIES and JACK TROUT, *Positioning: The Battle for Your Mind,* McGraw-Hill Education, New York, 2016

DAVID SILVER, *Vintage Rolex: The Largest Collection in the World,* Pavilion Books, London, 2020

JEFF SWYSTUN (ed.), *Il glossario del brand [En. The Brand Glossary],* Egea, Milan, 2007

OSCAR WILDE, *Filosofia del vestire e altri scritti sull'estetica del quotidiano*, Lanfranchi Editore, Milan, 2021

SLAVOJ ZIZEK, *L'oggetto sublime dell'ideologia [En. The Sublime Object of Ideology]*, Ponte alle grazie, Milan, 2014

ARTITLES AND ESSAYS

JEAN-NOËL KAPFERER, *"Why Are We Seduced by Luxury Brands?"* in Journal of Brand Management, 1998

JEAN-NOËL KAPFERER, *"Abundant Rarity, the Key to Luxury Growth,"* in Business Horizons, 2012

HYEONGMIN CHRISTIAN KIM and THOMAS KRAMER, *"Do Materialists Prefer the 'Brand-as-Servant?' The Interactive Effect of Anthropomorphized Brand Roles and Materialism on Consumer Responses,"* in Journal of Consumer Research, 2016

JOAN MEYERS-LEVY and BARBARA LOKEN, *"Revisiting Gender Differences: What we know and what lies ahead,"* in Journal of Consumer Psychology, 2015

GOVERS PASCALLE and JAN PL SCHOORMANS, *"Product Personality and its Influence on Consumer Preference,"* in Journal of Consumer Marketing, 2005

GOVERS PASCALLE, PAUL HEKKERT and JAN PL SCHOORMANS, *"Happy, Cute and Tough, Can Designers Create a Product Personality that Consumers Understand?"* in Design and Emotion, 2003

KLAUS-PETER WIEDMANN, NADINE HENNINGS, and ASTRID SIEBELS, *"What is the Value of Luxury?"* in Psychology & Marketing, 2012

저자·역자 소개

지은이

마라 카펠레티 MARA CAPPELLETTI

이탈리아 밀라노 출신인 마라 카펠레티는 밀라노 IULM대학교에서 외국어 및 문학을 전공했으며, 런던 소더비 아트 인스티튜트에서 보석사와 동양예술사를 공부했다.
카펠레티는 프리랜스 저널리스트로 활동하고 있다. 24 오레 쿨투라(24 Ore Cultura), 넥소, ACC 아트북스, 화이트스타 등 여러 출판사에서 보석사, 에스닉 주얼리, 시계에 관한 다수의 저서를 집필했다.
보석과 패션을 주제로 전시를 기획하고 큐레이팅하며, 전시회를 위한 자료 연구도 병행한다. 2020년에는 〈밀라노의 취향과 스타일을 반영한 보석: 그 우아함의 이야기(Gioielli di Gusto e Stile Milano: Storie di eleganza)〉라는 전시를 기획했으며, 전시는 밀라노의 의상·패션·이미지 박물관인 팔라조 모란도에서 열렸다.
마라 카펠레티가 회장직을 맡은 '스타일 및 역사에 관한 문화 협회(Associazione Culturale Stile e Storia)'는 역사적 유산을 연구하고 홍보하는 문화 협회다. 특정 시대의 관습으로서 예술, 패션, 보석이 어떤 관계에 있는지를 관심 있게 탐구한다.
2019년부터 밀라노대학교에서 겸임 교수로 활동하며 '출판, 커뮤니케이션 및 패션 문화' 석사 과정 중에 보석사 과목을 가르치고 있다. 2020년부터는 래플스 밀라노 패션 디자인 인스티튜트에서 보석사를 강의하고 있다.
그 밖에 박물관, 문화 협회, 미술관에서 콘퍼런스와 워크숍을 여는 등 다방면으로 활동 중이다.

옮긴이

김 지 현

이화여자대학교 불어불문학과를 졸업한 후 여행 및 문화 예술 콘텐츠 제공 업체에서 취재기자 겸 에디터로 근무하며 도서 기획과 출판 업무를 담당했다. 그 후 홍보 컨설팅 회사에서 글로벌 기업들의 국내 홍보 프로젝트를 담당하며 번역 및 언론 홍보를 맡아 진행했다. 현재 번역 에이전시 엔터스코리아에서 불어 및 영어 번역가로 활동 중이다. 다양한 분야에 관심을 가지고 좋은 콘텐츠를 소개하려 노력한다.
주요 역서로는 『우리가 잊은 어떤 화가들』, 『이상한 나라의 앨리스』, 『디올: 브랜드 일러스트북』, 『메르켈: 세계를 화해시킨 글로벌 무티』, 『우리는 어쩌다 혼자가 되었을까?』, 『두부 Cook Book』, 『디자이너가 꼭 알아야 할 그래픽 500』 등이 있다.